弁理士と考える AI×著作権？

AIの作品は誰のもの

弁理士 竹居信利
弁理士 橘 祐史

技術評論社

序文

■ 人工知能とヒト

　ダグラス・アダムスの法則というのがあるんだそうです。提唱者によると、技術に対するわたしたちの反応を表す法則だとのこと。若干要約しつつご紹介しますと、こういうものです。

1. あなたが誕生のときにあったものは、あなたにとって当然に存在するもので、自然の一部と感じられる。
2. あなたが15歳から35歳までに発明されたものは、あなたにとって新鮮かつ刺激的で、革新的なものに感じられる。
3. あなたが35歳を越えてから発明されたものについては、あなたはそれを自然の理に反するものと感じる。

　総務省の白書を参考にAI（人工知能）について振り返ってみますと、人工知能という言葉が登場したのは1956年のダートマス会議。パーセプトロンは1958年、その後、通称「人工無能」と呼ばれる類いの対話システムの世界初のもの（ELIZA）が登場したのは1964年です。
　こうしてみると、現在生きている人のほとんどは、AIに関してはアダムスの法則の1か2に該当していることになります。
　しかしここ数年のAIに対する世間の反応は、どうもすこし違っていて、誰もが未だに付き合い方に戸惑っている状況があるように思います。それはもしかすると、ディープラーニング（2006年）が衝撃的なものだったから、かもしれません。

■ 本書の目的とねらい

　この本は、AIと知的財産（著作権）という表題のもとで、AIに関わる人のために知的財産のポイント（古い言葉では勘所？）を挙げることを意図して創られました。この本ではAIという言葉を、2006年に登場したディープラーニングのモデルを指す言葉として使っています。ですから、アダムスの法則が正しければ、この本のAIは、1971年以前生まれの著者のような者にとっては「自然の理に反するもの」であるはずです。著者自身としてはそうは感じていないと信じたいところですが、いずれにしろ著者としては、そういったAIの善悪の問題など、感情的になりがちな部分を切り離して、AIに対してできるだけ技術的にフェアな観点を維持しつつこの本を書いてみたつもりです。

　構成としては、

1. 知的財産権についての説明
2. AI技術の確認
3. AIと知的財産権との関係
4. 法制度や規制等、今後の展望

という流れとなっております。

　悪文の例の常連である特許出願文書を日常的に書いている弁理士が書いた本ですから、読みにくいよ、といった批判は覚悟しておりますがそれでも、何かを創作されるときや侵害が心配されるとき、あるいは専門家に相談される前に確認をしておきたいといったときに、何らかのご参考になることができましたらうれしく思います。

CONTENTS

序文   2

1章 知的財産権を知る

知的財産権とは   10
著者による説明

知的財産権の種類   14
産業財産権という枠組み
アプローチの違い
保護対象の違い

知的財産権を保護する意味   20
特許制度は必要なのか
特許要件
文化の発展

特許庁での手続はどんなものか   33
無審査主義
意匠と商標
特許権獲得までの手続
あれ、実用新案って

知的財産権の効力   37
特許権の効力
間接侵害
意匠権の効力
商標権の効力
著作権の効力(その1:権利の束)

著作権の効力(その2:著作者人格権)
　　　著作権の効力(その3:財産権のほう)

著作権のなかみ　　　　　　　　　　　　　47
　　　複製権
　　　上演・演奏権
　　　公衆送信権
　　　上映権
　　　展示権
　　　頒布する権利、譲渡する権利、貸し与える権利
　　　翻訳権・翻案権
　　　交錯する権利の範囲

権利が侵害されるとき　　　　　　　　　　62
　　　特許権はどうなると侵害か
　　　商標権はどうなると侵害か
　　　著作権はどうなると侵害か
　　　新しい技術と知的財産権侵害

2章　AIのしくみと関連技術

AIの種類と生成AI　　　　　　　　　　　　70

AIはどんなものか　　　　　　　　　　　　71
　　　モデル化
　　　汎化能力
　　　ようやくディープラーニング
　　　AIの中でのデータ表現
　　　埋め込み

CONTENTS

AIの出力
アテンションとGPT
ChatGPTと強化学習
拡散モデルとStable Diffusion
敵対的学習、その他
学習データのありか

AIはどう利用されているのか　　99
できること・できないこと
プロンプト
出力を改善する
何度も生成させる
パラメータを調整する
修正に使用する
カスタマイズする
この本の主題

3章　AI関係者が知るべきこと

AI利用者が知っておくべきこと　　110
AI生成物の権利は誰のものか
AI提供者との権利関係
情報漏洩に関する問題
カスタマイズに関して知っておくべきこと
AI生成物に関する責任
教師データの内容を心配するべきか
AI自身は著作者にならないのか

創作者が知っておきたいこと　　129
自分の創作物がAIの教師データにされたとき

裏技的方法
　　NFTとの関係
　　産業財産権侵害の場合があるか

著作権侵害の判断基準　　　　　　　　　138

　　著作権問題の検討のしかた
　　著作物性（まずは一般論）
　　AI生成物は著作物か
　　誰かの著作物か
　　侵害行為
　　AI生成物の依拠性・類似性
　　翻案―二次的著作―
　　二次的著作が許容される場合
　　権利濫用の法理
　　権利が制限されている行為か
　　著作者人格権の問題
　　誰が著作権侵害をしているか
　　AIで生成するときの問題のまとめ
　　自分のAI生成物に関する問題のまとめ

AIの提供者が知るべきこと　　　　　　　171

　　権利関係の整理
　　利用者がトラブルを起こしたら
　　フェイク・ヘイト・犯罪に関わる情報・脱獄

AIの製作と著作権　　　　　　　　　　　181

　　学習させて問題がないデータとは
　　学習させて問題がないデータとは（その2）
　　著作権の権利制限についてもうちょっと詳しく
　　越境と規制
　　AIモデル自体の著作権
　　AIモデルと特許権
　　AIモデルのその他の保護
　　AI提供者が特許権を侵害する可能性

CONTENTS

4章 現状のまとめと未来

いまのAIにできること　　206
　画像を認識すること
　シミュレーション
　文章や画像を量産すること
　自然言語処理
　画像理解
　情報の整理・整形

いまのAIにできないこと　　217
　プロ用途にはまだ足りない
　顧客対応ができるわけでもない
　説明できない
　出力が安定しない

AIの問題点　　223
　ディープフェイク
　偏見・誹謗中傷
　情報漏洩
　著作権侵害

生成物が拡散される以外の問題点　　232
　攻撃のための情報生成
　教育・研究の現場での問題点
　その他の問題点
　AIは人間の職を奪うか
　未来のはなし？

海外と国内のAIに対する動き　　237

米国
英国
EU
中国
日本
まとめてみると

規制に関する問題点（すこしだけ未来のはなし）　245

学習データについての規制の是非
タグ付けの問題
オプトアウト／オプトイン
絵柄・作風の保護はなされるべきか
生成AIの利用の明示
利用のしかたの明示等
違法コンテンツ出力があったときにサービス停止を要求することの是非
実効性と妥当性
あるべき未来

おわりに　　265

参考文献　　268

■ はじめにお読みください

- 本書に記載された内容は情報の提供のみを目的としています。したがって、本書を参考にした運用は必ずお客様自身の責任と判断において行ってください。これらの情報の運用結果については、技術評論社および著者はいかなる責任も負いません。
- 本書籍の内容は書籍執筆時点である2023年末〜2024年9月時点の情報を基としております。
- 本書籍中で記載している解説の記述はいずれも著者自身の研究によるものです。
- 製品の開発元、発売元、販売元その他関係者の統一的、公式的な見解を示すものではありません。
- 本書に記載した会社名、システム名などは日本、米国およびその他の国における登録商標または商標です。本文中では™マーク、®マークは明記していません。

1章 知的財産権を知る

　生成AIと知的財産権（および知的財産≒知財）との関係をお話しするにあたって、最初に「知的財産権とは何か」について説明しておきたいと思います。
　知的財産権について説明した文章は世の中に溢れているので、さらにそれに付け加えるのはいささか蛇足な気もいたしますが、この本で対象にしていることがらをご理解いただくためにも、よろしければおつきあいください。

知的財産権とは

　さて。折角、生成AIとの関係を説明しようというのです。まずはその生成AIに、「知的財産権とは何か」聞いてみましょう。

You:
What is an intellectual property?

ChatGPT:
Intellectual property (IP) refers to creations of the mind, such as inventions, literary and artistic works, designs, symbols, names, and images used in commerce. It is protected by law through patents, copyrights, trademarks, and other legal mechanisms, which give the creators or owners exclusive rights to their creations for a certain period of time.

Intellectual property can be categorized into several main types:
……

ChatGPTという米国のOpenAI社のサービスを利用してみました。米国のサービスなので英語で聞いてみていますが、日本語で問い合わせても概ね同じような回答を返してきます。

ChatGPTによると、「知的財産（IP）とは、知能による創作に関わるもので、発明や、文学、芸術、デザイン、シンボル、名称、商業で用いられるイメージなどを言う」そうです。だいたい正しそうです。続けて、「これらは特許権、著作権、商標権、その他の法的手段を通じて保護され、その法的手段によって創作者や所有者は、創作物に対して、一定の期間、排他的権利を与えられます」とあります。まあこれもおおよそ正しいでしょう（商標権だけは永久権に近いので、必ずしも「一定期間」ではありません。もっとも、10年ごと、あるいは5年ごとに更新手続が必要なので、その意味では一定期間とも言えなくはないかもしれません）。

ChatGPTは、知的財産はいくつかの種類があって、と続けていますが、そこは省略しましょう。ちなみに列挙されている種類は以下のようになっています

・特許権
・著作権
・商標権
・営業秘密
・工業デザイン（意匠権）

ChatGPTが回答した順に並べましたが、だいたい網羅しているように思われます。

あれ？「営業秘密」が知的財産？　はい。営業秘密（日本では不正競争防止法第2条第6項に定義があります）も、知的財産権です。これはあとですこし説明しましょう。

では、概ね正しそうな情報を手に入れましたので、今度は著者のほうから、知的財産権というものについてご説明を加えていきたいと思います。

■ **著者による説明**

　知的財産権は、財産権であり、排他的権利です。

　財産権とはどんなものでしょうか。財産権には、物を（直接的に）支配する権利である「物権」、誰かに行為を要求できる「債権」などが含まれます。

　このうち物権は物を支配する権利です。例えばあなたが外出しようとして、ふと、雨が降っていることに気付いたとき、かばんの中に傘があれば、その傘を取り出して、さして、使う（支配することに相当しています）ことができます。

　財産権は移転することができ（傘を誰かにあげてもよい）、また消滅することもあります（傘が壊れたり、捨ててしまったり）。

　知的財産権も同じで、例えば知的財産権のひとつである特許権をあなたが持っていれば、あなたはその特許権を使う（発明の実施という）ことができますし、特許権を移転することもできます（特許権を売ったり、あげたりしてよい）、そして特許権を放棄することもできます。

　ただし、知的財産権が普通の財産権、特に物権と違う点もあります。

　特許権を例に、違いを説明してみます。特許権というと、多くの人はビン底メガネをかけた発明家が怪しげな「発明品」を持ってきて「真似するなよ。特許になってるんだぞ」とか言ってくる……そんなイメージがあるかもしれませんが、特許権は情報であって、実体的な製品ではありません。

　ご家庭にあるようなちょっとしたもの、例えば安全ピンにもかつては特許権がありました。

　まもなく1850年になろうというころ。米国は南北戦争直前の時代になります。安全ピンの発明者ハントは、借金を抱えて困っていました。そんな彼はあるとき、（たぶん）何気なく針金をいじっていて、この安全ピンを考案します。そしてハントは特許権を取得（米国特許6,281号）、特許権を400ドルで売り払って借金を返済したそうです。

　ハントの発明は、たしかに針金を折り曲げてピンにしたものですが、400ドルで売ったのはピンではなく、そのピンに関する権利です。

　特許権には「特許請求の範囲」（Claims）という情報があります。「ここが特許権の範囲だ」と定める情報になります。安全ピンの場合

一本のワイヤで形成されたピンであって、コイル状または曲線状に形成したバネ部と、キャッチ（ピンの先端に引っかかる部分）とがあるもの。

というように書かれています（請求の範囲の書き方は国により、また時代によって相違がありますので、ここでは現代風にアレンジしています）。

あとでちょっとご説明しますが、発明者のハントさんは、「一本のワイヤで形成されたピン」のうち、「コイル状にしたバネの部分」と「先端を引っかけるキャッチ」とがあるものが私の権利だ、と主張しており、その主張が権利として認められている、という状態です。こんなのが特許権です。特許権のような知的財産権はモノではなく、情報という形のないもの、ということになります。

安全ピン

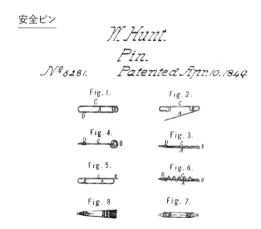

このため、特許権を含む知的財産権はさらに広く、「情報法」と呼ばれる分野に属しています。

ところで、普通の物権は形のあるものを対象にするので自然に排他性を持っているのに、知的財産権にはそういう意味での排他性がありません。知的財産権は形のないもの（無体物）に対する「無体」財産権だからです。

形のある物、例えば傘であれば誰かが使っていれば他の人がその傘を同じように使うことはできません（相合傘ならできるでしょうけど）。でも知的財産権は、法律で何も制限しなければ、誰かが特許発明を実施していても、他の人も同じよ

うに特許発明を実施できます。例えばここにボタンを押すと勝手に開く傘（ワンタッチ傘とかいうのでしょうか）の特許発明があるとして、この特許発明を使った傘を誰かが製造販売していても、他の人がその特許発明を使った傘を誰かが物理的に製造販売できなくなる、ということはありません。これが無体財産権の特徴です。

つまり、無体財産権は、

・複数の人が一度に使える
・簡単に真似たり、複製したりできる
・誰かが使っていても、それを知ることは簡単でない

という性格を持っています。それが知的財産権です。

知的財産権の種類

知的財産権には、先ほどのChatGPTの回答にもありましたが、いくつかの種類があります。さあ著者としてはChatGPTよりもうすこし賢いところを見せないといけません。

■ 産業財産権という枠組み

知的財産権には、

・特許権／実用新案権
・意匠権（工業デザインに係る権利）
・商標権
・著作権
・営業秘密

などの種類があります。ChatGPTと同じじゃないか？　いいえ、順序を調整し

たんです。このリストを分割して、知的財産権を分類していきたいと思います。なお、ここから先、不正競争防止法に関わる部分（営業秘密など）は、除いてお話します。踏み込むとこの本の趣旨から外れそうですので。
　さて、

・特許権／実用新案権
・意匠権
・商標権

までは「産業財産権」というくくりになります（古くは「工業所有権」と呼んでいましたが、いまは「産業財産権」と言うようになりました）。
　一方、

・著作権

は、「産業財産権」ではありません。違いのひとつは、その保護の目的です。
　特許権に関する規定である特許法の第1条には、

「発明の保護及び利用を図ることにより、発明を奨励し、もつて産業の発達に寄与することを目的とする。」

と書いてあります。意匠権に関する意匠法はどうでしょう。

「意匠の保護及び利用を図ることにより、意匠の創作を奨励し、もつて産業の発達に寄与することを目的とする。」

と書いてあります。
　商標法には「商標を保護することにより、商標の使用をする者の業務上の信用の維持を図り、もつて産業の発達に寄与し、あわせて需要者の利益を保護するこ

とを目的とする」と書いてあります。すこしだけ、特許や意匠と違いますね。

では著作権法はどうでしょうか。著作権法には、

「著作物並びに実演、レコード、放送及び有線放送に関し著作者の権利及びこれに隣接する権利を定め、これらの文化的所産の公正な利用に留意しつつ、著作者等の権利の保護を図り、もつて文化の発展に寄与することを目的とする。」

と書いてあります。

こんなふうに、「産業財産権」法がいずれも「産業の発展に寄与」することを目的としているのに対して、著作権法は「文化の発展に寄与することを目的」とするのです。権利を保護する目的が違います。

そして、

・特許権／実用新案権
・意匠権
・商標権

までは特許庁の管轄です。特許庁は、経済産業省の外局にあたります。
　一方の著作権は文化庁の管轄です。文化庁は文部科学省の外局にあたります。管轄する行政庁も違っているのですね。

■ アプローチの違い

違いはまだあります。

・特許権／実用新案権
・意匠権
・商標権

までの権利は、特許庁への登録があって初めて発生する権利です。また基本的に

「客観的な新しさ」(特許法などでは新規性といいます)があることが登録の条件(法律上のこういう条件を「要件」と呼ぶので、ここから先は格好つけて「要件」と書きましょう)です。このように、登録に要件を課して、登録があって初めて権利が発生するように規則を構成することを「パテントアプローチ」と呼びます。

一方、著作権が発生する要件には、「客観的な新しさ」は求められていません。著作権は、誰かが著作物を創作すれば自然に発生するもので、どこかに登録する必要もありません。ということは当然に、登録の要件もありません。こんなふうに、他の人のものをコピーしたとかでなく、自分が創作さえすれば、その創作した著作物に係る著作権が得られるというように規則を構成することを「コピライトアプローチ」と呼びます。

そしてパテントアプローチで与えられる権利、つまり

・特許権／実用新案権
・意匠権
・商標権

は、登録によって権利が公示されます。不動産の登記のようなもので、権利関係の情報が誰にでも分かるようになっているのです。実際、特許庁からアクセスできるウェブサイト、J-Platpat[1]では、特許や意匠、商標等の権利(だけでなく、一部出願中のものも)検索することができます。

こうして権利の内容が公示されることから、特許権者でもない人(さらに特許権者から許されてもいない人、Xさんとでもしましょう)が、その特許権者の特許発明を実施すれば、仮にXさんがその特許権のことを知らなくても、その特許権の侵害になります。

一方で、似ているものBを独自に(Aを知らないで)創作したならば、このBについての著作権は、その作者である人(仮にYさんとします)のものになり、Aに係る著作権とは別に、Bについての著作権が発生することになります。

---

[1] https://www.j-platpat.inpit.go.jp/

■ 保護対象の違い

冒頭に挙げた5つの権利には、また別の線引き方法もあります。それは

・特許権／実用新案権
・意匠権
・著作権

と、

・商標権
・営業秘密

とに分ける方法です。

　この分け方の基準は、創作を保護するためのものであるか、競業秩序の維持を目的とするかの違いです。もちろん、特許権、意匠権、著作権が創作を保護するもので、商標権等が競業秩序の維持に関するものになります。

　創作の保護、ということの意味は分かりやすいと思いますが、競業秩序の維持というのはすこし分かりにくいかもしれません。そこで商標法が保護しているものについてちょっとだけご説明して、その意味を感じ取っていただければと思います（結構誤解されている人が多いと個人的には思っています）。

　具体的な例があったほうがわかりやすいと思いますので、古い商標ですが、こちらを。

公告広報の図

```
商標出願 昭28-5109
公告
公告 昭28.3.31  出願 昭25.10.31
商願 昭25-25233

連合商標登録番号 233145, 256262

BAND-AID

指定商品 1
 絆創膏、繃帯その他本類に属する商品

出願人 ジョンソン、エンド、ジョンソ
ン（グレートブリテン）リミテツド 英
吉利国バツキンガムシーヤ、スロー、パ
ス、ロード240-242番
代理人弁理士 浅村成久
```

　おそらく知らない人はいないと思いますが、絆創膏、「バンド－エイド」の商標登録の公告公報（商標登録することを告知するもの）です。
　注目していただきたいのは、マークの部分「BAND-AID」と、その下の「指定商品」とあるところです。商標法では、このマーク（登録商標）を、指定商品（または指定役務、つまり指定サービスですね）について使うと、商標権の侵害ということになります（商標法第25条）。また、このマークによく似た、例えば「BANDO-AID」みたいな名前のついた箱に、指定商品である「絆創膏」を収めて販売したりしたときも商標権の侵害となります（商標法第37条）。
　似たものにまで効力があるのはなぜなのか。
　これはつまり「バンド－エイド」がほしい消費者が、うっかり間違って「バンドォーエイド」を買ってしまうトラブルがなくなるということです。「バンド－エイド」が売れていてなかなかよさそうだから、似たような商品を似たような名前で販売してしまえ、という行為が禁じられるわけです。こうした行為が禁じられるので、どの企業もちゃんとよりよい商品を開発したり、すこしでも安く提供したりするようになって、競業の秩序が守られるでしょう、ということです。
　商標の場合、こうした行為が禁じられることで、間違って類似名の粗悪な商品

を買ってしまうこともなくなって消費者の利益も守られます（商標法第1条に「併せて需要者の利益を保護することを目的とする」とあったとおりです）し、粗悪品を買っちゃった消費者が「あれ？こんなものだったのか」と、本来の「バンドーエイド」の品質を見誤るということもなくなり、企業や商品のイメージのようなものも守られます。

> **Point**
>
> ・知的財産権には、
> (1) 特許庁が所轄し、特許庁への登録で発生する特許権や商標権などの産業財産権
> (2) 文化庁が所轄し、特に手続をしなくても発生する著作権
> がある。

知的財産権を保護する意味

さきほど書きましたように、知的財産権はアプローチの違いにより、特許権や商標権（パテントアプローチ）と、著作権（コピライトアプローチ）とに分けられるのでした。そしてそれぞれのアプローチの違いによって、権利の発生の原因も違っていました。

■ 特許制度は必要なのか

どうしてこのようにアプローチが違うのでしょうか。それは法目的と関係しています。

特許法などは、「産業の発展」を目的とし、著作権法は「文化の発展」を目的としていました。でも特許権を保護することがどうして産業の発展に関係するのでしょう。

「特許制度は、天才の炎に、資本という燃料を投下するものだ」（The patent system added the fuel of interest to the fire of genius.）と言ったのは米国のリンカーン大統領（A.Lincoln）ですが、この言葉が表すとおり、特許制度の機能

のひとつは、発明への投資資本の回収機会を与えることです。

　ある人がお金をかけてある発明を完成させたとして、その発明を公開して製品を作り始めたところ、みんなが真似し始めてしまった、というのでは発明に投資した資本を回収できなくなります。

　そういうことならば、発明者としてはその発明を秘密にしておけばいいわけです。そうすれば発明を利用して製品を作れるのは自分だけなので、問題ないですよね。

　なんだ。特許制度いらないじゃないですか。と、思うかもしれません。ですが、こんな話があります。話が飛ぶようですがしばらくおつきあいください。

　現代のパーソナルコンピュータのオペレーティングシステムは、いくつもの「ウィンドウ」を開いて作業をするのが一般的になっています。このようなシステムの元祖は、ゼロックス（Xerox）社のStarというコンピュータでした。このStarを見学にきたスティーブ・ジョブズ（Steve Jobs）が、そのアイディアを「盗んで」、自社（アップル社）のOSに搭載したなどと言われているのをお聞きになったことがある方もいらっしゃるかもしれません。実際には知的財産権の整理はついていたようですが。

　それはともかく、このStarの見学には、アップル社からはプログラマも参加していました。その中の一人、ビル・アトキンソン（Bill Atkinson）は、Starのウィンドウの描き方を見て驚いたといいます。なにせ、重なり合って他のウィンドウの陰にあったウィンドウを（重なり順序を変えて）上に持ってくると、上にきたウィンドウの中身がすぐに描かれた（陰になって隠されていたところがすぐに表示された）からでした。当時のコンピュータの能力を考えると、これは衝撃的なことでした。

　現実にはトリックがあり、Starにはハードウェアアクセラレータが搭載されていて、こういった描画が高速化されていたのだそうです。ところがビル・アトキンソンはそれを知らなかったので、ソフトウェアでこの衝撃のしくみが実現されているのだと勘違い。アップル社に戻ると、この処理をソフトウェアで高速に行う方法を「発明」してしまったのでした。

　問題はそのあとです。

この発明の内容が、まだビル・アトキンソンの頭の中にしかない状態だったとき、ビル・アトキンソンは、交通事故に遭ってしまいます。出社中に運転していた車がトラックに突込んだのです。
　事故の知らせを受けたジョブズが慌てて病院に行ったところ、ビルは
「だいじょうぶ。ちゃんとあの発明はここ（頭）にあるから」
と言ったとかなんとか。万が一ここでビルが亡くなっていたら、アップル社のウィンドウシステムはいま存在していたかどうか。
　このことに肝を冷やしたのかどうかは知りませんが、この技術はその後、特許出願されています（そして登録されています：USP4,622,545）。このエピソードが面白いのは、XeroxがStarでの処理方法の説明を省いた、つまり、ある意味で発明が秘匿されたがために、ビルがソフトウェアによる方法を「発明」して、それによって技術が進歩したという見方もできるところです。また秘匿されていたがために、ビルがその技術を「再発明」しなければならなかった（社会全体としては重複投資になったかもしれなかった）という見方もできます。

Apple社の特許公報の図

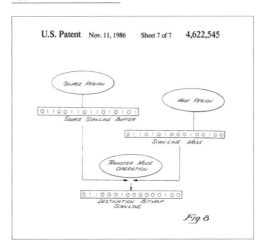

　発明が文書化されて公開されることが望ましい理由はこういうところにあると思います。

さらにこのエピソードは、万一にもビルが亡くなってその発明が秘匿されてしまったら、社会が既に手にしていたはずの発明を再発明しなければならない（コストをかけなければならない）か、最悪の場合、永遠にその技術を失っていたかもしれない、ということも示唆しています。秘密にするのが（重複投資になる可能性を考慮してでも）成長を促して社会に利益になるのか、秘密にしないことが社会の利益になるか、どちらだと思われますか。

発明者一人のことを考えるなら、技術を秘蔵して勝手に独占すればよいでしょう。しかし社会的要請からすると、こんなふうに発明が隠されていずれ「失われた技術」になって欲しくない、つまり、発明した人に発明を公開してほしいわけです。でも発明者としては投資の回収はしたいし、それ以上に稼ぎを出したいというのも当然です。

結局は社会、つまりは国が、経済の施策として新技術に対する考えをどういうふうに整理するかなのです。日本では（そして他の特許制度を持つ多くの国でも）、「発明を秘蔵させないで公開するよう促し、その代わりに投資回収ができる程度の一定の期間だけ、特許製品の製造販売を独占させてあげましょう」という考えに至りました。そのほうが産業の発展にプラスだし、ひいては社会全体のためでしょう、という話です。

こんなのが特許制度です。

発明の内容を公報するのは、発明を広く公開して、その発明を（将来的には）広く利用してもらおうという意図があるからです。また権利の内容を公示して、侵害行為を防止する意味もあります。

■ 特許要件

発明者が公開してくれた発明ならばどんなものでも保護すべきかというとそうでもありません。やみくもに排他権を作って産業が発展するわけがありません。

まず、特許権の対象となる「発明」は、発明といっても辞書的な意味での発明ではなく、法律上定義された発明になります。特許法には、

「自然法則を利用した技術的思想の創作のうち、高度のものをいう。」

と書いてあります（特許法第2条第1項より）。
「自然法則を利用」とあるので、自然法則を利用しない、例えば、
「空中にレーザービームを照射して積乱雲を発生させる方法」
のように、どういう物理的原理で動いているのか、ひょっとして何かの魔術なのかわからないものは権利になりません（もっともこれは保護したところで誰も困らないとは思いますが）。

また、「自然法則を利用」するということは、人間が自由に決められるゲームのルールのようなものも特許にはなりません。「新しいじゃんけんのルール」みたいなのは特許にはならないということです。それから、自然法則を「利用」なので、「自然法則そのもの」も特許にはなりません。「重力」とか「電磁気力」とかも特許権にならないということです。されたら困りますしね。

次に「技術的思想の創作」なので、誰かに伝えられる技術でなければならず（そうでないと公開されても誰も使えませんからね）、訓練しても達成できるかできないかわからないような、伝達の困難な「秘伝の技能」は特許になりません。「XX流なんとか術」みたいな、何年もかけて私のもとで修業すれば身に付く（かもね）、みたいなものは特許権にはならないのです。それから小説や絵画、写真などの芸術作品も「技術的思想の創作」でないので特許になりません。

そして最後に書いてある「高度のもの」というのは……実はそれほど意味がありません。兄弟のような法律で「実用新案法」というのがあり、そこで保護される「考案」と区別するためのものだと思っていただいて結構です。

では自然法則を利用した技術的創作で高度なものならばなんでもいいのかというと、まだ登録されるために必要な要件があります。

オーストラリアでは、以前新しい特許制度として、出願されたらとにかく登録してしまうという制度をつくったことがあります。ところがある人が、自分の発明だとして「車輪」の発明を出願し、この制度のもとで登録を受けました。

その結果、それを使った権利行使が認められ、オーストラリアでは車輪が使えなくなって大混乱になった……わけではありません。もちろんそのような権利行使は認められませんでした。この「車輪の発明者」は、こんなことが起きかねないぞ、という宣伝活動がしたかっただけです。この宣伝活動が功を奏したのかど

うかは知りませんが、いまではこの制度は段階的に廃止するスキームに入っています。

こんなふうに、出願されたら何でも登録してしまえ、というのでは、もう既にあるものまで登録することになって、そんなもので権利行使されたら産業の発展どころか、産業が衰退します。

そこで日本の特許法では、特許として登録する価値のあるものかどうか、日本では特許庁が審査をします。特許に登録の要件があるのは、このためです。主な登録の要件としては、次のようなものがあります。

(1) 先に出願したもの勝ち（先願主義）

同じ発明を出願した人が何人もいた場合、そのうち最初に出願した人が権利を得る、というルールです。だからこそ、出願を急ぐというわけですね。
早い者勝ちルールにすることで、発明完成後、できるだけ早く発明を公開させるという意味もあります。

(2) 出願前に公然と知られていなかったものしか登録しない（新規性）

公然と知られていたんだったら保護する価値がない、というのはさっき書いたとおりです。出願時点で新しくないならば、「新しい発明を公開してもらう代わりに特許権を与える」という話と平仄が合いませんから、こういうものは保護しない、というわけです。くわしく言い出すと、「新規」発明公開のインセンティブの要否だけが新規性の意味なのかとか議論[001]などが始まるんですが、専門家でもなければそこまでの議論は不要でしょう。

ついでのはなし。「公然と」というのは、秘密にする義務のない人が知っている、という意味です。「特許を出願する予定なので、出願するまでは秘密にしてね」と同意（Non-Disclosure Agreement）をとって「こんなの発明したんだけど」と教えるのは、「公然と」になりません。空想の話ですが、全世界の人とこの同意を結んだうえで、発明が全世界の人に知られたとしても、「公然」にならないので、新規性は失われません。まあ、これはあり得ない空想的な「公然」のはなしです。

現実的には、限られた、守秘義務（秘密にすることに同意する）契約を結んだ人が知っているだけの場合、「公然と」にあたらない、と考えます。

(3) 新規性のない発明から簡単にできた発明は保護しない（創作非容易性）

用語としては「進歩性」などとも言われます。ただ、進歩していることを要件にしているわけではないので、進歩性という言葉はおかしい、という考え方もありまして、ここでは「創作非容易性」というちょっと難しい日本語にしておきます。

例えばこんな話です。新規性だけを要件にすると、
「いままでドアノブなんてみんな金属製か木製（例えばですよ）だったんだけど、私、陶器製のものを作ってみました」
という出願があった場合、陶器のドアノブが「公然と知られ」ていなければ新規性はあるので、特許として登録されてしまうかもしれません。

でもそんな、素材の変更というのは必要があれば誰でもしそうなことではないでしょうか。例えば電気を扱う部屋だと金属製は危ないですし、じゃあ碍子と同じく陶器で作ろうと考えるというのも技術者ならばありそうな話です。そんな、一般的な技術を知っている人 (Person Having Ordinary Skills In The Art：PHOSITA、日本語では「当業者」と呼ばれます）なら誰でも簡単にできそうなものに権利を与えたら却って産業発展にはつながりません。じゃあそういうものは登録しないようにしましょう、となったということです。

陶器でつくるのに工夫が必要でした、とか、陶器製では作れなかった事情を解消した、といった背景があれば、登録してもいいのですが、そうでないなら簡単に創れた（創作が容易だった）というわけです。なお、このドアノブ事件は米国で実際にあったもので、1841年の米国特許2,197号にまつわる事件です[002]。ただ、この事件があってから、実際に創作非容易性の規定ができるまでにはこれから相当の時間がかかりました。

このほかにもまだまだ要件があります。こうした新規性や、いわゆる進歩性のような、「産業の発展」を目指して作られたいくつもの要件を満足していると特許

庁が判断したときに初めて、特許出願した内容が特許権になるわけです。なかなか厳しい判断っぽくないですか？

実際どれくらいの割合で権利になっているんでしょうか。特許庁の統計[2]（特許行政年次報告書2023年版）によると、2020年の特許出願件数は288,472件。これに対して同年の特許査定の件数は164,846件。だいたいの比率としては57％くらい（ただ出願してすぐ審査されるわけでもないし、そもそも審査しなくていいと出願人が流してしまうものもあるので、この単純な比では権利化率の計算にはなっていません。あくまでざっくりの目安と思ってください）です。半分よりちょっと多めの権利化率になっています（著者たち弁理士もがんばっております）。

■ 文化の発展

特許権が「産業の発展」のために、登録の要件を定めている一方、「客観的な新しさ」を求めず、創作をすれば自然に発生するという著作権はどうやって「文化の発展」に寄与しようというのでしょうか。

この問いに答えるのは難しいので、大学の先生に頼ってみましょう。「著作権法入門　第3版」（島並良ほか著、有斐閣、2021）によると、著作権の正当化の根拠には2つの流れがあるそうです。ひとつはジョン・ロック（John Locke）の所有権理論によるもので、「創作活動を奨励することで社会を豊かにしようとして、創作の対価として所有権を与える」というものなのだそうです。

そしてもうひとつは、ヘーゲル（Georg W. F. Hegel）の考え方に基づくもので、「創作物は創作者の人格の一部であり、それゆえに棄損から保護すべきだと考える」とのことです。

要するに、所有権がないままでは、小説を書き、あるいは絵を描いたり音楽をつくったりしても、それを自由に支配できないので、勝手にコピーされたり、「俺が作った」などと主張されたりして損になるかもしれない。そうすると創作する力のある人たちが創作をしてくれなくなり、社会が豊かにならない、という考えがひとつ。そしてもうひとつの考え方は、創作というものが、自分の表現の発露なので、そういうものを棄損されたときに保護できないとよろしくない、ということのようです。

---

[2] https://www.jpo.go.jp/resources/report/nenji/2023/index.html

こういう場合に、例えば小説の書き手が、自分の小説をコピーされたと考えたとき、「真似されたことで損害を被った」と主張して後から損害を補填してもらえばいいのでは、という考え方もあります。創作者以外の人は、創作者のものを勝手にコピーしない責任がある、と考える方法（いわばliabilityに基づく規則）です。

しかしここでも創作物が必ずしも有体物でないために、コピーが簡単にできてしまうという現実があるわけです。この現実は、小説などが実体的な書籍から離れて電子書籍化されている今日では特に問題になるところでしょう。誰もが、自分のコンピュータで「コピー＋ペースト」（いわゆるコピペ）できてしまう状況になってきていますから。

そうなるとあらかじめ権利を設定して、その権利を侵害しないように、つまり侵害された場合に、創作者に救済があるようにしておく（liability ruleに対してproperty ruleと呼ばれます）。その意味がある、と考えられているわけです。そこで著作権法というものがでてきます。

さきほどちょっと書きましたが、著作権は、行政に対して申告して登録してもらって初めて権利になる、というものではなく、無方式に—創作さえすれば、ほかに何もしなくても—権利が発生します。特許のように、特許庁が、特許要件があるかどうかを判断する、ということはしません。

では著作権法のもとでは 、誰でも創作さえすれば、それがどんなものでも保護されてしまうのでしょうか。

そうでもありません。著作権の発生には、特許権の発生の要件である「新規性」のようなものは要求されないと書きましたが、保護される著作物は著作権法に定義されています。あとで生成AIとの関係でも説明しますが、著作権法第2条1項1号にその定義があります。

著作権法第二条一項一号
一　著作物　思想又は感情を創作的に表現したものであつて、文芸、学術、美術又は音楽の範囲に属するものをいう。

ここから要件を抜き出すと、

(1) 思想又は感情の表現であること
(2) 創作的に表現していること
(3) 文芸、学術、美術又は音楽の範囲に属するものであること

となります。考えていることとか感じていること（アイディアとでもいえばよいのでしょうか）を「創作的に表現」したものであることが必要です。

　創作的、というのが難しいのですが、要するに他人の表現の模倣や、あまりにありふれていて、それを表現しようとすると誰でも同じ表現になるようなものは創作的とはいえない、というように説明されます。高度性とか美術的であるとかは関係ありません。

　幼稚園に通っている子供が、赤いクレヨンで塗りたくっただけの画用紙を持って帰ってきて、「消防車」を描いたんだと言えば、それは消防車を見て得られた自分の思想又は感情を、自らの感性で創作的に表現したもので、美術の範囲に属していますから、著作物だということになり、著作権が発生しています（許可なく複製しちゃいけません）。

　一方で、美術大学に通う大学生が、有名な作品を模写して帰ってきたら、その模写は、他人の表現を模倣したものになりますから、創作的ではありません。この場合、その模写はこの大学生の著作物ではなく、この大学生に著作権は発生していない、というように考えます。

　ただ、この模写した大学生が、持ち前の反骨精神を発揮して（？）ただの模写ではなく、そこに自分独自の表現を加えたとするならば、そこには創作的な表現があると言えるわけで、この大学生の著作権が発生することもあります。こういう、原著作物があって、そこになんらかの変形を加えて得られる著作物を二次的著作物といいます。よく、アニメーション作品のファンアートを「二次創作」と呼んでいますがそれとは違う概念なので混同しないでください。

　しかし、現実の世界では、本当に創作的であるかどうかを判断することは実は難しいのです。

フランスの哲学者ジュリア・クリステヴァ（Julia Kristeva）は、著書で

Any text is constructed as a mosaic of quotations; any text is the absorption and transformation of another.

と書いているそうです。

どんな文（テキスト）も引用の組み合わせ（モザイク）として構成される：あらゆるテキストは、他のテキストを取り込んで変換したものである

というような趣旨でしょうか。この趣旨からすると、あらゆる文芸作品は過去作品の二次著作物だということになりそうです。どんな文でも単語の組み合わせで作られる以上、究極的には過去のなにかの文から組み合わせられていると言われれば、あながち否定はできないようにも思います。

　そこまで極論をしなくても、文学作品のなかには過去の文に依拠したものが数多くあります。例えば、太宰治の著名な小説「走れメロス」は、ドイツの詩人、フリードリッヒ・シラー（Friedrich von Schiller）の詩、「人質」（1798）に依拠していることが知られています。太宰自身、「古伝説と、シルレルの詩から。」と書いており、このことを認めているのですから間違いはないでしょう。

　では、この太宰治の「走れメロス」は、他人の表現の模倣だから太宰治の「創作」ではない、といえるのでしょうか。

　実際にシラーの詩（参照したのは翻訳だったようですが）に対して、大宰がどのくらい変更を加えているか、詳しく対比した文があります[003]。それによると、帰郷して妹の結婚式に出席するくだりはほとんど大宰の創作であり、一方、続く濁流のくだりはかなり依拠していて、「激流が橋桁を跳ね飛ばしていた」とか「繋舟が残らず浚われていた」といった表現まで含めて模倣しているようです。

　どうでしょう。これは大宰独自の創作的表現があるといえるのでしょうか。結婚式のくだりはもとの物語の流れにあまり影響しているようには思えません。ただ、メロスの性格をはっきりさせる描写もありますから、物語の説得性に影響し

ているようには思われます。

　明治大学の久松健一教授は、先のクリステヴァの言葉を引用し、現代文学史上のいくつかの盗作疑惑にも触れながら、引用や模倣（法律の用語としてでなく日常のことばとして）、剽窃、盗作といった言葉の意味を考えさせられる一文を、同大学の論文集に寄稿[3]しています[004]。

　この一文では、模倣の程度を数値化して比較してはどうかという提案が（半ば皮肉にも見えるのですが）されています。仮にその方法で模倣かどうかを評価すると、場合によっては太宰治の「走れメロス」は模倣だと判定されてしまう可能性もないではありません。

　それでもなお、シラーの詩にはなかった、メロスと暴君ディオニスの性格を明確にする表現など、多くの部分が追加されていてそれによって物語がより際立っているのですから、「走れメロス」が太宰治の創作でないという人はほとんどいないのではないかと思います。

　「走れメロス」はさらに後世に影響を与えていて、例えば「新釈 走れメロス」（森見登美彦）などといった著作物があります。優れた著作物はこうして本歌取りされ、新たな著作物に繋がっています。こういうつながりが文学という文化を発展させているとはいえないでしょうか。そういえば「メロス」最終部分の少女がマントを捧げる場面は大宰の創作なのだそうで、「新釈」のあの場面は、大宰の創作がなければ存在しなかったでしょう。

　余談として、「人質」にさらに触発されたわけでもないでしょうが、大宰が借金のかたに友人・壇一雄を「人質」にした「熱海事件」は、大宰のオリジナルの「事件」ですが、こちらは文芸、学術、美術又は音楽の範囲に属さないので、著作物ではありませんね。

　ここまでは文学の話でしたが、絵画の分野も同じように、「創作物」かの判断は難しいのです。

　19世紀のフランスの画家、エドゥアール・マネは、『草上の昼食』で当時酷評を浴びたそうですが、それは実在の人物の裸体を描いたことで猥褻だというものでした。当時、神話などに登場する人物であれば裸体で描いて問題ないが、実在の人物はいかん、という考えがあったのだそうです。ましてこの『草上の昼食』

[3] http://hdl.handle.net/10291/7116

は、幾人かの人が描かれているなかで、女性だけが裸体なのです。それがまた卑猥に思われた原因かもしれないですが、女性だけ裸体にするというアイディアは、マネのオリジナルではありませんでした。ティツィアーノ（作者について異説があるそうですが）の『田園の奏楽』に既にこのアイディア（？）が見られるそうです。『田園の奏楽』では、楽器を演奏する男女が描かれているのですが、ここでも女性のみが裸体です。その意味は、どうやら女性のほうは描かれている男性の想像した女神の化身であり、そのために裸体になっているのだそうです。まあつまり、男性が裸体の女性を妄想している場面というわけですね。

マネは、実際にルーブル美術館でこの作品を見て、それから『草上の昼食』を描いたというのですから、『草上の昼食』が『田園の奏楽』に依拠していることは明らかです。それでもマネの『草上の昼食』に創作性がないという人はいないでしょう。マネが『田園の奏楽』の、「男女のいる情景で女性だけが裸体」というアイディアだけを抽出したのか、「男性が生み出す幻想の女神が同席している」という思想的なところを抽出したのか、それは著者にはわかりませんが、思想やアイディアを抽出して利用することは、創作性には関わりがありません。それはあくまで「思想」なのであって「表現」ではないからだと説明されます。

さらにこの『草上の昼食』には、別の模倣も含まれています。『草上の昼食』の構図は、ライモンディという版画家の『パリスの審判』の一部を切り取ったものなのです。パリスの審判は、女神ヘラ、アテナ、アフロディーテの誰が美しいかを判定させられたという（かわいそうな）パリスの物語を描いたもので、そこに描かれているのはまさに神話の人たちなので全員ほぼ裸体です。マネは、『パリスの審判』の版画の右隅に登場する3人（女神ではない）の構図をそのまま昼食の舞台に変更して、『草上の昼食』を描いています。現代であれば「パクリ」だとか「トレパク」だとか言われかねない行為です。

それでもなお、このマネの『草上の昼食』に創作性がないという人はいないでしょう。この例ではむしろ、神話を描いた絵の構図をそのまま当時の風俗に落とし込んだところにマネの表現があったと見られるのではないでしょうか。

このように、単なる模倣なのか、新たな創作といえるのかは実に難しい問題です。差を無視して類似点だけを列挙したり、アイディアの模倣があったりするか

らといって、表現の創作を「盗作」扱いすることがいつも正しいのかどうか。著作権侵害でもない創作物を攻撃の対象とするのは、それ自体問題のある行為ではないでしょうか。攻撃によって作家生命が絶たれてしまった例もあるようです[005]。一人の作家がいなくなるというのは文化の発展とは真逆の結末です。仮に大宰の作品が現代にあったら、マネが現代の画家であったら、もしかするとこの作家生命が絶たれてしまった人のように、ネットやマスコミによる袋だたきにあっていた可能性もないとは言えないでしょう。こうした攻撃は著作権法の考え方とは相容れません。

現状のところ、創作的表現の有無はできるだけ好意的に、肯定的に捉えるように考えるのが一般的だと思われます。そうでないと、先ほどの例のような先達に依拠した作品がすべて著作権保護されないものになってしまい、「文化の発展」に寄与しない結果になってしまうからです。

後の章では、生成AIによる文章や画像の生成が「創作的」と呼べるのかどうかについても検討します。

Point

- 特許制度は産業の発展を目的にしており、著作権制度は文化の発展を目的にしている。
- 著作権の保護の対象になる創作的表現は、できるだけ肯定的に捉える。それによって文化の発展を図る。

特許庁での手続はどんなものか

知的財産権の一部である「産業財産権」を獲得するためには、登録が必要だと書きました。本書の趣旨からはちょっとだけ外れますが、登録までの手続をごく簡単にご紹介します。

■ 無審査主義

産業財産権の獲得のためには、特許庁への出願が必要です。出願をしたら、特許庁側で書類さえ問題なければ（基礎的な要件だけOKならば）登録する、というのが基本的な流れです。

産業財産権出願の流れ

実際のところ特許権の場合はここまで単純ではなく審査などが生じるのですが、実用新案の登録はこんな感じの無審査主義がとられています。

■ 意匠と商標

既に書いたとおり、特許等については出願書類の基礎的な部分がOKであればよいわけではなく、登録に要件があります。その要件を満足しているかどうかについては特許庁で審査が行われ、審査を行うのは特許庁の審査官という職にある方々になります。

出願したら、その内容が審査官によって審査され、審査官が要件を満足していると判断したときに登録査定がされる、というのが意匠権や商標権獲得のための流れです。登録査定後は登録料を払うと登録されます。

商標などの出願の流れ

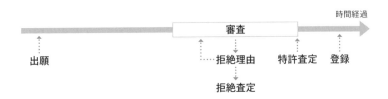

実は特許の出願ではもうすこし過程が必要となるのですが、それは追って紹介します。上図は商標などの出願例として考えてください。

審査の結果、要件を満足していないと審査官が判断すると、拒絶理由（Reason for Rejection）が通知されます。「拒絶理由」とか名前がすごいですが、投稿論文の査読結果通知みたいなものです。出願した側は、出願内容を修正したり、特許すべきものなんだと意見したりすることができます。その結果、審査官が意見を受け入れれば、登録される可能性もまだあるわけです。

審査官が出願人側の意見を聞いても審査の結論を変えない場合、拒絶査定（Final Rejection）となります。ただ、拒絶査定になったら終わり、というわけでもありません。この拒絶査定後の流れはあとでご説明しましょう。

■ 特許権獲得までの手続

意匠や商標は先ほど解説したとおりですが、特許はもうちょっとだけ手続が複雑です。

特許出願の流れ

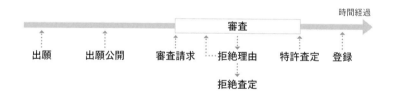

昭和45年までは、意匠・商標と同じように出願されたら全部審査していたのですが、特許出願件数に対して審査が遅延していき、昭和44年（1969年）には審査待ちの件数が70万件を超えるほどだったそうです。そこで昭和45年、出願人が望んだときだけ審査を行う「出願審査請求制度」が導入されました。

出願審査請求制度が始まり、審査されない出願が出てくると、審査されない出願の内容は公にならないので、「新規発明を公開する」という特許法の趣旨が達成されません。そこで審査の状況に関わらず出願から一定の期間（18ヶ月）が経過

した後、強制的に出願された内容を公開する「出願公開制度」が、出願審査請求制度とともに導入されました。なお、出願審査請求は、出願から3年以内に行う必要があります（平成11年の改正による）。

　説明してきましたように、審査は特許庁の審査官が行いますが、審査官だって人間ですから万能ではなく、間違うこともあります（と説明されます）。そこで拒絶査定になったあとでも出願人には挽回のチャンスが与えられています。それが審判（Appeal）という制度です。

審判制度の流れ

　拒絶査定を受けた出願人が権利化を断念して拒絶査定に承服してしまえばそれで流れは終わりですが、拒絶査定に納得がいかない、ということであれば拒絶査定が不服だとして審判を請求できます。この審判では3人の審判官が合議で登録の要件を満足しているかどうかを判断します。この審判で登録すべきものだったと審判官が判断すると、特許審決となって登録に持っていくことができます。一方、審判で、審査官がやっぱり拒絶査定が妥当だったと判断すると、拒絶審決となります。こうなると特許庁の手続としてはあとがありません。しかしさらにその審決を裁判で争う道が残っています（審決取消訴訟）。

　このように特許等の出願手続は、一度拒絶を受けても、登録してほしいと訴えるチャンスが何度もあります。もちろんルールがあるので、例えば出願の内容が補正できるといっても、自由に補正ができたりするわけでもありませんが、折角の発明が無駄にならないようにできています。

■ あれ、実用新案って

ちょっと待ってください。実用新案法について書いたとき、無審査で登録すると書きませんでしたか？

はい。書きましたね。これはオーストラリアで批判を受けた制度（P.24参照）と同じではないか、と思われた、本文をよく読んでいただけた方もいらっしゃるかもしれません。

日本の実用新案の制度では、無審査で登録する代わりに、権利を行使する（誰かに「私の権利を勝手に使うな」と言う）前に、特許庁において「実用新案技術評価書」というものを作成してもらい、それを提示するように求めています（実用新案法第29条の2）。

このため、例えば車輪の考案（実用新案の対象は、特許と区別するために「考案」と呼ばれています）は、登録にはなるでしょうが、技術評価書の段階で「有効な権利」だと言われなければ権利の行使はできないことになります。そして車輪は広く知られているので、いまから出願して登録されても、既存の技術だと評価されて、権利行使はできないことでしょう。特許よりもシンプルな分、その権利を行使する際には制約があるということです。

それでは意味がないと思われるかもしれません。ただし、実用新案権は、すぐに登録されるなどの利点がありますから、「必ずしも権利行使までは考えていないけれども自分たちの考案であることを示して模倣を牽制したい」といった場合など、使い方をよく検討して使えば、意味のある権利となっています。

知的財産権の効力

権利を持つことによってどんなことが可能になるのか（積極的効力）、また、どんなことが禁止されるのか（消極的効力）を簡単にご説明します。

■ 特許権の効力

特許権を持っている人（特許権者）は、業として特許発明の実施をする権利を専有します。難しい言葉が並びましたのでご説明します。

「業として」というのは、個人的な実施や、家庭的な実施を除く趣旨です。特許法というのは産業の発展を目的としているのですから、産業の発展とは関わりがないような個人的な使用にまで権利を及ぼすというのはよろしくない、という考え方です。個人的、といっても個人事業のような事業として行う場合は「業として」に相当します。産業の発展に関係しますので。

　一回だけ、という場合でもその一回の使用が経済活動に関係していて、産業の発展に関係するのであれば「業として」です。無料の活動で使う場合はどうか。特許発明を使った人が儲かろうかそうでなかろうが、経済活動に関わることで使用されたのであれば「業として」です。

　「特許発明の実施」というのは、特許権になっている発明を使うこと、と考えてもらえばよいと思います。物の発明の場合は、その物を作ること（生産）、その物を使うこと（使用）、その物を譲ったり、売ったり、貸したりすること（譲渡または貸渡）などが相当します（特許法第2条第3項各号）。例として、仮に安全ピンの権利がいまも活きていれば、針金を折り曲げて安全ピンを製造したら「安全ピンの特許発明の実施」ということになります。

　「専有」というのは「特許権者だけが、その特許発明を使う権利を持っているのですよ」という意味です（例外はありますが、ここでは詳細には踏み込みません）。「専有する」と書いてあるので、他の人は（原則として）使えません。これが消極的効力で、特許権者から許しもなく特許発明を実施すると、権利侵害として訴えられたりする可能性があるわけです。

　仮に、実際に権利侵害だということになると、実施行為の差し止め（それ以上実施するなという命令）がされ、特許権者に与えた損害を賠償させられることになります。この損害、侵害した側は、「結局儲かってない。だから損害なんてない」、という言い訳はできません。

　損害の計算方法は特許法に明示されており（特許法第102条第2項等）、限界利益（売上高から材料費などの変動費を引いた額）をベースに計算されます。固定費が差し引かれませんから、一個でも売り上げれば（材料費等が上回れば別ですけど普通はそうはならないわけです）利益が発生し始めます。

いやいやいや、そんなに稼げなかったよ？　という場合はその事情を侵害した側が立証しないといけません。なかなか厳しいものです。

また差止請求が認められる場合、その付帯請求として、設備の除却、つまり製造ラインの廃棄などが求められることもあり、特許権を侵害すると、後始末が大変なことになります。

ちょっとだけ踏み込んで──知的財産権を保護する側にいる弁理士である著者としてはいささか気後れすることながら──この特許法の裏を掻い潜ることを考えてみたいと思います。

「業として」でなければよいのでしょう？　だったら製品製造の最終段階だけ個人的、家庭的に行わせたらどうでしょうか（キット販売みたいなものです）。組み立てたら特許製品ができあがる。これなら特許製品を製造していません（部品を供給しただけです）から、「特許発明を実施」していませんし、最後の部分は家庭的に行われるので、そこでの行為は「業として」でもありません。よし。これで特許権を侵害せずに特許発明を（実質的に）実施できた。……とはならないように、特許法はできています。それが「間接侵害」です。

■ 間接侵害

間接侵害は、「侵害とみなす行為」として特許法第101条に規定されています。

なお、法律の用語で、「みなす」と書いてある場合、例えば「電気は物とみなす」（実際の規定ぶりは「電気は、財物とみなす」。（刑法第245条）と書いてあった場合、「いやいや電気は物ではありません。立証してみせましょう」と言っても裁判所は認めてくれません。「みなす」と書いてあると反証ができないのです。これと対になる表現が「推定する」で、「推定」されているものの場合、反証に成功すれば推定を覆すことができます。

話がすこし逸れましたが、特許法第101条は「侵害とみなす行為」ですから、「いやいや私の行為は確かに101条に書かれている通りですが、侵害じゃあありません。立証できます」というわけにはいきません。「侵害とみなす」のですから。

その特許法第101条の1号にはこう書いてあります。

「特許が物の発明についてされている場合において、業として、その物の生産にのみ用いる物の生産、譲渡等若しくは輸入又は譲渡等の申出をする行為」

　さきほどの「キット」は、特許製品の生産にのみ用いる物、ですよね。100円均一で買える汎用部品とは違います。特許製品製造用の部品セットなんですから。
　とすれば、先ほどのキット販売行為（こういう行為をノックダウンと言います）は、この特許法第101条第1号により特許権の侵害行為だとみなされてしまいます。販売ではなく譲渡でも同じことです。
　結局、特許権をうまいこと侵害せずに特許発明を実施しようなどという脱法的なことはできないようになっているのです。

■ 意匠権の効力

　意匠というのは、工業デザインだと考えていただければよいかと思います。建築物や画像（アイコンなど）もこれに入ります。
　産業財産権のひとつとしての意匠権も、特許権と同様に強力な権利ですが、デザインを保護する権利ですから、見た目を保護するものにふさわしく、登録された意匠そのものだけでなく、それに似ている意匠についても意匠権者が実施権を専有することとなっています（意匠法第23条）。
　外見に特徴がある場合、特許や実用新案権とともに意匠権を獲得しておいてはどうか、などと弁理士が勧めるのはこういう事情です。

■ 商標権の効力

　商標権の効力については、バンド－エイドの例で既に書いてしまったとおりですが、登録商標になったマークを、指定商品（または指定役務）について使うと、商標権の侵害ということになります（商標法第25条）。登録商標を、指定商品又は指定役務について使うというこの範囲を「専用権範囲」と呼んでいます。この範囲では、商標権者が登録商標の使用を専有します。
　また登録商標のマークによく似た別のマーク（例えば「BAND-AID」に対する「BANDOAID」みたいな）を指定商品に使う場合や、登録商標のマークを指定

商品によく似た商品に使うような場合も、侵害とみなされます（商標法第37条）。この侵害とみなされる範囲を「禁止権範囲」と呼んでいます。

　見間違えたり聞き間違えたりしそうな紛らわしいマークだとか、登録商標の指定商品と同じような場所で販売されているものとか、登録商標の商標権者がいかにも売りそうなものに登録商標のマークをくっつけて売るような行為が侵害とみなされることになります。

　もうひとつ。商標には変わった制度があります。防護標章制度です。あまりにも有名になった登録商標について、指定商品や指定役務に全く似ていない商品やサービスについて他人が使って商標権者があたかもそういった商品やサービスにも手を出したと思われてしまうような（混同を生じる）おそれがある場合、そういう商品やサービスについての登録商標のマークの使用を禁じるための制度です。

　弁理士になるための試験の勉強で出てくる例では「ソニーチョコレート」というのがよく使われます。著名な「ソニー」の商標を、商品「チョコレート」に使うというものです。仮に、ちょっと高級そうなお菓子店に行ってみたら「ソニーチョコレート」っていうのがあったと。

　お客としては「あれ？これってあのソニーが何か開発したの？」などと思ってしまうと、製造元（出所）が違うのに、誤解して（出所を混同して）しまうわけです。

　ソニー側としてはこういうことは避けたい。そこで、チョコレートを作るわけではないけれども、「チョコレート」を指定商品として、「ソニー」のマークを防護標章として登録しておこう、ということができるようになっているわけです。「チョコレート」にも商標権を獲得すればよいのでは？　と思った方もいらっしゃるかもしれません。そこはすこし事情があります。商標は使われないといけないのです。本当ならば「使われていること」が登録の要件になっていてもいいくらいなのです。使われない登録商標がいつまでも残っていたら、商標選択の自由がなくなってしまうでしょう？

　ですから「その商品（やサービス）に使う気はないんだけど、著名な商標なので」という場合にこの制度を使います。禁止範囲を広げるような考え方です。

　こんなものが商標権の効力になります。

■ 著作権の効力（その1：権利の束）

　産業財産権である特許権や意匠権と対比して、著作権の効力の考え方はすこし違います。

　まず著作権には消極的（排他的）効力はありますが、どのような行為を禁止するかという禁止権が法定されていくつかに分かれています。また著作権には、著作者の人格に関する権利「著作者人格権」も含まれています。著作権はこうしたいくつかの権利を含むもので、「権利の束」だといわれます。

　各権利を具体的に見ていきましょう。以下、条文番号は著作権法のものです。

　著作者人格権には

・公表権（第18条）
・氏名表示権（第19条）
・同一性保持権（第20条）

があります。

　また、著作者人格権を除く著作権（財産権のほう）には、

・複製権（第21条）
・上演・演奏権（第22条）
・上映権（第22条の2）
・公衆送信・伝達権（第23条）
・口述権（第24条）
・展示権（第25条）
・頒布権（第26条）
・譲渡権（第26条の2）
・貸与権（第26条の3）
・翻訳・翻案権（二次著作物の作成に関する権利：第27条，第28条）

が含まれます。

■ 著作権の効力（その2：著作者人格権）

　まず著作者人格権についてご説明していきます。ひとつひとつ細かにとりあげていると、それだけで一冊の本ができてしまうので、簡単にご紹介するにとどめておきます。

　公表権というのは、公開前の著作物を公開する権利というものです。未公開の著作物を公開できるのは著作者だけ、ということです。そういえば「変身」で有名なカフカの作品「失踪者」は、カフカの死後、その遺稿が友人によって発表されたものだそうですが、この友人は公表権を侵害していないのでしょうか。

　著作権には、著作者の死後70年経過までという長期の存続期間がありますが、これは財産権のほうに限られています。著作者人格権は、著作者に一身専属（他人に譲渡したりできないもの）なので、著作者の死亡とともに消滅してしまうのです。

　ああよかった。カフカの著作者人格権を侵害した友人はいなかった。遺稿の発表は公表権侵害じゃあないのでしょう？

　いいえ。著作権法には、

第六十条　著作物を公衆に提供し、又は提示する者は、その著作物の著作者が存しなくなった後においても、著作者が存しているとしたならばその著作者人格権の侵害となるべき行為をしてはならない。ただし、その行為の性質及び程度、社会的事情の変動その他によりその行為が当該著作者の意を害しないと認められる場合は、この限りでない。

　とあります。遺稿でも勝手に公開してはいけません。ただし、ここには例外が書いてあります。おそらくカフカの友人の行為はこのただし書きには相当していたのではないかと……思いたい、ですよね。実際はどうだったんでしょうね。次の氏名表示権は、読んで字のごとく、著作物の著作者として氏名を表示する、またはしない権利です。表示しなくてもよい場合もあったりしますが、ここでは深入りしません。次が同一性保持権です。これも読んで字のごとくの権利です。文章や絵画のようなものの同一性保持は分かりやすいと思います。ただ、後の章で

触れますが、この「同一性」はかなり厳密です。ゲームの題号である「毎日がすぷらった」を、「まいにちがすぷらった！」に変更したことが同一性保持権の侵害とされたこともあります（平成12年（ワ）10231号「毎日がすぷらった」事件。詳しくはP.166参照）。

　ゲームのセーブデータを解析してコンテンツに影響を与える場合も同一性保持権の侵害になる場合があります。ゲームの場合、ユーザの選択次第でゲーム上で発生するイベントが変わってくる場合があります。例えば恋愛ゲーム（主人公となって恋愛の対象と会話などをしながら最終的に「おつきあいする」という状態を目標にするようなゲーム）の場合、ユーザが相手を怒らせるようなことを続ければ「おつきあいする」状態にならずにゲームオーバーになり、ユーザが相手を喜ばせるような選択を続けると「おつきあいする」状態になる、というように、結末のイベントが変わります（ここまで単純な恋愛ゲームはないでしょうが、具体例のためにこのように書いています）。

　日常の生活がある以上、ゲームをずっと続けるわけにもいきませんから、ユーザはどこかでゲームを中断するわけですけれども、そのときゲームをどこまで進めたか、例えば「おつきあい」のゴールまで何パーセントくらいのところまで来たか、みたいな情報をセーブしておくわけです。このデータがセーブデータです。セーブデータも中身はただのデータですので、これを解析して「何行目の数字が何のパラメータなのか（ゲームの進行を表すどんな情報なのか）」を調べてしまう人もでてきます。そしてそうならば、例えば最初から「ゴール直前」のデータに書き換えてしまえば、ゲーム開始直後に「おつきあい」状態になってしまう、ということも発生します。

　こんなのが「ときめきメモリアル事件」（重要なのはそのうちの上告審、民集55巻1号87ページ、平成11年（受）955事件）です。

　その要旨は、

(1) ゲームソフトの影像は著作物である
(2) ゲームソフトのパラメータは主人公の人物像を表現するもので、その変化に応じてストーリーが展開されるものである

(3) 問題になったデータを使うと、主人公の人物像が改変され、ストーリーが本来想定されていた範囲を超えて展開される
(4) 従ってこのデータはゲームソフトの著作者の同一性保持権を侵害する

となっています。

　ここでポイントになりそうなのが、「ストーリーが本来想定されていた範囲を超えて展開」するかどうかです。「三国志III事件」（東京高判平成11・3・18、平成7年（ネ）3344号事件）の場合は結論が違っています。「三国志III」は、名前のとおり、「三国志演義」をテーマに各種武将をコントロールして中国統一という結末を目指すゲームですが、この事件では、能力の最大値を高めた武将データを作るためのプログラムが配付されて著作権者側（当時の光栄）から訴えが提起されました。

　ところがそもそもこのゲーム、「オリジナル武将」を設定できました。ただし能力値の最大値は100に設定されていたそうです。その点、訴えられた技術評論社側の配付したプログラムでは100を超える値が設定できた、という状況です。

　ただ、能力値がここまで高く設定されたからといってゲームの進行を大きく変えてしまうようなことはなく、判決文にいわく「被控訴人プログラムによる能力値の設定が、本件著作物におけるプログラムによるゲーム展開の表現に関する本件著作物の改変に当たるものということはできな」かったようです。このため「三国志III事件」では、著作者の同一性保持権の侵害が否定されています。

　この例のように表現に幅がある場合、改変が著作権者が想定した幅のうちか、想定した幅を超えるかが判断のポイントになってくると考えられます。

　生成AIなどで問題になりそうな、例えばアニメキャラクタの画像などの同一性保持については後の章でご説明します（P.151参照）。

　なお、改変が「意に反して」でなければよいという規定なので、著作者の同意があれば改変して問題がありません。そのほか、プログラム等については不具合を改修するための変更などは許されることになるなど、止むを得ない変更については認められます（第20条第2項各号）。

▶ときめきメモリアル事件

上告人（原審の被告）は、ゲームのデータをセーブするためのメモリカードを輸入、販売していました。このメモリカードに、パラメータを書き換えたデータが記録されていたわけです。ゲームメーカ側の主張は、このメモリカードを使うと、ストーリーの骨格部分が改変されてしまうから、映画著作物としての同一性保持権の侵害であると訴えました。上告人側はメモリカード内のデータは単なるデータで、ゲームプログラムを改変していない、とか、ゲームソフトが許容する範囲内のデータを提供しているだけだから同一性保持権侵害にあたらない、と主張していました。一審では被告側の勝利。二審では「ゲーム影像というべき複合的な性格の著作物」として、セーブデータとゲームプログラムとは一体不可分（2つが揃ってゲームが進行する、という趣旨か）と判断し、「ゲーム影像」の同一性保持権を認めた、という流れです。

▶三国志Ⅲ事件

もともとのゲームにも、武将データを作成するプログラムが添付されていましたが、能力値は最大100に制限されていました。被控訴人（原審被告）が配付したプログラムでは、この最大値のチェックがなく、いくらでも大きい数値を設定できた、というものです。そこでゲームメーカ（原審原告）側は、通常のゲーム展開にはあり得ない展開を生じさせるのだから、改変行為だと主張しました。要は、限界値を定めたのはゲームバランスのためだ、というわけです。しかしこのゲームはそもそもユーザの自由な選択で多様に展開することが特色とされていたので、メーカ側のいう「ゲームバランス」の趣旨が分かりにくいものでした。つまり、パラメータの変更によってゲームがどう改変されたのかがわからないわけです。「ときめきメモリアル事件」とはこの点が違っています。なお、事件が違うのでそのまま当てはまるとはいえないものの、「ときめきメモリアル事件」で、二審の大阪高裁は、「ゲームバランス」についてそれ自体は「（ゲームの）面白さを醸成させるというゲームの設計、ゲームのアイデア」であって、直接的に著作権法上の保護の対象になるとは言い難い、と、述べています。

■ 著作権の効力（その3：財産権のほう）

著作権者は、その著作物を、複製する権利、上演したり演奏したりする権利、上映する権利、ネット上のサーバに著作物を格納して共有状態に置く（公衆送信する）権利、口述する権利、展示する権利、頒布する権利、譲渡する権利、貸し与える権利を専有します。著作権法では、これらの権利が個別に規定されていて、

これらの権利を個別に譲渡もできることになっています。

なお、頒布はコンテンツを提供すること、譲渡は本のような有体物をその所有権ごと移転すること、貸し渡しと譲渡との違いは言葉からご理解いただけるとおりです（法律の言葉で書けば、「貸し渡し」は所有権を移転せずに占有権だけ移転することを意味します）。

生成AIとの関係では著作権の効力は興味のある話題になると思いますので、次の節では、それぞれの権利について見ていきましょう。

著作権のなかみ

ここでは著作権法が定めている各財産権についてくわしく見ていきます。複製や展示など、でてくる言葉は日常で利用されている言葉ですが、法律の言葉ですから、日常で使う場合と意味が違うこともあります。

■ 複製権

まずは複製権です。複製というのは、著作物を「有形的に再製」することを意味すると定義されています（著作権法第2条第1項第15号）。難しい表現ですが、有形的というのはコンテンツだけ再製するのではなくて、それを何かの形あるものに固定することを意味しています。より簡単にいえば、コピー機を使って紙（という形のある媒体）に複写した場合や、書き写した場合は有形的な再製ということになります。写真撮影でも同様です。

コンピュータのメモリなどに保存した場合はどうでしょうか。この場合もメモリデバイス（DVD-Rのようなものでも同じです）という有形な媒体に固定していますから複製。スマートフォンで著作物を撮影した場合もメモリという媒体に固定されるので複製です。ただ、メモリに一時的に格納されるような場合、例えばブラウザで著作物をブラウジングしているときにも、著作物が一時的にメモリにダウンロードされているわけですが、これも複製に含めるかどうか。

含めない、というのが一般的です。しばしば議論されるのがキャッシュ（ウェブサイトへアクセスした際などにコンピュータに保存ないしダウンロードされる

情報）で、これ自体は問題でないとしても、キャッシュデータも著作物の複製データだし、キャッシュデータが保存される場所はある程度わかっているので、これをどこかにずっと保存しておくことだってできるわけです。このあたりが問題といえば問題といえるでしょう。こちらは最終的な結論がでておらず、著作権者の利益を損ねないならばOK、というような合目的的な解釈をしている状態です。

固定という言葉も難しいところです。これは一時的に写るようなものは含まれないという趣旨で、例えばスクリーンに著作物を映すような場合は、スクリーンが有形物であるとしても、著作物がそこに固定されていつまでも留まりませんので、著作権法上の複製にあたらないことになります。

複製には特殊事例（演劇の脚本など）がさらに規定されていますが、AIとはあまり関係ないのでここでは省略します。

■ 上演・演奏権

上演権・演奏権というのは、いずれも「公衆に直接見せ又は聞かせることを目的」として上演したり演奏したりする権利です（著作権法第22条）。ここから先、著作権法に倣って「公衆に直接見せ又は聞かせることを目的」を「公に」と書きますが、何にしても「公衆」って何だ、というのがまずポイントです。

著作権法で「公衆」について書かれているのは第2条第5項で、『「公衆」には特定かつ多数の者を含む』、とあります。この記載から逆算して、公衆というものについては、

・原則として「不特定多数のこと」
・例外として「少数でも不特定であれば公衆」

という考え方になっていると解釈されています。

とすれば「特定少数」であれば公衆には当たらない、ということになります。日常的な語感からすると「特定」と言われると、誰だかわかればよいようにも思いますが、法律上はすこし違っています。具体的な例で説明しないと分かりにくそうなので、一例を挙げましょう。

音楽教室で生徒が教師の指導のもとで演奏する際の「著作権料」が問題になったことがありました（音楽教室著作権裁判）。この事件自体は最高裁まで争われて結審しており、その最高裁判例は重要ではあるのですが、控訴審（高裁）の裁判例が、ここでいう「公衆」だとか「聞かせることを目的」だとかいった点について詳しく言及しているので、その解釈を参考に説明をしてみます。
　この事件では、著作権管理団体であるJASRACは、教室や生徒の自宅で教師や生徒が演奏する行為がそもそも「公衆に直接見せ又は聞かせることを目的」にした行為だと主張しました。例えば生徒の演奏すら「聞き手である公衆に実際の演奏者以外だとは法律に書いていない」と主張して演奏権侵害を訴えていました。
　高裁の判断は次のとおりです。まず演奏者自体が「公衆」なのかについて。

「演奏する自分自身は、演奏主体たる自分自身との関係において不特定者にも多数者にもなり得るはずはないから、著作権法22条の「公衆」は、その文理からしても、演奏主体とは別の者を指すと解することができる。」

　ぐうの音もでない正論です。自分自身が不特定者だとかいえませんし、多数だともいえませんからね。
　じゃあ「公衆」とは何か。これについて高裁は、さきほど書いたとおり「特定かつ少数」以外の者だとしています。
　そして「特定」とは。高裁は、

演奏権の主体と演奏を聞かせようとする目的の相手方との間に個人的な結合関係があること

だと解釈しています。法律の解説では、カラオケボックスに入っている人が「公衆」にあたるか、というのがよく見る話で、あれはカラオケボックス店から見れば、誰が入ったかわからないからお客は「不特定人」だと説明されます。わりと結論主導で、というか法律の目的に合うよう状況次第で判断していると思います。

少数についても過去の裁判例からだいたい20以下くらい、とか、50人未満などと説明されることもありますが、実際には「家族」相当くらいに考えておくほうが無難です。少なくとも2人くらいであれば「少数」ではありましょう。

次に聞かせることを目的とする、について、この事件より一般的な規範として、

> 「公衆」に対して演奏を聞かせる状況ではなかったにもかかわらず、たまたま「公衆」に演奏を聞かれた状況が生じたからといって（例えば、自宅の風呂場で演奏したところ、たまたま自宅近くを通りかかった通行人にそれを聞かれた場合）、これを演奏権の行使とはしないこと、逆に、「公衆」に対して演奏を聞かせる状況であったにもかかわらず、たまたま「公衆」に演奏を聞かれなかったという状況が生じたからといって（例えば、繁華街の大通りで演奏をしたところ、たまたま誰も通りかからなかった場合）、これを演奏権の行使からは外さない趣旨で設けられたものと解するのが相当

だと述べています。

風呂で歌うのは誰かに聞かせようとしているわけではないので演奏権の問題じゃない。路上ライブは、たとえ観客がいない寂しいライブであっても演奏権の問題、というわけですが、それでは、この事件の問題で、

(1) 先生と生徒がレッスン室にいて、生徒や先生が演奏する場合、生徒は公衆でしょうか。
生徒自身から見て。あるいは先生から見て、どうでしょう。

(2) 先生の演奏は、公衆に聴かせることを目的としているでしょうか。

以上2点について、高裁の判断や、ここまでの解説を当てはめてみてください。

まず、(1) 先生と生徒がレッスン室にいて、生徒や先生が演奏する場合、生徒は公衆かどうか。生徒が演奏する場合、生徒が公衆でないのは、先ほどの高裁の判断から演奏者自身が公衆に入るわけがないので明らかでしょう。

では先生が演奏する場合、生徒は「公衆」でしょうか。先生から見ると生徒は、演奏方法を教えますよ、という契約の相手方になります。このとき、先生から見て、どんな相手でも（よほど極端な例は当然除くとしても）生徒になり得ることがポイントです。つまり、契約があって、お互い顔見知りであったとしても、先生から見て生徒は不特定人なのです。このあたりがすこしだけ日常的な言葉と違っているかもしれませんね。

　では(2)先生の演奏は、公衆に聞かせることを目的としているかどうか。

　先生の演奏は、指導のために生徒に聞かせることを目的にしているのですから、先生の教室での演奏は、「公衆に聞かせることを目的としている」と判断されます。

　これらの判断をベースにして、高裁では、

・先生の演奏は演奏権の侵害にあたる
・生徒の演奏は演奏権の侵害にあたらない

という結論を出したわけです。

　その後、JASRAC側は、この判断を不服として上告します。その際のJASRACの主張は、生徒の演奏において演奏権の主体は生徒ではなく音楽教室だ、というものです。意味がわからないと思いますが、これについては後の章で説明する「カラオケ法理」というのが関係しています。

・生徒が演奏するための環境を用意しているのは音楽教室である
・そこで生徒に演奏をさせている

のだから、演奏権の主体は音楽教室だろ、という考え方です。

　この上告に対して最高裁は、練習で演奏しているのは、生徒が自主的に演奏技術等の向上のためにしていることで、生徒の行為だけで成り立っていて、演奏が強制されているわけでもないし、生徒から払われている授業料は指導の対価で、演奏するからといってお金を取っているわけでもない、として、JASRACの主張を退けたわけです（民集第76巻6号1348ページ、令和3年(受)1112号）。

著作権法上の「公衆」についてご理解いただくため長々説明してしまいましたが、これで著作権法上の「公衆」の意味をご理解いただけたらと思います。

上演権にはほかにも例外がありますけれども、生成AIと著作権との関係をご理解いただく準備としては、ここまでにしておきます。

■ 公衆送信権

著作権法には、公衆送信とは何かについて定義がありますが（著作権法第2条第1項第7号の2）、すこし分かりやすくいえば、この公衆送信は大きくわけて、

・放送（有線・無線のどちらでも）
・インターネット配信

の2つが含まれると思えばよいと思います。

この本は生成AIのことを考えたいので、とりあえず放送については置いておいて、AI生成物の提供に広く使われそうなインターネット配信について、ちょっとだけ詳しく見ておこうと思います。

著作権法では、インターネット配信は「公衆からの求めに応じて自動的に（送信を）行うもの」（著作権法第2条第1項第9号の4）と定義されているので、著作権者の許諾なくこの行為をすることが公衆送信権の侵害にあたります。ただ、これだと実際の状況と合わない（本当に誰かがウェブページにアクセスして見たのかどうかは著作権者側からわからないことが多い）ので、法律上は、さらにネット上のサーバにアップロードして公衆送信できるようにすることや、公衆送信用のデータを格納したコンピュータにサーバソフトを導入するとかして、ネットに繋いで公衆送信できるようにすることも、公衆送信権の侵害行為だということになっています（著作権法第23条第1項の括弧の中身）。

この規定からすると、日常、X（旧Twitter）などでよく見る、スマートフォンで撮ったような新聞記事の写真を添えたツイートとかいったものは著作権侵害行為になるわけなのです。著作権者がいちいち指摘しないだけで、わりと危ない行為です。

じゃあインラインリンク（いわゆる直リン）はどうでしょう。こちらもよく見ます。

前提として、直リンって何だったっけというのを確認しておきます。ウェブブラウザで表示できるHTML（HyperText Markup Language）で、画像データを表示する部分は、例えば、

<IMG SRC="image.jpg">

のように書いておくわけです。そうすると、ブラウザ側でこの書かれた内容を解釈して、ここには「image.jpg」の画像を貼るのだな、と処理することになります。この書き方の場合はサーバの中（HTMLデータが置かれている場所）にある「image.jpg」が読み出されて表示されることになります。

リンク先のファイルがサーバにある場合

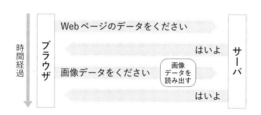

ところがここにはどんなURLでも書けるわけです。外部のサーバのURLを書いてもよいので、例えば、

<IMG SRC="httpsss://dokoka-hokano-server/image.jpg">

みたいな書き方も可能です（ダミーとして意図的に一部を間違えています）。こんなのをインラインリンクや直リンク（略称直リン）と呼んでいるわけです。

この場合、ブラウザからは、サーバからもらってきたデータの中にURLがあるので、そこの画像データを読み出すことになります。

　ここで「サーバ」がX（X Windowサーバではなくて旧Twitterのほう）のサーバだとして、ツイートの中に直リンがあるとき、そのツイートを表示すると、ブラウザは勝手に「さらにほかのサーバ」にアクセスして画像データを取得してしまいます。そこで

> リンク先のファイル送信が当該ファイルを保存するサーバーに対し自動的にリクエストされ、これに応じて同サーバーからクライアントコンピューターに対し当該ファイルのデータが送信されており、この送信行為が自動公衆送信に該当することは明らか

という主張はどうでしょう（平成27年（ワ）第17928号事件の原告の主張）。

リンク先のファイルが外にある場合

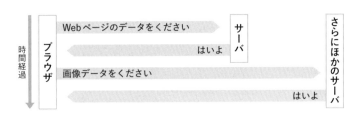

　ちなみにこの事件で被告側（当時のTwitter社）は

> ……通常のハイパーリンクの場合と同様、インラインリンクの場合も、リンク先の情報はリンク元のウェブページを経由することなく直接ユーザーに送信され、リンク元のウェブページにリンク先の情報は送信もされず蓄積もされないから、インラインリンクの設定によって著作権侵害が発生することはない

と反論しています。

　どちらが妥当な意見に見えますか。この平成27年（ワ）第17928号事件では事案はもうすこし複雑なのですが、一般的な考え方からすると、リンク元ファイルを提供しているサーバ（上の場合は当時のTwitter社のサーバ）にはデータの蓄積がないので、被告側の意見に分があります。つまり、インラインリンクの設定が著作権侵害行為になることはなさそう、という状況です。

　著作物そのものではなくその複製（複製権侵害物）をネット上のサーバに置いたらどうでしょう。この場合は、複製権と公衆送信権とのダブルの侵害になります。生成AIで著作権侵害物を生成してネットに載せたらそうなるわけですね。

　ファスト動画といって、映画を「要約」して、短時間で視聴できるようにした動画が出回ったことがありましたが、あれは複製権と公衆送信権の侵害で、かつ翻案権の侵害にもなりますし、さらに同一性保持権などの侵害にも相当する行為です。再生数がすごかったため、ものすごい額の損害賠償が命じられて話題になりました。

　ゲーム実況などでも言えることですが、ファスト動画の配信やゲームプレイ中の画像を動画にして配信するような行為は、必ずしも著作権者に損害を与えない場合があって、要するにファスト動画を見て興味が出たので、映画を観ることにした、とか、プレイ動画で面白そうだったのでゲームを買った、ということがあり、権利者側としては権利行使をしたものかどうかの判断が難しいところもあります。

　こうした動画の広告的機能についてその効果を定量化することができれば、保護と利用のバランスが取りやすくなるかもしれません。そういう研究もないわけではありませんが[006]など、まだ研究途上というところに留まっているかと思われます。

　ではさらに、著作権侵害品を生成できるようなプロンプト（生成AIに入力する生成指示）をネット上のサーバに置いたら。この場合、プロンプト自体は元の（そのプロンプトで生成される）著作物ではないですし、公衆送信権の侵害でも複製権の侵害でもなさそうです。この場合どうなるのか。教唆犯のようなかたちで構成できるかは今後事件が争われたときに判断がされるのではないかと思います。

ただ、生成AI種類やバージョンによって同じプロンプトからでも生成物が違ってくるので……結論がどうなるか、判断は難しそうですね。事案ごとに著作権法の目的に対して合目的的に考えていくほか、ないように思います。

■ 上映権

上映権は、著作物を公に上映する権利のことです（著作権法第22条の2）。上映と書いていますが、映画に限らず、スクリーンやモニタに映すならば静止画も含みます。

この上映権も「公に」、なので、「公衆に直接見せ又は聞かせることを目的」にする場合に限られ、この目的でなければ上映権の侵害にはなりません。

公衆送信されたものを映す場合は除かれていますが、その場合は「伝達」と呼ぶことになっているだけで、やっぱりそれは著作権者が専有する権利になります。

■ 展示権

さて次は展示権です。展示権の説明にあたっては、所有権とか占有とかいった言葉をご理解いただかないと難しそうなので、ちょっとがんばってみたいと思います。

所有権は、有体物を使ったり、有体物から利益を得たり（収益）、処分したりすることが自由にできるよ、という権利です。最初のほうで傘を例にとって財産権の説明をしましたが、傘の所有権がある、ということはそれを自由に使ってよい、という権利だということになります。ただ、傘を傘として（雨を除けるものとして）使うのであれば、傘を持っていなければならないのですが、所有権があっても傘を持っていなければ使えません。

この「持っている」状態が「占有」というものです。傘を持って使っていたら、突然現れた何者かに「この傘は俺のものだ」などと言われて持っていかれる、ということがないように、占有しているということに基づく権利（占有権）も認められています。

所有権があるのに占有していない状態というのは、傘を買おうと店に入り、レジで千円ですとか言われて（最近高い！）お金を払ったときに、まだ店の人が商

品である傘を持っている状態だとか、傘立てに置いてあった自分の傘が盗まれちゃった（占有離脱物横領）、というような場合に発生します。また、それだけではなくて、例えば持っていたDVDを友人に貸したというときも、所有権は自分にあるまま、貸した先の友人が占有している、ということになります。

　さて。それでは著作権法上の展示権です。展示権は、著作権法第25条に規定があり、

「著作者は、その美術の著作物又はまだ発行されていない写真の著作物をこれらの原作品により公に展示する権利を専有する。」

となっています。ここでの「せんゆう」は「専有」で、専ら備えること。さきほどから書いている占有とは違います。

　そしてこの展示権については著作物の所有者による展示の場合が別に規定されています（著作権法第45条第1項）。

「美術の著作物若しくは写真の著作物の原作品の所有者又はその同意を得た者は、これらの著作物をその原作品により公に展示することができる。」

　これは、画家（著作権者）からその著作物である絵画を買って所有している人がいる場合を考えると分かりやすいと思います。第25条だけから見ると、画家がその展示をする権利を専有すると読めるので、所有者は展示ができないことになるわけですが、第45条があるおかげで、所有者ならば展示ができる、というように調整されているのです。

　間違いのないように付け加えますが、所有権と著作権とは別個のものです。所有権はあくまでも有体物に関するもの。著作権は無体物に関わるものです。なので著作物について所有権があるからといって、著作権法上の権利までくっついてくるわけではありません。

　……もうすこし分かりやすく例を挙げてみましょうか。まいど唐突ですみませんが、古代の中国の有名な書家、顔真卿という人物をご存知でしょうか。もしご

存知でしたら、顔真卿の書って見たことありますか？ 書全体を見たことがなくても、書道をしたことがあれば「五體字類」のような書道辞書でその字を見たことがある人もいるかもしれません。こうした古代の書家が書いたものは美術的価値があるものとして受け継がれていますが、その中のひとつ、顔真卿の真筆と言われているのが「建中告身帖」です。辞書を自著したもので、真筆楷書としては唯一とも言われています。なお、顔真卿の楷書は現代の明朝体の基礎になったというほどのもので一見の価値はあると思います。

さて、その「建中告身帖」ですが、日本の、東京都台東区にある書道博物館に収蔵されています。古典ですから当然その著作権の存続期間は切れています。著作権はありません。

この顔真卿「建中告身帖」について、書道博物館が取得する前に撮影された写真乾板（ネガのようなもの、というかネガすら最近はわからないという人がいるようですが、写真を製造するために使う原版のようなもの、と言えばお分かりいただけますでしょうか）を手に入れた人が、その乾板を使って本に印刷して出版したことがありました。それに対して書道博物館が、所有権はこちらにあるのだから、そんな本を販売することは許されないと訴訟を起こしたことがあるのです（民集38巻1号1ページ、昭和58（オ）171号事件）。

権利には対象（客体＝Object）があります。所有権は有体物が客体なので、著作権（無体財産権）を所有するという考え方はおかしいことになります。この事件でも裁判所は、「美術の著作物の原作品に対する所有権は、その有体物の面に対する排他的支配権能であるにとどま」ると言いました。

著作物の所有権があっても、既に著作権が消滅しているのだし、著作権による保護はないということです。続けて判例を読んでみますと、

「著作権の消滅後は、……（中略）……著作者の有していた著作権の複製権等が所有権者に復帰するのではなく、著作物は公有（パブリック・ドメイン）に帰し、何人も、著作者の人格的利益を害しない限り、自由にこれを利用しうることになるのである。」

とあって、著作権消滅後は、

「第三者が有体物としての美術の著作物の原作品に対する排他的支配権能をおかすことなく原作品の著作物の面を利用したとしても、右行為は、原作品の所有権を侵害するものではないというべきである。」

と、結論付けています。
「建中告身帖」を盗んだ（美術の著作物の原作品に対する排他的支配権能をおかした）とかではなくて、その複製をした（著作物の面を利用した）というような場合ならば、「建中告身帖」の所有権侵害ではない、という判断です。所有権はあくまでも有体物に関するものですから、著作権とは切り離して考えてください。

いかがでしょうか。ちょっと複雑でしたが、所有権と著作権、それに展示権の内容をご理解いただけたでしょうか。

■ 頒布する権利、譲渡する権利、貸し与える権利

　口述権については（AIとはあまり関わりないかと考えますので）省きまして、続いては著作物を提供する権利についてです。

　提供のしかたには、頒布、譲渡、貸渡があると規定されていますが、このうち頒布権は映画に関する権利で、映画の複製物（DVDでも）を譲渡したり（所有権を移転する）、貸し渡したり（占有を移転する）して、著作物を視聴できるようにすることをいいます。

　映画とは書きましたが、現在ではこの映画の中には動画も含まれ、さらにゲーム画面のようにゲーム中に表示される「動画」も含むことになっています。

　譲渡権は、著作物の原作品か複製物の所有権を移転することです。譲渡と書いてあると、一般的な語感では無料のように見えますが、お金を取って譲渡する（つまり販売すること）も、ここでいう譲渡に入ります。格好つけて言えば、「有償・無償を問わない」ということですね。

　貸し渡し（貸与）。これは、所有権は置いておいて、占有だけ移転することです。このへんは先ほど書きましたね。

■ **翻訳権・翻案権**

翻訳・翻案となっていますが、実際に規定されているのは、

(1) 翻訳
(2) 編曲
(3) 変形
(4) 脚色・映画化等

の翻案の4つのタイプです。

いずれの場合も、もとの著作物に何らかの創作的付加があるのに、もとの著作物の本質的特徴を感得し得るものを作ることだと説明されます。難しげに書いてありますが、元の作品と違っているけど、元の作品はあれだなあとわかる、というくらいに理解されておけば結構かと思います。この「本質的特徴を感得」についてはいろいろ難しいので、詳しくは主題である生成AIとの関係を含めて後の章で具体的に説明します。

生成AIとの関係では、いわゆる二次創作（著作権法上の二次的著作物ではなく、一般的にいわれる二次創作）物を生成する場合だとか、I2I（Image to Image、入力画像の一部を変更するように指示して画像を生成する生成AIの機能）を利用する場合などが、この翻案権等の問題になります。こちらも後の章で詳しく説明するつもりです。

■ **交錯する権利の範囲**

工業デザインに関わる意匠権と、美術分野の創作を対象に含む著作権とは重なり合っているように見えます。

一般的には、実用的な物品に関わる美術的創作は応用美術であり、純粋な美術ではないので意匠法の保護が妥当などとされ、著作権は重複して発生しないというように考えます。

より簡単にいうと、量産品は意匠、一品製作品は著作物、と考えるような感じです。

ただし量産品といえども、美的観賞を主目的にするもの（例えば人形など）は、著作物として捉えてもよいのでは、という見解もあります。さらに意匠権か著作権か択一的にするのはおかしいとして、重複保護を許容する例もあります（「TRIPP TRAPP事件」控訴審。判時2267号91ページ）。

要するに応用美術に関しては実は両者は区別の難しい問題で、重複保護するのか、どちらかにするのかの決着がついていません。

ただ、どちらにしましても、知的財産権の各権利により得られる保護はまちまちですので、欲しい保護が得られるように、権利取得方針を決めていくことになります。

▶ TRIP TRAPP事件
この事件は、ノルウエーの椅子デザイナーの企業（控訴人、原告）が、日本の育児用品メーカ（被控訴人、被告）を訴えたものです。原告側は、幼児用椅子は応用美術であり著作権法により保護されるべきと主張しました。この問題については従来から、「著作権の観点から保護が認められるなら、意匠権の保護範囲と関係なく、そこは保護すべきだ」という考え方と、「著作権の保護範囲については意匠権の保護範囲も考えながら定められるべきだ（重複適用に後ろ向きな考え方）」という考え方の2つが対立していました。この裁判例は、（著作権法の法目的を考慮して）前者の考え方をとったものです。
ただし、裁判例では応用美術は「実用目的…にかなう一定の機能を実現する必要がある」のだから、「表現については、同機能を発揮し得る範囲内のものでなければならない」とし、応用美術の表現はこの制約から「作成者の個性が発揮される選択の幅が限定され」、「著作物性を認められてもその著作権保護の範囲は比較的狭いものにとどまる」だろうとしています。応用美術品については、意匠権保護のほうが手厚いことに変わりないということだと考えますが、意匠権の存続期間経過後などでも著作権による保護が得られる可能性が少々高くなりました。

Point
・特許権等の産業財産権は、その発明に係る物の製造行為などを権利者に独占させる。
・著作権は、複製や翻案など行為別の権利の束になっている。
・著作権には、同一性保持権など、人格権に属するものも含まれる。
・保護の効力はまちまち。欲しい保護が得られるように権利を確保する。

権利が侵害されるとき

　ここまでに、知的財産権と呼ばれるいろいろな権利について見てきました。次に、これらの権利を侵害する、というのがどういうことなのか見ていきましょう。

　効力のところでご説明したとおり、知的財産権の権利者はいくつかの権利を専有することになっていました。例えば特許権者は、特許発明の実施をする権利を専有していますし、著作権者は、著作物を複製する権利を専有しています。その専有が侵されたとき（権利者に断りなく使われているとき）、権利の侵害が発生します。

　ただし、「権利者に断りなく使われている」という部分はわかりやすいのですが、何をどう使うと侵害といえるか、という部分はすこし難しいのです。一見侵害しているように見えても、実は権利侵害になっていないかもしれません。例えば特許では「特許請求の範囲」という部分の記載で権利範囲が決まりますが、相手の行為は、その権利範囲から微妙に外れているかもしれません。著作権の場合でも、権利者が自分のものの複製だと信じていても、実は相手のものも相手のオリジナルかもしれません。

■ 特許権はどうなると侵害か

　特許権の侵害は、特許庁に登録されている特許権に係る書類のひとつ、「特許請求の範囲」に記載された発明が権利者に無断で実施されたときに発生します。例外はありますけれども、ここでは例外については触れないことにします。

　「特許請求の範囲」（英語ではクレーム（Claims）といいます）は、初めて目にすると悪文の見本のようなものが並んでいるだけの書類ですが、それが権利範囲を定めています。実物は本当に読みにくいので、ここでは仮想的な事例で特許権の侵害について説明してみます。

　仮想事例は時計を考えます。ここでは便宜的に、いままでの時計に秒針がなかったものとしておいて、次のように秒針をつけたよ、という発明が特許になったとします。

［仮想的な請求項］
　文字盤を1時間で一周する長針と、
　文字盤を12時間で一周する短針と、
　文字盤を1分で一周する秒針と、
を備える時計。

　この仮想例は、実際の特許請求の範囲の表現としては適切ではありません。説明のために相当に簡略にしていますがそれは置いておいて、この請求項の権利範囲はどんなものでしょうか。
　特許請求の範囲の読み方の基本は、「権利一体の原則」です。ここに書かれているすべてを備えるものを作ったら、この特許権を実施したと考えます。そうすると侵害品になるためには、長針・短針・秒針の全部を備えていなければいけません。

時計の図

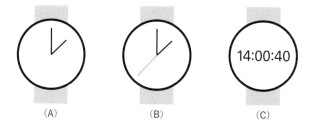

　つまり時計の図にある3種類の腕時計のうち、(A)は秒針がないから権利侵害にならない。(C)はそもそも「長針も短針も秒針も」ないから（秒の表示があっても）、権利侵害にならない、ということになります。(B)はどうでしょう。長針と、短針と、秒針がありますから、こちらは権利の侵害になる可能性がある、ということになります。仮に、秒針に色がついていたりしても、色については請求の範囲に言及がない（色を限定する記載がない）ですから、これは関係がありません。
　また、東京新宿のNSビルという建物には、24時間で一周する針しかない時計があります。仮にこれに秒針を取り付けたとしても、「文字盤を1時間で一周する

長針」も、「文字盤を12時間で一周する短針」もないので権利の侵害にはならない、ということになります。

針の代わりにカーソルが文字盤の上を動く時計はどうでしょう。この場合、カーソルが「針」といえるのかどうかの争いになります。権利を行使したい側は「カーソルは針と同じだ」と主張し、実施している側は「針というのは細長いアレでしょうが！」と反論するでしょう。

さらによくある腕時計のように、カレンダー機構が含まれていたらどうでしょう。長針、短針、秒針に加えてカレンダー機構がある。日付まで確認できて便利です。特許技術よりよさそうな時計ですがこれは先ほどの権利を侵害しているのか。しています。「長針、短針、秒針」を含んでいるからです。その他に何を含もうが「長針、短針、秒針」がある以上、私の権利だと主張するのがさきほどの特許請求の範囲の記載になります。

特許権の侵害の成否はこんなふうに考えます。

■ 商標権はどうなると侵害か

商標権も、特許庁に登録されている商標登録の書類に基づいて権利を侵害しているかどうかを判断します。バンドーエイドの例でも書きましたが、商標権は、マークの部分と、「指定商品・役務」とで構成されます（「役務」とはサービスのことを意味します）。商標法では、このマーク（登録商標）を、指定商品または指定役務について使うと、商標権の侵害ということになります（商標法第25条）。

また商標法では、登録商標のマークに似た商標を、指定商品や指定役務（またはそれに似た商品や役務）に使うときも商標権の侵害だとします（商標法第37条）。

似ているところまで権利を及ぼしているところが特許権の考え方と違います。では似ているかどうかをどう判断するのでしょう。その判断の方法は、過去からの裁判例などからある程度決められてきています。まずマークが似ているかどうかは、

・称呼（読み）
・外観（見た目）
・観念（意味）

で判断します。基本的には、これらのいずれかが似ていれば似ている、と判断します。ただし、どれか1つがとても違うとかいう場合には、似ていないと判断する場合もあります（民集22巻2号399ページ「しょうざん事件」の判断に基づく）。

　バンド－エイドに対して、バンドォエイドは読みが似ていますから類似ですね。バンド－エイドに対して「傷テープ」は読みが似ていませんから、称呼類似にはなりません。

　次に外観。こちらは見た目を比較するというわけですからまあ、わかりやすいとは思います（現実には、並べて比較するのかそれとも別々に観て類否を判断するのかといった問題はあるのですけど）。最後の「観念」は、例えば商標「Spring」と、「春」とは似ている、という考え方になります。ただ、「プランタン」はフランス語の「春」ですけど、その意味を知っている人が（Springに比べるとかなり）少なかろうという意味で、商標「プランタン」と「春」とが似ていると判断されるかは微妙、ということになります。

　次に、指定商品・役務の類否ですが、こちらは、例えば作っている場所が共通しているかとか、売っている場所が同じかどうか、というような観点で判断することになります。特殊な製品で、専門店に行かないと見つからないものと、近所のスーパーで売られているものとは似ているとは言わない、という考え方です。

> ▶しょうざん事件
> ガラス繊維を指定商品として「氷山印」という文字とともに、海に浮かぶ氷山の絵柄を表したマークで商標出願をしたところ、特許庁が、「糸を指定商品とする『しょうざん』という商標が既にあって、これと似ているから登録しない」と判断したので、その判断を争って裁判所に訴えたという事件になります。ですからこれは侵害の問題ではないのですが、商標の類否を判断するにあたっては広く引用される事件になっています。その判断の要旨は、
>
> 「商標の外観、観念または称呼の類似は、その商標を使用した商品につき出所の誤認混同のおそれを推測させる一応の基準にすぎず、従って、右三点のうちその一において類似するものでも、他の二点において著しく相違することその他取引の実情等によつて、なんら商品の出所に誤認混同をきたすおそれの認めがたいものについては、これを類似商標と解すべきではない。」
>
> というもので、つまり外観とか称呼とかは一基準であって、具体的な取引の事情で違いがあるといえるものは違うと言ってよいでしょう、というわけです。
> もっとも、この裁判例自体はともかく、これを濫用して具体的な取引の事情を考えないまま非類似として登録している事例があるとして、適用に慎重になるべきとする考え方もあります[007]。

■ 著作権はどうなると侵害か

特許や商標と違って、登録された権利というものがない著作権の場合は、どのような場合に侵害したと言われるのでしょうか。この判断の方法も、裁判例を通じて概ね確立されています。その判断の方法の一例は次のとおりです。

(1) 侵害されていると主張したい著作物と、侵害品とを比較して、
 (a) 表現が共通し、かつ
 (b) 「創作性がある」と判断される
    ものを抽出。

(2) 抽出したものが、複製や翻案といえるか、依拠しているか、など、侵害と言える要件があるかを判断する。

このうち (1) の (a)、表現が共通するものを見つけることは簡単そうですが、実は議論のあるところなので、後の章で具体的な例とともにご説明します。ここではひとまず「似ている部分に注目する」という程度に考えておいてください。

(1) の (b) では、見つけた共通点に創作性があるかを検討します。この共通点が、描かれているキャラクタ（設定など概念的な部分）が共通するだけだった、とか、小説のプロット（アイディア）が共通するだけだった、という場合は、キャラクタやアイディアが著作権法上、表現とは言えない以上、著作権に基づく権利主張はできないことになります。

ただし、アイディアなのか表現なのかの区別は簡単ではありません。先ほど小説のプロットなどはアイディアであって表現とはいえないと書きましたが、プロットに基づいて作られた小説自体は表現ですから、ストーリーだけでなく、表現の類似する部分があまりにも多いなどの事情があれば、表現の類似が判断されることもあります（昭和63年（ワ）第6004号「悪妻物語事件」）。

アイディアではなく表現だと判断されれば (1) (b) はクリアかというとそうでもありません。表現であっても、ありふれている表現だと創作性がない、と判断されます。例えば人物の画像データの著作権に関連して、自分の著作物と被疑侵害品との共通点が、被写体のポーズや配置にある、という場合、そのポーズや配置がほかでもよく見られるようなものであれば、そのポーズや配置といった共通点に創作性がないと評価されることがあります。

なお、(1) で割り出した共通点の創作性がある部分があったとして、その全部が自分の創作でなくても構いません。例えば二次創作であった場合、先行する創作物（原作）の表現部分を除いてまだ著作権の対象となる表現があるかを検討することになります。

後の章でご紹介しますが、ファンアートやファンフィクションのような二次創作であっても、原作にない部分を足したのであれば、その部分には著作権が発生しています（令和2年（ネ）第10018号「BL同人誌著作権侵害事件」。詳しくはP.161参照）。

このように (1) 共通する点であって、かつ、「創作性がある」と判断されるものを抽出する、という作業は簡単ではありません。

そうして、なんとか被疑侵害品との共通点のうち「創作性がある」と判断されるものを抽出できたとして、さらに（2）抽出したものが、複製や翻案といえるか、依拠しているか、など、侵害と言える要件があるかを判断することになります。

後の章では、生成AIの生成物との関係で、こうした著作権侵害の判断がどのようになるのか、それを考えてみたいと思います。

> **悪妻物語事件**
> 「悪妻物語」というドラマが、翻案権の侵害とされた事案です。このドラマは、「目覚め」という標題のルポルタージュをベースに作られましたが、その後半部分が大幅に改変されています。簡単に言えば、かなりテーマ性のある物語が、ありがちなハッピーエンドっぽいドラマに改変されてしまっています。話の前半はほとんど類似していて、裁判においては、類似点を列挙した対比表に基づき「ストーリーの細部も類似しており、その表現の具体的な文言までが共通している部分もあることが認められる」と認められました。セリフの表現まで類似していたとされていますから、こういった場合は、共通部分は「表現」であるとして判断されるわけです。

■ 新しい技術と知的財産権侵害

AIは、新しい技術です。近年では、こうした新しい技術が次々に生まれています。例えばメタバース（仮想現実世界）もそのようなもののひとつです。

一時期流行したリンデン・リサーチ社のSecond Lifeをご記憶の方もいらっしゃるでしょう。Second Lifeは、どこの国からでも同じ仮想空間にアクセスできたため、ユーザは、いろいろな国の人たちと交流できる楽しみがありました。さらに仮想空間内での仮想通貨が設定され、仮想空間内で商品を売るなどして「稼ぐ」ことができ、これが現実の通貨にも換金可能とあって、マネタイズを狙う人たちも注目していました。

一方で、こうした換金がマネーロンダリングに利用される懸念であるとか、現実世界の商標が使用された場合に、商標権者が差し止められるのかといった問題もありました。各国からアクセスができるのですから、どこの国の法律を適用するのか、どこの国の商標権に基づいて権利行使ができるのかわからないわけです。

商標法は日本の法律で、その保護は国内にしか及びません。他の国での保護が欲しければ、そこの国で権利を取得する必要があります（属地主義）。特許も同じで、「国際特許権」というものはありません（紛らわしいことに、「国際特許出願」というものはあります。しかし、これで得られるのは各国の権利です）。

　ではメタバースでは？　メタバースにはいろいろな国の人が参加しています。この場合、どの国の法律や登録に基づいて権利が守られるのでしょう。

　なかなか難しい問題であることを感じ取っていただけたでしょうか。新しい技術ができるとき、それまでの法律が十分機能しないこともあるのです（現実にはホストサーバが置かれた地の法の適用を考えるとか、サービスの提供を受けた人の所在地で考えるということが行われると考えられます。詳しい方は法例7条や法例13条を思い浮かべられるかもしれません）。AIについてはどうでしょうか。

> **Point**
>
> ・権利侵害の判断のしかたは、権利の種類によってさまざま。
> ・過去の裁判例の蓄積でだいたいの判断方法が決まっている。
> 例えば著作権侵害（複製権・翻案権侵害）では、
> （1）侵害されていると主張したい著作物と、侵害品とを比較して共通点を見つける。
> （2）見つけた共通点のうち、「創作性がある」と判断されるものを抽出。
> （3）抽出したものが、複製や翻案といえるか、依拠しているか、など、侵害と言える要件があるかを判断。
> という判断方法になる。

2章 AIのしくみと関連技術

　前章で、知的財産とはどういうもので、それが侵害されるとはどういうことかを見てきました。この章では今度はAIについて、その動作がどんなものかを確認します。その後で、AIと知的財産の関係について、例えばAIを利用した何かの行動が知的財産侵害にあたるケースがあり得るのか、あり得るとしたらどういう場合だろうかということを考えてみたいと思います。

AIの種類と生成AI

　いま、AI（Artificial Intelligence）は、さまざまな場所で使われています。手元のスマートフォンで写真を撮れば、写真に写ったものを認識して「鳥である」などといった表示をしてくれます。これにはモノを認識する「認識AI」が使われているのです。また工場などでは機器が異常になっていないかを監視するAIもあります。いわゆる「異常検知」のためのAIです。

　複数のAIを組み合わせることも考えられています。車の周囲の状況を認識AIで認識し、その結果を使って車を制御すれば「自動運転（運転するAI）」ができるようになります。このような「制御のためのAI」も研究されてきています。

　そしてここ数年で急速に発展したAIに「生成AI」（Generative AI）というものがあります。生成AIはその名のとおり、画像を生成し、文章を生成します。またある種の生成AIは音楽を生成します（米国Meta社のMusicGen[1]など）。

　自然な文章をAIが生成できるようになったことで、さまざまな分野で仕事のしかたに変化がもたらされています。

　長文のメールを読む前に、AIに要約を生成させて概要をつかむことができます。海外からの英文メールは、AIに翻訳させてしまえば、日本文でその内容を理解できるようになります。連絡文書などは秘書に頼むかのようにAIに依頼す

[1] https://AI.honu.io/papers/musicgen/

れば、あとは多少の手直しだけでよい文章ができてしまいます。

　さらに直接的に、小説家は小説のプロットやシーンのつなぎ部分をAIに作成させることができるかもしれません。イラストレータを雇うまでもなく、AIに絵を描かせてしまえばよいのでは、と考える人がでてくることも想像に難くないでしょう。

　生成AIの登場は、仕事の負担を軽減してくれるのではという期待の一方で、自分の仕事を失うのではないかという不安を生み出しました。

AIはどんなものか

　そんなAIの実態は、どんなものなのでしょうか。

　そんなことは知っている、という方はこの節を読み飛ばしていただいて結構です。ここではAIの中身について、手短に説明してみようと思っています。

　スタンフォード大学のウェブサイトに残る、ジョン・マッカーシー (John McCarthy) 教授の「AIとは何か」(What is AI[2]) によると、AIとは、

知的な機械、特に、知的なコンピュータ・プログラムを製造する科学及び工学である。それはコンピュータを使用して人類の知性を理解しようという試みに似たものだが、生物学的に観測可能なことがらだけにとらわれるものでもない。

It is the science and engineering of making intelligent machines, especially intelligent computer programs. It is related to the similar task of using computers to understand human intelligence, but AI does not have to confine itself to methods that are biologically observable.

と書かれています。

　このようにAIは、実はかなり広い概念です。これらを網羅的に扱うのは難しいですし、話の焦点も分かりにくくなりますので、この本ではAIという言葉をもう少し限定的に使いたいと思います。どう限定したいかというと、いわゆるディープラーニングモデルに限定したいのです。と、いうのも、今後知的財産権と

[2] http://www-formal.stanford.edu/jmc/whatisai.pdf

の関係が問題になるのは、このモデルだろうと考えられるからです。

そこでまずは、ディープラーニングモデルがどんなものかを明らかにしておきたいと思います。

ディープラーニングモデルは、機械学習（Machine Learning）を行うAIのモデルです。

(よく見かける)AIの分類

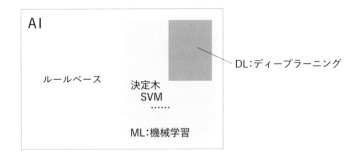

AIは人間の知性を模倣するというだけでなく、もっと広い概念ですから、機械学習を行わないAIも考えられるのですが、ディープラーニングモデルは、「ラーニング」という言葉からも推察されるとおり、機械学習を使うものです。

そこで、機械学習とはどういうものなのか、そこから見ていきたいと思います。

なお2024年、ジェフリー・ヒントン（Geoffrey Hinton）とジョン・ホップフィールド（John Hopfield）は、ニューラルネットワークの機械学習にかかる基本的な発見と発明に貢献したとしてノーベル賞（しかも物理学賞！）を受賞しました。それだけインパクトの大きい研究だったということでしょう。

■ モデル化

機械学習は、一般的には、蓄積されているデータの中にあるパターンを見つけ出して、モデル化することを目的にします。

モデル化、というのは「情報を予測するための基盤をつくること」と説明すればよいでしょうか。

ごく単純な例としては、弾道を予測するために、物理学の知識を使って（物理エンジンを使って）、銃を撃ってからある時間だけあとの弾の位置・速度を計算する式を立てられれば、それが「モデル化」の一例ということができます。この「弾道予測モデル」では、弾の初速や、撃ち出し角度、重力加速度などといったパラメータに基づいて、弾の位置が時間とともにどう変化するかなどを予測することになります。これらのパラメータを代入したとき、そのパラメータで指定した弾の初速などに応じて、弾道を演算できるという「数式」が得られたとしたなら、その「数式」は弾道を予測するモデルといえます。

弾道予測モデル

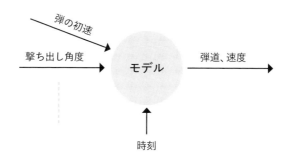

　このように「数式」で表現できるモデルは分かりやすいのです。なぜなら、このようなモデルはあらかじめ分かっている物理学の法則を使うものだからです。
　一方で、世の中には単純な数式で表すことができないもたくさんあります。例えば金融商品の価格などはその代表でしょう。まあ、デリバティブに適用されるブラックショールズモデル（BSモデル）というものはありますけれども、BSモデルで計算される理論価格は、理想化されたモデルであり（例えば価格変化率が正規分布に従うと仮定しているので）、現実の金融商品の価格がBSモデルで完全に表せるというものでもありません（もしそんなものがあったら本なんか読んでないで投資してますよね）。
　また、物理学的な法則に従っていそうなものでも単純化できないものがあります。例えば金属の精密加工などは、機械加工だけでは足りず、熟練工の手によら

なければ仕上がりません。

　現実的な法則の多くは、文章に書き下せるようなものではありませんが、モデル化はできます（ただし、BSモデルに代わるような「現実の金融商品価格推定モデル」は、何をパラメータとして入力してよいかというところから不明なので簡単にモデル化できるとはいえません。）。例えば精密加工の場合、経験から得られた目や耳などの感覚からの手指の動きが一種の「モデル」となっています。

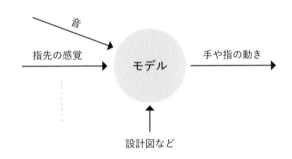

金属加工モデル

　弾道計算のように、法則性が分かっているものを、法則の学習から始めて弾道予測モデルを獲得し、弾道の予測ができるようにすることを「演繹的学習」とすれば、金属の加工のように、過去の事例の蓄積である経験則により、パラメータと指の動きとの関係を見つけること、言い換えれば蓄積されたデータから文章化されない法則性を獲得することは、いわば「帰納的学習」と呼べるものです。機械学習はこのような「帰納的学習」を行うのです。

　英語の学習の例でいえば、文法を教えて「This is a pen.」と言えるようにするのが演繹的学習で、「This is 何々」という文章をたくさん見せていって、ついに「This is a pen.」という文を作れるようにするのが帰納的学習ということになります。精密加工をする職人の方々も、最初から精密加工ができたはずはなく、長年の加工経験により、機械よりも精密な加工ができるようになったのでしょう。これもまた帰納的学習の一例です。

　機械学習でもまた、いくつもの試行錯誤を経る、帰納的な学習を行うのです。

ですからできるだけ多くのデータが必要になります。このデータは、モデルを「訓練」するためのデータなので「訓練データ」と呼ばれます。訓練データが足りなければ、データ拡張 (Data Augmentation) と呼ばれる方法を使ってでも、訓練データを水増しします。例えば訓練データが画像データなら、反転させた画像を作ったり、回転させたり、一部を切り取ったり……そうして1つの訓練データから多数の訓練データを作り出すのです。十分な量の訓練データを調達することは、機械学習によってモデルを構成するために必要で、不可欠なことなのです。

訓練データは、具体的には、「過去の実例」です。文章でも画像でも、いまある実例を対象として機械学習をします。ここではまず、ごく簡単な例で、機械学習がどのように行われるかという例を説明してみます。

例えばアイリスという花を品種別に分類する分類器を機械学習で作る場合を考えてみます。

この場合、既に品種に分類済みの実際の花を参考に訓練データを作成します。そのデータは、例えばこんなふうになります。

以下、がく片の長さ、がく片の幅、花弁の長さ、花弁の幅、分類結果（正解）の順にデータが並びます。

4.9,3.0,1.4,0.2,Iris-setosa
4.7,3.2,1.3,0.2,Iris-setosa
…
7.0,3.2,4.7,1.4,Iris-versicolor
6.4,3.2,4.5,1.5,Iris-versicolor
…
6.3,3.3,6.0,2.5,Iris-virginica
5.8,2.7,5.1,1.9,Iris-virginica
…

このデータは、アイリスデータセット[3]という、1930年代から知られているデータセットから採りました。

[3] https://archive.ics.uci.edu/dataset/53/iris

一般に、花は、内側から順に、雌しべがあり、その外側に雄しべがあり、雄しべの外側に花弁があり、さらにその外側にがく片がある……という構造になっているのだそうですが、このデータセットには、3種類のアイリス

- Iris-setosa
- Iris-versicolor
- Iris-virginia

の花のがく片の長さ、がく片の幅、花弁の長さ、花弁の幅を測定した結果が各種類50例ずつ、合計150例、列挙されています。

　このデータセットから、花弁の長さによって「setosaか、そうでないか」を分類する分類器を作ってみます（この分類器の実際の機械学習の例については[008]を参照）。具体的には花弁の長さで、この分類の「しきい値」を決めてあげればよいわけです。

　例えば「1.5以上であればsetosaでない」というようにしきい値を1.5にしてみると、花弁の長さが1.5以上に当たるのは、

Iris-setosa	:13例
Iris-versicolor	:50例
Iris-virginia	:50例

となります。versicolorと、virginiaでは正しいですが、setosaだと間違って判定しているものが13例あります。

　そこでしきい値を1.4にすると、花弁の長さが1.4以上に当たるのは、

Iris-setosa	:27例
Iris-versicolor	:50例
Iris-virginia	:50例

になります。誤りが増えてしまいました。これでは逆のようですから、数値を当初の1.5より大きくしましょう。以下setosaだけに注目します。

しきい値1.6のとき：6例誤り
しきい値1.7のとき：2例誤り
しきい値1.8のとき：2例誤り
しきい値1.9のとき：誤りなし

「誤りなし」よりもよい結果はありませんから、しきい値は1.9とすればよさそうです。なお、しきい値の値をさらにどんどん大きくしていくと、しきい値が3.0となったときに、今度は、「versicolor」なのに「setosa」だと判定する誤りがでてきます。ということは、しきい値は1.9から2.9の間、たぶん理想的には中間くらいの2.4とするのがよさそうです。

こうした「値を変えながら試行錯誤する方法」は、コンピュータのプログラムで実現できますから、機械学習を「人間の学習をコンピュータ等で実現したもの」と広く捉えるなら、こんな単純なしきい値決めのプログラムも、「機械学習」の一例です。

そしてこれによって得られた、花弁の長さによって「setosaか、そうでないか」を分類する「分類器」は、一種のAI（花弁の長さでアイリスを分類できるという「知能」がある）ではあるでしょう。仮にあなたがどこかで一本のアイリスを見たとき、その花弁の長さを測れば、「setosaか、そうでないか」を判断できる、かもしれません（アイリスの品種は3種類だけでなく、もっと多いので、実際にはこれだけで品種判別は難しい）。

■ 汎化能力

さて。ここでひとつ、機械学習にとって大事なことを。

この例でもお分かりになりますように、アイリスデータセットを使って作られた分類器（花弁の長さのしきい値2.4の分類器）は、アイリスデータセットの中にない、「あなたがどこかで見たアイリス」を分類できるようになっています。訓練

データを使って学習をしましたが、学習の結果は、訓練データ以外のデータにも対応できるようになっています。

帰納的学習で獲得される経験則のようなものは、過去の経験の蓄積に基づいて得られていても、過去に見たことのない、新しいものにも応用が可能なものなのです。こうした能力を「汎化能力」(Generalization performance)と呼びます。

例えば熟練工は、過去の経験を通じて、「汎化」した経験則を獲得しているはずです。そのような経験則を持っているから、新しい製品を製造するときにも、過去の経験を活かした加工ができるのです。

機械学習を通じて作られるAIのモデルも、汎化能力を獲得しなければなりません。見たことのあるデータ、つまり訓練データと同じデータだけに対応するのならば、ただのデータベースで十分ですからね。機械学習の意味がありません。訓練データになかったものにも対応できるような「知能を獲得する」こと。つまり、汎化能力を獲得したAIを作り出すことが機械学習の目標になります。

なるほどそんなに大事なものならば、AIのモデルが、ちゃんと汎化能力を獲得しているかを、どうやって確認したらよいのでしょう。

例えばこんなふうにします。まず、訓練データのほかに、テストデータを準備します。さきほどのアイリスデータセットでいえば、各品種50例ずつのデータがあるので、そのうち各種類45例を訓練データとし、残る各種5例、合計15例をテストデータとして使えばよいわけです。

そして、モデルが訓練データをどれだけ正しく学習したか(訓練データを入力したときにどれだけ正解できるかといったようなもの)を表す指標を測定します。この指標を、訓練予測誤差といいます。

また、確認のために訓練データにはないデータ(テストデータ)をモデルに入力してみて、得られたデータと正解との差を測定します。これをテスト予測誤差といいます。

そして、訓練予測誤差とテスト予測誤差とを比較してみます。いわゆる交差検証(Cross validation)というものです。

汎化能力を獲得していれば、訓練予測誤差とテスト予測誤差はそれほど違った値にならないはずです。しかし、汎化能力の獲得に失敗すると、訓練データに対

しては高い正解率となるものの、テストデータに対しては正解率が低い、ということが起きます。

このように汎化に失敗して訓練予測誤差だけ小さくなっている状態を「過学習（Overfitting）」といいます。訓練データの学習をし過ぎて、他のデータに対応できなくなっているのです。

汎化能力を獲得することが必要なのですから、過学習は避けなければなりません。過学習の回避は機械学習にとって重要な技術的課題のひとつです。

機械学習の処理に工夫を施して、過学習を回避しようという技術が、いくつも開発されているくらいです[009]など。

■ ようやくディープラーニング

さあ、ここまで準備したところで、ディープラーニングの話です。

ただ、ディープラーニングをきちんと説明しようとしますと、パーセプトロン[010]から説明しないといけないかな、とも考えますし、それならそれで既に良著[011]なども多数ありますし、そもそもそんなに紙面に余裕があるわけでないので、ここではイメージだけつかんでいただけるようにがんばりたいと思います。

ディープラーニングモデルは、イメージ的には、人間の脳細胞のネットワークを模倣したものです。脳細胞は、他の細胞たちから信号を受け取って取り込み、あるしきい値を超える刺激だとなったときに発火（fireing）して、次の細胞に信号を伝えます。

同じように、脳細胞（ニューロン）に相当するノード（node）を用意します。このノードには、入力側からいくつかのエッジ（edge；枝）が伸びています。また出力側からもいくつかのエッジが出されています。

入力側のエッジから入ってきた信号（数値で表される）にエッジごとに決められている「重み」を掛け算します。それから各エッジで行った掛け算の結果を合計します（場合によってはさらにバイアス（bias）という値を加算します）。「合計」は、英語で Summation というので、「S」…と書きたいのですが、いろいろあって、「S」をギリシア文字で表した「Σ」と書きます。

次に、この合計の値を活性化関数（activation function）fに入力してその結

果（出力値）を出します。この活性化関数fは、脳細胞で「しきい値を超えたら発火」を実現するものです。関数fの内容は、ある種の非線形関数になります。なお、この「非線形」とは「線形（linear）でない」ということです。ごく単純にいうと、入力と出力とが比例関係にない（一次式でない）ということを示します。

ノード(ニューロン)の例：重みづけした入力値の和に活性化関数fを適用する

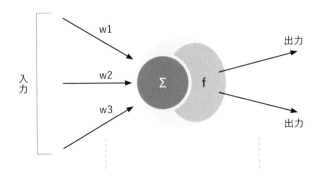

　このノードから伸びるエッジはどこへ繋げればよいでしょうか。脳細胞であれば、起点（入力側）は例えば目の細胞（視神経細胞）のような、いわゆるセンサかもしれません。つまり、入力側は脳細胞から見たら外部の細胞、コンピュータでいえばセンサ等の出力などかもしれません。

　また脳細胞は、他の脳細胞からも信号の入力を受けます。つまりノードは、別のノードからも入力を受けるかもしれません。

　ややこしいですが、この関係を整理して、複数のノードを組にしたグループをつくり、グループを配列して、あたかもいくつかの層（layer）になっているかのように構成します。各層でグループにするノードの数は、他の層と同じであっても、違っていても構いません。それは設計次第、ということです。

多層に構成されたニューラルネットワーク

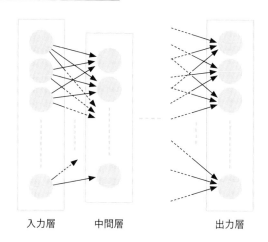

入力層　　中間層　　　　　出力層

　こうして、いくつものノードと、前の層のノードと後の層のノードとを連結するエッジとで作られるネットワーク＝ニューラルネットワークが構成されます。一番最初の層を「入力層」、一番最後の層を「出力層」と呼ぶことがあります。その他の間の層はまとめて「中間層」あるいは（外から見えないという意味で）「隠れ層」(hidden layer)などと呼ばれます。

　入力層には、例えばセンサの出力であるとか、何らかのデータが入力されます。アイリスデータセットを対象にするなら、入力層はノードが4つもあれば十分で、各ノードには「がく片の長さ」、「がく片の幅」、「花弁の長さ」、「花弁の幅」が入力されることになるでしょう。

　入力層のノードは、入力された値をそのまま中間層（の最初の層）に出力します。中間層のノードは、さきほど書いた演算を行って出力値をつくり、次の層の各ノードへと出力します。

　ちょっとだけ具体的に書いてみましょう。

　アイリスデータセットの例を使います。入力層は、がく片の長さなど、それぞれのデータを受ける4つのノード。中間層は仮に4つのノードにして、中間層は1つだけにしましょう。そして出力層は、どの品種かを表す3つのノードと構成します。

アイリスデータセットの最初のデータを入力層に入力します。データは、

5.1、3.5、1.4、0.2

です。次の層のノード（中間層のノード）をA、B、C、D（仮名）と名付けておいて、Aについて、最初は重みwを「0.97、0.56、0.03、0.49」などとランダムに設定し、

$5.1 \times 0.93 + 3.5 \times 0.59 + 1.4 \times 0.16 + 0.2 \times 0.30 = 7.14$

として、これを活性化関数に入力して、例えば「1」という値を得たとします。
　同じようにB、C、Dでも計算を行って、それぞれ「0」、「0」、「1」のような結果を得るとします。
　今度は、これらAからDまでの出力を使って、出力層に結合します。出力層には3つのノードがありますが（仮にX、Y、Zと命名しましょう）、ノードXについて、AからDにつながる各エッジについて重みが「0.69、0.98、0.97、0.52」と設定されていれば、今度のデータは

$0.69 \times 1 + 0.98 \times 0 + 0.97 \times 0 + 0.52 \times 1 = 1.21$

となります。同じように、Y、Zについても、0.79 とか、0.86 とかの値が計算されます。活性化関数を使って（例えば「1.5」以上なら「1」、そうでなければ「0」みたいな関数で）、X、Y、Zそれぞれ出力が、

「0」、「0」、「0」

と計算されます。仮に、出力層のノードXが「1」ならばそれはsetosa、Yが「1」なら「versicolor」……というように決めておくと（そのようにデータと結果との対応関係を決めておくと）、今回はおかしな結果になっています（0、0、0では分類結果がない！）。

そこで、違う違う、間違いだよ、と。「1」、「0」、「0」が正解なんだよと教えてあげます。
　……どうやって？
　その方法（のひとつ）が、誤差逆伝播法（Backpropagation）です。ここを詳しく説明すると、一冊の本ができあがりますので、詳しい説明は前掲著[011]にお任せして、ここでは極めて簡単に。
　誤差逆伝播法では、正解との差（さきほどの例であれば「1」、「0」、「0」と「0」、「0」、「0」との差である「1」、「0」、「0」）を誤差として、出力層側から逆方向に、つまり入力層側に向かって進みながら、各ノードに繋がっているエッジの重みwを調整していきます。どのように調整するかというと、先ほどの誤差が小さくなるように調整するのです。この調整方法にはいくつかの方法がありますし、計算は複雑になるので省きますが、1つのデータを、ニューラルネットワークに入力して結果を得てみて、それが正解とどれだけ違うかを評価し、評価結果（誤差）が小さくなるように、ニューラルネットワークの中のパラメータ（重みや先ほどのバイアス）を変更するという動作を繰り返します。
　もうちょっとだけ詳しくいえば、各ノードを逆順に通る度に、そのノードで入力が変化したときに出力がどれだけ変わるのかを考えながら、誤差に対する重みの変化量を決めていきます（勘のよい方はお気付きのとおり、これは数値微分です）。
　この誤差逆伝播法は、古くは1960年代の研究にまで遡るのですが、ニューラルネットワークへの適用方法が確立したのは1986年の論文[012]からではないかと思います。
　長くなってしまいましたが、結局、ディープラーニングモデルとは何かといいますと、（そのイメージをつかんでもらうために簡潔に言えば）ニューラルネットワークのなかで、中間層があるもの（普通は1つではなく多数あるもの）を言います。そして一般的には、さきほど書いた、誤差逆伝播法で機械学習を行います。

■ AIの中でのデータ表現

さて、ディープラーニングモデルのイメージをおおよそ見ていただいたところで、ここから先、この本で単にAIと書いたときには、ディープラーニングモデルを使うAIに限ることにします。

次に、後の説明のために、AIの中でデータがどのように表現されているかを知っておいていただきたいと思います。

ここまでの説明でもおわかりになりますように、AIでは、内部で数値計算が行われていますから、内部では文章も数値で表現しています。画像を入力して機械学習し、画像を生成するように訓練される生成モデルもまた、画像を数値で表現します。もちろん数値1つで表せる情報には限りがありますから、いくつもの数値を組にして文章や画像等といったデータを表現します。

このように「複数の数を組にしたもの」を、ベクトル (vector) と呼びます。つまり、AIの内部では、扱う情報を「ベクトル」に符号化 (encode) しているのです。

読者のかたのうちには、高校の数学で見た「ベクトル」を思い出す方もいらっしゃるでしょう。あの「ベクトル」は、数を2つ、あるいは3つ、組にしたものではなかったでしょうか。

さきほどのディープラーニングモデルを思い出してください。各層には、それぞれいくつかのノードがありましたが、そのノードのひとつひとつが1つの数値を計算して出力していると考えると、1つの層では複数の数がセットになって入力され、また出力されていることがわかります。

つまり各層でベクトルの値が計算されている、と見ることができるわけです。その要素の数が2つや3つではなく、もっとずっと多いだけです。

例えば前の節でご紹介したアイリスデータセットに含まれるデータも、「がく片の長さ」、「がく片の幅」、「花弁の長さ」、「花弁の幅」の4つの数を組にした「ベクトル量」です。通常、AIでは、さらに多くの数値（数百個以上の数値）を組にしたベクトルが使われます。

それにしても文章や画像をどのようにベクトルで表現しているのでしょうか。実際の例を1つ見てみましょう。例えば、word2vecと呼ばれる符号化の方法があります（米国特許9,037,464）。生成AIでは文章の分析のために、文章を

単語に分け、さらに単語を「ベクトル」に符号化しますが、このときの符号化の方法のひとつ、と考えていただければよいと思います。このword2vecが出力する単語の「ベクトル」は100個から1000個の間くらいの個数の数字の組になります（word2vec自身もニューラルネットワークで作られているのですがここではおいておきましょう）。一見、この個数が多いほど性能が高いのではと思われるかもしれませんが、実際に試してみると、300個の数の組の「ベクトル」（これを300次元のベクトルというように表現します）に符号化した場合と、600個の数の組の「ベクトル」（つまり600次元のベクトル）に符号化した場合とでは、それほど性能に差があるとは考えられていません[013]。

　入力されるデータの符号化（ベクトルとして表すこと）をどのように行うのか、そもそもモデルにとってどういうデータを入力するのかは、AIの性能を左右する、大切な問題です。

　アイリスデータセットのときを思い出してください。アイリスデータセットには4つのデータがありましたが、分類に使ったデータは花弁の長さだけでした。ということは、アイリスデータセットを使ったアイリス分類器の機械学習には、花弁の長さだけあればよく、ほかのデータがあることで機械学習の効率がかえって落ちているということになります。

　ただ、先ほど作成した分類器は、見つけたアイリスがsetosaかどうかを分類するだけのもので、より多くの品種のアイリスを分類できるものではありませんでした。アイリスの品種を確実に分類するためには、もっとほかのデータが必要でしょう（現実には、花の色や花弁の模様などで区別するようです）。

　もちろん、いくつかの情報を組み合わせて判別する可能性もあります。これは小型で紫色の花だから……というように。

　希望する動作を行わせるために、AIに入力するデータをどうやって選択するのか、データを組み合わせたほうがよいのか、さらにその符号化をどう行うのか、こういった入力するデータの事前の処理（前処理）は技術的に難しいもので、しかも機械学習にとって重要なものなのです。

■ 埋め込み

　符号化のお話のついでに、「埋め込み」というものをご紹介しておきたいと思います。

　word2vecは、単語を「ベクトル」に符号化する方法のひとつだ、と書きましたが、どのように符号化しているのでしょう。詳しい手順はいくつかありますが、概略を言えば、「似たような文脈で現れる単語が、似ているベクトルになるように」符号化をしています。

　例えば、「コンピュータ」という単語と「計算機」という単語は、きっと似た文脈で使われるでしょう。「ここでは、コンピュータで計算した結果が使われている」という文は、「ここでは、計算機で計算した結果が使われている」という文にしても違和感がありませんから。

　しかし、「Tシャツ」のような単語は「コンピュータ」という単語と同じような文脈で使われるとは思えません。「ここでは、Tシャツで計算した結果が使われている」という文はおかしいでしょう。

　そこでword2vecでは、「コンピュータ」を表すベクトルと「計算機」を表すベクトルとの間の「距離」が、「コンピュータ」ベクトルと「Tシャツ」ベクトルとの間の「距離」よりも小さくなるように、それぞれのベクトルに含まれる数（ベクトルの成分）を決めていきます。

　word2vecのベクトルは300次元にもなると書きましたが、300個の数の組でできた「空間」に各単語を埋め込んで（embedして）いくのです（この概念は無理に理解する必要はありませんが、雲のような領域のなかで、「コンピュータ」と「計算機」とが近い位置に置かれる、というように考えていただければよいでしょう）。

　word2vecでできたベクトルを使うと、面白いことができます。ベクトルですから、足し算や引き算ができるのです。例えば「ワシントン」ベクトルから「アメリカ合衆国」ベクトルを引き、それから「日本」ベクトルを足し算すると、「東京」ベクトルに近いベクトルがでてきます。たぶん「ワシントン」ベクトルから「アメリカ合衆国」ベクトルを引いてできるベクトルは、「首都」の概念を表しているはずで、それを「日本」ベクトルに足すと、「日本の首都」が表現されることになるのだと考えられます。

埋め込み空間での計算

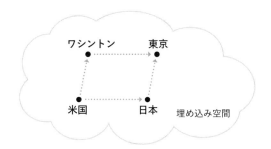

さらに面白いことに、この単語の埋め込み空間に、単語とは全く違う種類のデータ、例えば画像データを埋め込むこともできます[014]。

データの種類を「モーダル（modal）」というため（たぶん医学用語から来ているのだと思いますが）、複数の種類のデータを「埋め込んだ」空間を、「マルチモーダル空間」と呼んだりしています。

マルチモーダル空間を使うと、画像データに説明文をつける、といったタスクが実行できるようになりそうだ、というのは、お分りいただけるのではないかと思います。

■ AIの出力

繰り返しになりますが、AI内部では、情報はこのような「ベクトル」で表現されています。AIの動きは、端的に言ってしまえば、入力情報を符号化して得た「ベクトル」を、出力情報となる「ベクトル」へと変換するもの、ということになります。

入力情報から得た「ベクトル」が持っているたくさんの数値のそれぞれに「重み（ウエイト：weight）」を掛け、バイアス（偏り）を加算し、非線形の演算を行い……と繰り返して、出力情報となるベクトルに変換します。

そうして変換された「ベクトル」を、ユーザが必要とする情報（文字列とか、画像とか）へ戻します。この過程を復号（decode）といいます。この復号された情報がAIの出力ということになります。

結局、情報の分類をするAIであれば、分類の対象になるデータ（がく片の長さなど）の入力を受けて、分類結果（どの品種のアイリスかを表す情報）を出力するというものになります。その中間にあるAIは、「分類対象になるデータと分類結果との関係を機械学習した何か」であり、その正体は、さきほど見ていただいたように、ノード間の重みという数値の集まり（実際にはもう少しほかの種類の数値もあります）です。

生成AIのような複雑なAIでもこの事情は変わりません。

■ アテンションとGPT

具体的に文章をつくるAIの内部を見てみましょう。

さきほどは単語をどのようにベクトルに符号化するかについて1つの例を見てきましたが、文章は単語の並びでできていますから、文章を表す場合、ベクトルのような数の組を、さらに一列に並べて組とします。このような、順番に並んだ情報をうまく扱うようにするため、以前から再帰的ニューラルネットワーク（RNN）や、畳み込みネットワーク（CNN）といったニューラルネットワークが研究されてきました。

例えばRNNでは、ニューラルネットワークの出力をもう一度、ニューラルネットワークの中に取り込むことで、過去に出力したデータの内容を使うことができるようになっています。

「お一人様一点限り」の商品を買うために、何度も来店する客がいるとして、この客は1人ですけれども、店側から見ると、この客が3回レジを通れば（延べ）3人の客として扱うことになりますよね。

RNNのニューラルネットワークは、実体は1つだけしかなかったとしても、その出力が何度ももとのRNNのニューラルネットワークに入力されるので、それを何回か、例えば3回繰り返せば、延べ3個のRNNが繋がっているニューラルネットワークを実現できる、というものです。各回の出力も得られますが、繰り返したあとの（3回通った後の）出力がRNNとしての出力です。

つまりRNNは、次々順番に入力されるデータ（データ列、といいましょうか）を、そのデータの特徴を表すベクトル値に変換します。例えば、

<BOS> Who killed Cock Robin ? <EOS>

というように単語の列（データ列）がRNNに入力されると（BOS、EOSはそれぞれシーケンスの始め（Beggining of Sequence）、終わり（End of Sequence）の意味）、このデータ列の特徴を表すベクトル値が1つ出力されます。RNNはそういうニューラルネットワークです。

　1つ手前の出力データがもう一度（再帰的に）入力されるというものなので、データ列の順番が変わると出力されるベクトル値も変わります。

<BOS> Cock killed Robin Who ? <EOD>

とすると、もう違うベクトル値になる、というわけです。文章における単語の列のように、順番が大切になるデータを扱うためのニューラルネットワークということです。
　では次に、文章を生成するために、ある順番で入力されるデータ列を基に、別のデータ列を出力することを考えてみたいと思います。

<BOS> Who killed Cock Robin ? <EOS>

と入力すると、

<BOS> I, said the Sparrow, <EOS>

と出力するようなニューラルネットワークを作りたいのです（生成AIへの道のりですね）。
　このためにはRNNのようなニューラルネットワークで作ったベクトル値を入力にして、一連のデータを出力するように別のニューラルネットワークを組

めばいいわけです。ベクトル値を作るニューラルネットワークをエンコーダ (Encoder＝符号化器) と呼び、ベクトル値の入力を受けて一連のデータを出力するニューラルネットワークをデコーダ (Decoder＝復号器) と呼びます。

　この場合のデコーダの構成も、実はRNNとそれほど変わりません。N個の単語の列を作りたければ、N回、RNN (またはそれに似たような) ニューラルネットワークを使えばよいのです。それで延べN個のニューラルネットワークを並べた大きなニューラルネットワークの出力を得ることができます。

　つまり、最初にデコーダが出力した情報から単語をつくり、その情報と単語とをもう一度デコーダに入力して、次の情報と単語をつくり…ということを繰り返すニューラルネットワークをつくるわけです。

　そしてこのニューラルネットワークを、

<BOS> Who killed Cock Robin ? <EOS>

と入力したら、

<BOS> I, said the Sparrow. <EOS>

と順番に出力するように、機械学習していきます。このニューラルネットワークは、seq2seq (sequence to sequence) と呼ばれます (この機械学習も、実質的にはバックプロパゲーションで行いますが、時系列のデータ処理の特徴上、その処理内容はすこし複雑になります。ここではそこまで書きません)。

　さて、seq2seqでは、入力された一連のデータから、1つのベクトル値を作ります。「一連のデータ」がどれだけ短かろうと、どれだけ長かろうと、1つのベクトル値を作ります。そうなると (まあここはイメージで捉えていただければ十分だと思うのですが)、

<BOS> Who killed Cock Robin ? <EOS>

で作られるベクトル値に対する各単語の影響と、

<BOS>This is the gamer sowing his corn, that kept the cock that crowed in the morn, ……<EOS>

のような長文で作られるベクトル値に対する各単語の影響とでは、1つの単語からの影響の大きさが違いそうだと思いませんか。

　短い文（単語数が少ない）ならば、1つの単語のベクトル値に対する影響は大きいでしょうけれども、長い文になるとひとつひとつの単語のベクトル値に対する影響は薄まりそうです。

　そこで、とりあえず毎回のデコーダの出力（延べN個あるデコーダのそれぞれの出力、全部でN個）を取っておいて、これをうまく使って、各単語の影響を調整したベクトル値を作ろうと思います。こうすれば長い文章だとしても、大事な単語の影響を薄めずに済むかもしれません。

　では、取っておいたN個の出力をどう組み合わせて調整されたベクトル値を作ればよいのでしょうか。

　悩んでいてもしかたないので、ここも機械学習してもらいましょう。N個の出力（各単語に対するデコーダの出力）のどれを重視してどれを重視しないのかを機械学習で決めてもらうことにします。

　こんなのが、「注意機構（Attention）」というものです。そして2017年、この注意機構を備えたトランスフォーマ（Transformer）というネットワークが、とある論文で提案され、文章処理について画期的な成果を挙げました。画期的な成果を挙げました[015]あるいは米国特許10452978B2。

トランスフォーマ[015]より

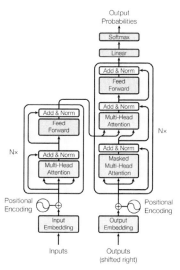

Figure 1: The Transformer - model architecture.

「注意機構こそすべて」とでも訳せそうなこのタイトルの論文では、RNNやCNNをやめて、注意機構だけで一列に並べたベクトルをうまく処理することが書かれています。注意機構自体はRNNでも利用されていましたが、注意機構だけでいい、というわけです。

英語から日本語へ翻訳をするタスクを考えてみましょう。

I got a book. It was a very interesting book.
「ぼくは本をもらった。それはとても興味深い本だった。」

というような文において、2文目冒頭の「It」は、直前の文のbookを指しているわけです。ですから、2文目を正しく訳そうとすれば、こうした代名詞が何を指しているか、ということを意識する必要があります。

さきほど引用したトランスフォーマの図のうち左側のブロックが、入力されるデータ（Inputs）を、ベクトルを一列ならべたものに符号化するエンコーダブロックになります。一方、右側のすこし背の高いブロックは出力（Outputs）を得るためのデコーダブロックになります。

エンコーダ側で、原文である英語の単語列と、注意機構で得られた情報（itが表すのはどの語かといったような情報）とをつくり、デコーダ側で受け取っています。デコーダ側ではそれらの情報と、ここまでのデコーダ自身の出力とを使って、次の訳語を生成します。図だけだと分かりにくいのですが、RNNのように、ひとつひとつの単語を順番に処理するようなことをしていないのがミソです。代わりに、順序の情報は位置情報（Positional encoding）として入力します。また、デコーダでは将来出力する情報を見ないように、将来出力するべきデータをマスクして扱います。

結局この、言語を処理するニューラルネットワーク（トランスフォーマ）は、文章全体の構想を作ってから出力を考えているというよりは、「直前までに書いてきた単語に続く単語は何か、という問題を次々解いている」ということになります。最近よく耳にするChatGPTで使われるGPTネットワークも、このトランスフォーマを利用しています。なお、トランスフォーマのようにループを使わず、

フィードフォワードだけで構成されている点に着目して、その限界を指摘する人もいます[016]。

全体構想もなく、こんな刹那的な方法でなぜうまく文章が生成できるのか。そのことについて理論的な説明はありそうにないのですが、人間もまた、おおまかな「表現したいこと」を言葉にするとき、文の全体を厳密に設計するのではなく、即興的に設計しているのだそうですから[017]、人間にとってわかりやすい言語処理とは、こういうものなのかもしれません。

■ ChatGPTと強化学習

会話的にさまざまな文章を生成できるChatGPT[5]は、その使いやすさと、性能の高さとで、あっという間に生成AIの代表例のひとつになりました。ChatGPTは、GPTをベースとして強化学習と呼ばれる、別の種類の機械学習を行い、その出力を調整したものです。「報酬モデル（Reward Model）」と呼ばれる強化学習モデルを使い、出力をあまり変更しないよう制限しつつ、報酬が最大になるように調整していきます。報酬モデルは、もともと、人が見て適切な回答となるものを評価して作ったものですので、この強化学習によって、GPTは、人が喜ぶ回答を生成するように鍛えられる、という理屈です。この手法は、基本的にはInstructGPTと呼ばれるものと実質的に変わりません[018]。

ChatGPTも、原理はGPTですから、単語の並べ方を知っているに過ぎず、そういう意味では問われた内容に対して事実を述べるようには作られていませんし、問われた内容をベースに検索をして回答する、という機能も（いまのところ）ありません。

よく、ChatGPTは「ウソをつく」と言われますが、ウソをつくのではなく、知識や根拠に基づく回答を生成するようにはできていないだけなのです。

■ 拡散モデルとStable Diffusion

つぎに、主に画像の生成で使われる拡散モデル（Diffusion Model）について見てみましょう。この拡散モデルでも、画像のデータは符号化されて、数の列として扱われます。また、帰納的に機械学習が行われます。

---

④https://writings.stephenwolfram.com/2023/02/what-is-chatgpt-doing-and-why-does-it-work/
⑤https://openAI.com/blog/chatgpt

拡散モデルでは、学習しようとする画像データに次々とノイズを加えていって（拡散過程）、ついにただのノイズにしてしまいます。つぎにノイズを徐々に除いていって（逆拡散過程）、画像データに戻します。ここで機械学習モデルが行っているのは、「どのようなノイズを除いたらよいか」を推定することです[019]。

右から左が「拡散過程」、左から右が「逆拡散過程」[019]より

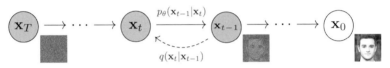

Figure 2: The directed graphical model considered in this work.

　Stable Diffusionでは、生成する画像の条件づけ（どういう画像を生成するか）を、文章（テキスト）などで行うことができます。モデル全体はとても複雑ですが、ここでもテキストをベクトルに符号化して、逆拡散過程を行うときに「取り込んで」いきます。

　このテキストの符号化の方法として、学習に使う画像のベクトルと、それを表すテキストのベクトルとを1つの埋め込み空間に埋め込んだ「マルチモーダル空間」を使います。より具体的に、Stable Diffusionでは、このマルチモーダル空間として、CLIPと呼ばれるモデル[020]を利用しています。

　そしてStable Diffusionは、テキストを符号化したベクトルを逆拡散過程に取り込むとき、さきほど見た「注意機構」を使います（あんまり詳しい技術的内容には立ち入らないことにします）。

逆拡散過程（Denoising U-Net）に、注意機構（Q、K、Vとある）があり、
そこに右側から条件づけの情報が導入されている[021]より

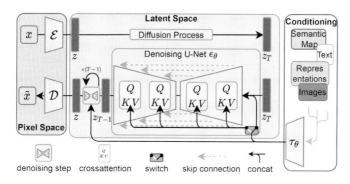

Figure 3. We condition LDMs either via concatenation or by a more general cross-attention mechanism. See Sec. 3.3

　このようにテキストでの「条件づけ」を逆拡散過程に取り込ませながら学習対象の画像データを再現させます。こういったことを様々な画像データで繰り返し行い、「犬の画像」といったテキストを指定して、そのテキストに沿った「犬の画像」を生成させることができるようにしています。

　実際には、このStable Diffusionはもっとずっと複雑な動きをしていますが、ここではおおまかな動作だけを抜き出して書きました。

　学習が終わったあと、この生成AIを使うときには、最初にノイズの画像を与えて、欲しい画像を表現したテキストを指定して、逆拡散過程だけを実行するようにすればよいわけです。

　このような動きをしていますから、拡散モデルを使った画像の生成AIでは、「山を背景に人物が立っている」絵を描くよう指示をしても、まず山を描き、次にその前景として人物を描画する、というようには動作しません。こうした事情から、人物の左右で背景が連続しにくかったり、指の数が意図した数と違うといったことが起ったりします。拡散モデルは、人間が絵の描き方を学ぶのとはまっ

たく違う原理で、絵を機械学習していることになります。生成AIの出力するイラストで、デッサンが正しくなっているように見えても、それは正しくデッサンされた画像を数多く機械学習したからに過ぎません。

　さて、上の例では「条件づけ」として「犬の画像」などといった、被写体や描かれているものを直接表現したものとしていました。しかし「条件づけ」で入力するテキストは、画像データを説明するものであればどういうものでも構わないわけです。例えば、ゴッホのひまわりの絵を学習データとして、「ひまわりの絵」とするだけでなく、「ひまわりの油絵、ゴッホの作品」というように、画像の種類（油絵、とか）や、画像を作成したひと（ゴッホなど）を「条件づけ」のテキストに含めたって構いません。AIは、油絵の特徴やゴッホの絵のもつ特徴を、逆拡散過程に取り込んでいくことでしょう。

　その結果、Stable Diffusionは、「ゴッホっぽい犬の絵」と指定されると、ノイズの画像からゴッホの絵の特徴を備えた犬の絵を再生するように、ノイズを除去していくようになるでしょう。

■ 敵対的学習、その他

　AIには、これらのほかにも、変分オートエンコーダ[022]や、GAN[023]など、たくさんの種類があります。

　このうち例えばGAN（Generative Adversarial Network）は、敵対的生成ネットワークと訳されており、データを生成するAI（ジェネレータ：Generator）と、生成されたデータがAI製か人間が生成したものかを見破ろうとする識別AI（ディスクリミネータ：Discriminator）とを用いるAIです。このGANでは、ジェネレータAIは、ディスクリミネータAIに見破られないよう、機械学習を行いつつ画像データを生成します。一方、ディスクリミネータAIは、ジェネレータAIが生成したものを正しく識別するよう、機械学習を行いつつ識別を行っていきます。生成側であるジェネレータが成長するとともに、識別側であるディスクリミネータも成長するという、相互に成長させあうように機械学習をさせることで、ジェネレータAIが、より高精細な画像を生成できるようにすることが目標です。

　このGANでも、文章から画像を生成できるようにした例があります[024]が、

GANにおいて注目されたのは、画像から画像を生成するImage-to-Image（I2I）ではないでしょうか [025]。画像から画像を得て何がよいのかと思われるかもしれません。しかしこのI2Iは、白黒写真をカラー化したり、昼の画像を夜の画像へ変換したり、航空写真を地図へ変換したりといった画像変換を可能にするのです。

またI2Iは、さらに発展して、入力データに対応する正解データがなくても機械学習を行うことができるようになっています。Cycle-GAN [026] がそれです。対応する結果物がなくても学習ができるのですから、モネの絵やゴッホの絵をジェネレータAIやディスクリミネータAIに入力して、これは「モネの絵」だ、「ゴッホの絵だ」……と機械学習させておけば、ジェネレータAIは、やがてそれぞれの絵の特徴を模倣できるようになるでしょう。そうなれば、適当に撮影した写真の画像を、「モネ風に」、「ゴッホ風に」……といったように変換することもできるようになります。

Cycle-GANでの画像変換例[026]より

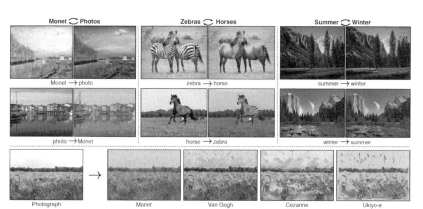

Figure 1: Given any two unordered image collections X and Y, our algorithm learns to automatically "translate" an image from one into the other and vice versa: *(left)* Monet paintings and landscape photos from Flickr; *(center)* zebras and horses from ImageNet; *(right)* summer and winter Yosemite photos from Flickr. Example application *(bottom)*: using a collection of paintings of famous artists, our method learns to render natural photographs into the respective styles.

さらに、GANの利用は画像データにとどまりません。GPUメーカのNVIDIAは、GANを使い、往年のゲーム「パックマン」のゲームエンジンを生成することに成功しました[6]。

なお、I2Iは、Diffusion Modelでも実行可能です。入力画像にノイズを乗せたあと、デノイズすればよいのです。

■ 学習データのありか

ここまでに見ていただきましたように、文章を生成するAIは、機械学習に使った文章から単語の並び方を学習しており、画像を生成するAIのひとつは、機械学習に使った画像を、一旦ノイズで汚し、そこから戻す方法を学習していました。学習が終わったあとのAIのモデルのなかには、機械学習に使った文章や画像はどこにも残っていません。そこにあるのは、単語の配列に関する情報であったり、ある絵を描くときに、砂嵐のようなノイズからどのようにノイズを取ればいいのかという知識であったりしていました。

この意味で、AIは、機械学習に使った文章や画像を複写して保持してはいません。AI内部にあるデータのどこを見ても、機械学習に使った文章がそのまま保存されてはおらず、機械学習に使ったデータは、その特徴だけが抽出されてAIのなかに重み情報として取り込まれているわけです。しかし、AIを、文書や画像を創作した人物の名前を符号化したデータを入力したときに、その創作の特徴を再現した出力を生成するよう機械学習させることは可能なのでした。

著作権などの知的財産権の観点からは、このように、

・機械学習の対象にしたデータそのものは記録されていない
・機械学習の対象にしたデータの創作者の創作の特徴は記録されている

という事情が、AIに関わる特殊な事情を生み出しているといえそうです。

---

[6] https://blogs.nvidia.co.jp/2020/05/22/gamegan-research-pacman-anniversary/

> **Point**
> - AIの内部では、情報がベクトルのかたちで表現されており、生成の対象となる情報に復号されて出力される。
> - 文章を生成するAIは、「次の単語を予測する」課題を次々解いて文章を生成している。
> - 画像を生成するAIのひとつは、ノイズだらけの画像から、どのようなノイズを除けばユーザの求める画像が現れるかを学習している。
> - 学習データそのものは、AI内部に保持されていない。
> - ただし学習データの創作者の特徴を機械学習することはできる。

AIはどう利用されているのか

さて、ここまででAIがどのようにできているかを見てきましたが、次にAIはどのように利用されているのかを見てみましょう。

なお、どんなAIも、機械学習を行う段階と、機械学習の結果を使う段階とがあります。機械学習を行う段階では、サンプル（学習用データ）を多数入力して、AIが目的の性能を達成するように、AIのモデルを調整していきます。

AIのモデルの調整が完了したら、機械学習をやめ、モデルを使う段階に入ります。AIを利用する場面というのはこのモデルを使う段階のことです。この段階では機械学習は完了しています。

■ できること・できないこと

AIは、モデルごとにできることとできないこととがだいたい決まっています（SF作品に現れる人工知能とはこの点が大きく異なります）。だいたい、というのは、あとで書くように出力の要求のしかた（プロンプトの指定のしかた）によって、できないと思われたものができるようになったり、追加学習によってできることの範囲が広がったりするからです。

AIのうち、大規模言語モデル（LLM）を利用するもの、例えばGPTをベースとするChatGPTや、meta社のLlamaなどでは、会話文や通信文の生成、文章の要約、プログラムコードの生成や修正、翻訳などができることになっています。またGPT4以降では、画像データとの関係も学習の対象となるので、画像をプロンプトとして入力可能となり、画像の説明を求める、などといった利用が考えられています。

　一方、このGPTは、先ほど説明したように、もともと機械学習した文書に倣って「次の単語は何か」という問題を次々解いているだけのものですから、どうしても真実ではない回答が混じりますし、何らかの偏った意見を「表明」する場合があります。

　2021年に英国で起きた大学進学に関わる成績評価の事件に関連して、「西洋社会がもともと持っている多民族性等に関わる偏見や不平等が訓練データに不可避的に混入する」[027]などといった指摘があるように、学習用データ自体に偏りがあれば、AIは、悪意なくそのまま学習してしまい、同じように偏った意見を「表明」するようになってしまいます。まあGPTに実際に意識があるわけではないので「表明」は形式的なものですが、それでも学習用データによって偏った情報を出力するようになってしまうというのはAIの致命的な弱点です。

> ▶ 2021年の英国でおきた成績評価の事件
> COVID-19への対策で行われたロックダウンのため、大学受験のための試験が受験できなかった生徒のために、英国の資格試験監査機関（Ofqual）は、学生の成績を機械的に予測する方法を採りました。しかし、学習したデータにおいて、人種間での成績評価の偏りがそもそもあったため、機械予測でも同様の偏りが出てしまったと言われています。上の論文に詳しい分析がありますが、この分析の内容については、後にすこし触れることにします。

　画像を生成するAIはどうでしょうか。画像生成AIのStable Diffusion等では、描きたい画像の説明をプロンプトとして入力すると、そのプロンプトに沿った画像を生成して出力します。Stable Diffusionのような画像生成AIでは、写実的な画像も、イラスト・漫画的な画像も描き出せますし、「ゴッホ」などの単語

（実際には英語で指定）をプロンプトに含めると、ゴッホ風の絵柄を描き出します。

一方で、Stable Diffusionは場面を理解して描いているわけではないので、人物を前景に置くと、背景が人物の左右で変化してしまったり、解剖学的におかしい人物や動物を描いてしまったりといった不都合があります。また同じ顔の人物を次々描くことはあまり得意ではありません。ただしこうした欠点をある程度補う追加学習の方法も考えられてはいます。

■ プロンプト

文章や画像を生成する生成AIを使うには、生成AIに対してどのようなデータがほしいのかを指示する、「プロンプト」と呼ばれるデータを入力します。

例えば文章を生成する生成AIであるChatGPTを使う場合、ユーザは誰かに話しかけるように、プロンプトとして文章を入力すればよいわけです。例えば、「現代社会における問題について」というレポートを書きたい（書きたくない）大学生は、こんなプロンプトを入力するかもしれません。

「現代社会で起きている問題を一つ挙げ、解決策と理由を書いてください。」

すると、ChatGPTは次のような回答を返します。次の回答は実際にChatGPTが出力したものです。

現代社会で起きている問題の一つとして、「格差社会」があります。
問題:格差社会
　近年、世界中で経済格差が拡大しており、富裕層と貧困層の間での所得や資産の差が広がっています。この格差は教育、健康、住居、雇用などの様々な面で社会的不平等を引き起こし、社会の安定や公平性に対する懸念を引き起こしています。貧困層の人々は社会的な機会に制約を受けやすく、その結果、経済的な成長や発展の恩恵を享受することが難しくなっています。
解決策:社会的・経済的包摂政策の推進
　……（以下略）

一見すると、かなり適切に見える回答が返ってきました。こんなふうに、文章を生成する生成AIは、ほしい文章をプロンプトで指定するだけで、とても簡単に使うことができます。

　また、Stable DiffusionやMidjourneyといった画像生成AIでは、ほしい画像を、単語を列挙して説明します。一時期話題になった、ウマに乗った宇宙服のひとの絵を描きたければ、

a person in space suits, the person riding on a horse, in the deep forest, ...

といったようにプロンプトを簡単な英文か英単語で指示すればよいだけです。

　また、欲しくない画像については、ネガティブプロンプトとして指示します。例えば画像生成AIでよくあるような、奇妙な文字のような画像が現れてしまうことを防止したいならば、ネガティブプロンプトに、

text

というように入力して、絵のなかに文字が入らないように指示できます。

　このように、欲しいものを記述したプロンプトを作成して入力する（また欲しくないものを記述したネガティブプロンプトを生成して、これも入力する）、というのが生成AIの基本的な使い方になります。

　プロンプトは文字列で与えるだけとは限りません。画像データをプロンプトとして与えて画像データを作成させることも可能です。プロンプトとしては、例えばラフなスケッチなど、基になる画像を与えます。画像とテキストのプロンプトを同時に指定することも可能です。生成AIは、プロンプトとして与えられた画像データやテキストをベースに、新たな画像データを生成します。

　参考までに、いいかげんに描かれたネコ（？）の絵を入力して、「a cat on tatami」というテキストのプロンプトとともに画像を生成させた例を挙げます。出力結果も入力とポーズが同じようになりました（ただししっぽの数がちょっと

多いようです)。

入力画像　　　　　　出力画像

　このように生成AIを利用すると、絵心がなくても、なんとなくそれっぽい画像が作れたりします。画像データ（Image）から画像データを生成するので、I2I（Image-to-Image）と呼ばれています。

■ 出力を改善する

　欲しいものを指示すればよい、とはいえ、その伝え方により、生成AIの回答はまったく異なったものになることが知られています。場合によってはプロンプト（またはネガティブプロンプト）が無視されてしまうこともあります。

　GPTに簡単な算数の問題を提示してその解法を示させようとするとき、単に問題を示して「解答を提示せよ」では、異常な解答になる場合があります。しかし「順番に考えてみよう（Let's think step by step）」のようなプロンプトを入力すると、期待した回答になることもあります。このようなものは、「Zero-shot-CoT（Chain of Thought）」と呼ばれています [028]。つまり、「プロンプトの与え方にもテクニックがある」のです。

　さらにChatGPTのようなGPTモデルを使った生成AIでは、機械学習の段階で、欲しい文章に相当するものが入力されていなくても、プロンプトでいくつかの実例を挙げて説明してあげると、回答ができるようになることがあります。

　たとえば、ちょっとしたプロンプトを使ってまったく新しい単語を教えることができます。このような方法は「Few-Shot Prompting」と呼ばれています [029]。

こうしたプロンプトの与え方のテクニックも、プロンプト・エンジニアリングなどと呼ばれます。興味があれば、上に書いたような例を含め、いくつかの方法をまとめたサイトがあります[7]ので、参照してみてください（英語です）。

■ 何度も生成させる

すこし前に、「現代社会で起きている問題」についてChatGPTに出力させた例を書きました。

強化学習で鍛えたとはいえ、単語の順序を機械学習したAIの出力とは思えない文章力です。しかもこの回答を生成するのにChatGPTが要した時間はわずか数秒です。ですから、この回答が気に入らなければ、そこを指摘するプロンプトを入力したり、「別の問題はないですか」などと入力したりして回答を修正させてもさほど手間ではありません。ChatGPTは文句を言わず何度でも回答を書き直してくれるでしょう。そうして得られたいくつもの回答のなかから、欲しい回答を選択することももちろんできます。

画像生成AIであるStable Diffusionでも、当初与える乱数シードが違えば、プロンプトが同じでも得られる画像が違うものになります。よって、Stable Diffusionでは、プロンプトは変えなくても、この乱数シードを変更しながら画像をいくつも作らせれば、似たようなコンセプトの画像をいくつも生成できることになります。

このようなやり方は、まるでゲームセンターやソシャゲのガチャのように、「何が出るかはわからないが欲しいものが出るまで回す」ことを連想させるのか、そのまま「ガチャ」などとも呼ばれています。

■ パラメータを調整する

さらにStable Diffusionには、逆拡散の方法やステップ数、生成する画像のサイズ、プロンプトにどれだけ忠実に従うか（CFGスケール）などといった、さらに多数のパラメータを調整できます。　現実的に、思いどおりの画像を描かせるには、プロンプトにどのような単語を入力するかだけでなく、これらのパラメータ調整も必要になってくるでしょう。

[7] https://www.promptingguide.AI/

実際に、逆拡散のステップ数を変えるとどのように画像が変わるか試してみましょう。次に示す絵のうち左のものは、「宇宙服を着て水浴びする犬」といった文をプロンプトとして画像を生成させた例になります。もちろん、プロンプトは日本語ではなく、英語で

A dog waring spacesuit swims in a water pool

と入力しました。

次に、プロンプトの与え方を変え、逆拡散過程ですこしずつノイズを除去していく際、そのノイズ除去の全ステップではなく、全体の80%のステップで「宇宙服」という情報を与えさせるようにしてみます。
具体的には

A dog swims in a water pool, [the dog waring spacesuit:0.8]

と指定してみました。この結果、完全な宇宙服ではなく、宇宙服っぽい何かを着た犬が水浴びしている画像が得られると期待しますが、どうやらそうはならず、宇宙服は消えてしまいました（右の絵）。構図は似ているのですが、犬種は変わってしまったようです。どちらの犬が好みかは人によるでしょうけれども。

A dog waring spacesuit swims in a water pool

A dog swims in a water pool, [the dog waring spacesuit:0.8]

■ 修正に使用する

文書の生成AIでは、もとになる文書を修正させることができます。一例として、文書をフォーマルなものに変換させるものがあります（トーンの変更）。具体例として、

「お送りした資料に間違いがあったみたいなので、もう一度送ります。」

といったラフな文に対して、「フォーマルなトーンに変換してください」とプロンプトを与えると、

「誠に勝手ながら、先日送付させていただきました資料に誤りがあったようでございました。改めて再送させていただきます。」

といったように変換されるという感じです。誤字脱字の訂正や、文法訂正などといった処理にも適用でき、業務用のシーンでは重宝されることでしょう。

また画像の生成AIでは、基となる画像のうち、気になる部分を修正したり、不要な被写体を削除したり、または別ものに置き換えたり、といったさまざまな処理が実現されています。特に、In-Paintと呼ばれる手法を使うと、画像の一部分を変更できるようになります。具体的にいえば、人物の表情を変更したり、画像の一部にある余計なものを除去したりといった処理が行われるわけです。

さらに画像に関してもスタイル変更が考えられます。基の写真や絵に対して、スタイルとして与えられた情報に従って修正を加えます。

修正が加えられた画像[030]より

Figure 7. Content-style trade-off. At runtime, we can control the balance between content and style by changing the weight α in Equ. 14.

スタイルは画像として与えればよく、スタイルの適用の度合いも調整できてしまいます。

■ カスタマイズする

　ChatGPTはかなり広範囲の文書を機械学習しているため、さまざまな場面の文書を生成できます。しかしながら、例えば特定の企業内で使われている知識を取り込んだりはしていないため、その企業に特有な文書を適切に処理したりできない場合も当然あります。

　このような場合、プロンプトをうまく指定して回答を誘導する方法もありますが、このようなfew-shot（少数の学習データを追加する）な学習では十分な回答を得ることが難しい場面もありますし、そもそも内部情報を出してしまうセキュリティリスクもありえます。

　そこで、教師データを自前で用意して生成AIのモデルの機械学習をさらに進め、モデルに含まれるベクトルの変換内容を部分的に更新する、「ファインチューニング」という方法があります。この方法によれば、必要な文書を機械学習させることができるので、回答の精度を改善できるでしょう。もっとも、訓練データの準備や、実際のファインチューニングには、それなりのコストがかかることでしょう。

　さらに小型モデルをもともとの生成AIのモデル（区別のためベースモデルと呼びましょう）に足して、追加する教師データで、この小型の追加モデルの内容を機械学習させる方法があります。

　このような方法のひとつに、LoRA（Low-Rank Adaptation）と呼ばれるものがあります。LoRAは、もともとはGPTなどの大規模言語モデルのカスタマイズ用に研究されていましたが[031]、いまでは画像の生成AIである拡散モデルでも利用されています。このLoRAを使うと何ができるのでしょう。

　例えば、LoRAのないStable Diffusion（ベースモデルのみ）で、「the dog（犬）」というプロンプトを指定した場合、前に説明しましたとおり、特に何もしなければ、生成ごとにプロンプト以外の条件が変化するので、毎回同じ犬の画像が描かれるとは限りません。毎回犬種から変わってしまうかもしれません。

しかし、特定の犬の画像をいくつか集め、それを「Columbo's_dog（刑事コロンボの犬）」という文字列に関連付けてLoRAの小型モデルを機械学習させ、これをベースモデルに追加して利用すると、「Columbo's_dog」のプロンプトで、その特定の犬が毎回描かれるようになります。

つまり、LoRAを使うと、「特別なラベル」に対応させて、「特定の被写体」を描くよう、生成AIを追加的に機械学習させることが可能になります。

また、基となる画像等があって、その特徴を維持した画像をつくりたい、というときには、ControlNet（CN）と呼ばれる追加的ネットワークが使えます。

ControlNet[032]は、基となる画像そのものや、基となる画像から抽出した線画、どこに何が映っているのかを表現したセグメンテーション画像、人物や動物の姿勢などを表すボーンモデルなどを使って、出力画像に対して強力な制御をかける技術です。

ControlNetによる制御[032]より

論文の画像の例に表されているとおり、簡単なスケッチや線画などから、それを模倣したような画像が生成されていることがわかります。これを使用すると、既存の写真に写っている人物と（だいたい）同じポーズの人物の画像を生成できるというわけです。また、ControlNetでは、inpaint（部分的な修正）もでき、

この場合は人物の顔を置き換える（他人の顔を合成する）といったことも可能になります。

これらLoRAやControlNetの利用は、例えば画像を生成する生成AIを、画像処理ツールとして強力なものにする一方で、その使い方によっては精細なフェイク画像を作り出したり、構図をそのまま真似た画像を作り出すなど、問題を引き起こす可能性も持っています。

> **Point**
> - 生成AIは、ユーザが入力するプロンプト（指示）に従って文章や画像を生成する。
> - ほしい出力を得るためのプロンプトの指定にはテクニックがある。
> - 何度も生成させ、希望のものを得る、という方法もある。
> - ほしい出力を得るために、モデルのカスタマイズや、追加学習をする場合がある。

■ この本の主題

以下、この本では、ここまでの説明したディープラーニングモデルのAIを対象として、AIの利用者やAIの作成者など、AI関係者が知っておくべきと思われる、ディープラーニングモデルと知財（著作権や特許権などの知的財産）との関係をお話ししたいと思います。より特定的には以下のような内容です。

- 第一に、ディープラーニングモデルを応用して作られる、いわゆる生成AIの出力が著作権侵害となる可能性を問題にします。
- 第二に、ディープラーニングモデルには多数の教師データが必要、という観点から教師データの著作権を問題にします。

また補足的に、ディープラーニングモデルと特許などの産業財産権との関係をご説明します。

3章 AI関係者が知るべきこと

ここではAIの関係者が知っておくべきことをまとめます。

まずAIの利用者が知るべきことをまとめ、次に、AIの製作者や提供者が知っておくべきことを考えてみたいと思います。

AI利用者が知っておくべきこと

まず、生成AIの出力が著作権侵害となる可能性に関連して、主に生成AIについて考えます。ChatGPT等の生成AIを使って得られたAI生成物は、誰の著作物となるのでしょうか。

■ AI生成物の権利は誰のものか

AI生成物についての著作物性については文化庁が一定の見解を示しています。

文化庁の『著作権審議会第9小委員会（コンピュータ創作物関係）報告書』（平成5年）（以下、「平成5年報告書」として引用します）では、AI生成物を、

(1) AIが自律的に生成した場合
(2) 人が思想感情を創作的に表現するための「道具」としてAIを使用して得た場合

とに分けて考えています。

そして (1) は著作物性がないとしており、(2) について著作物性があるとしています（平成5年報告書第3章 I.1）。

この平成5年の時点では、「コンピュータ創作物」（このことばが現在の生成AIによる創作物を含むことには異論はないでしょう）を得るには、人が道具として使うことが多いとの認識がありました。しかしながら将来の展望として、人為的

な調整もないのに、外見上著作物になり得るものが生み出されないとも限らない、として「AIが自律的に生成した場合」も想定されています。

この報告書は多少古いものではありますが、基本的な考え方は令和5年の文化庁による生成AIに関する著作物性の考え方に踏襲されています（令和5年度著作権セミナー「AIと著作権」の公演資料[1]）。

なお、このようにAI生成物を分類して、(1)は著作物性がなく (2)はある、とする認定は、国際的にも同様で、EUの報告書[033]（以下、EU2022[2]として引用します）にほぼ同様の記述があります。

報告書では、(2)「道具として」AIを使用したといえるためには、

(a) 創作意図
(b) 創作的寄与

があったと言えればよい、としています（P.155-）。このうち (a) 創作意図の要件は、「こういうものを創作しよう」と観念すればよいので、自ら創作の意図を持ってプロンプトを入力している以上、満足しているのではないかと思われます。

一方、(b) 創作的寄与の要件はどうでしょう。

これまでご紹介しましたように、生成AIを利用する場合、例えばChatGPTで欲しい文章を手に入れるには、ただ漫然と欲しいものを伝えるプロンプトを入力するだけでなく、対話的に修正をさせながら最終結果を得ることになっていました。画像の生成の場合はさらに、いくつかのプロンプトやパラメータの調整を経て、ようやく欲しい画像データを得る、というものでした。さらにどんなにAI生成物がそのままでよさそうに見えても、文章についてはある程度推敲し、画像ならば何らかの後加工をするのが普通ではないでしょうか。

創作的寄与があるかどうかを検討する場合、こうしたプロンプトやパラメータ調整の過程、加工の程度といった行動全体を判断する必要があると考えられます。例えば画像データを生成させる際には、どのようなものが、どのように配置されているかをプロンプトにして入力する必要がありました。例えば「プールの中で」「宇宙服を着た犬が」「泳いでいる」というように、背景や、そこに配置される対

[1] https://www.bunka.go.jp/seisaku/chosakuken/93903601.html
[2] https://data.europa.eu/doi/10.2759/570559

象を指定していく必要がありました。また、場合によっては「夕方」であるとか「スポットライト」であるとかライティングの条件等も指定することになるでしょう。

このような被写体の決定、配置については創作的な表現があると考えられています。実際にこれを争点に争われた裁判があり、「スイカ事件（みずみずしいスイカ事件などとも）」と呼ばれています（東京高判H13.6.21：平成12（ネ）750）。

> ▶ スイカ事件
> 青空を思わせる背景に、画面全体をカバーするほど大写しされた大玉のスイカが2個置かれ、その手前側には扇型に切りそろえられたみずみずしいスイカが並べられている……1986年の夏に発行された「きょうの料理」誌に、原告X氏によるそんな写真が載りました。この写真はさらに、その6年後の1992年にも別の書籍に掲載されました。
> 一方、青空を思わせる背景と、緑の山を思わせるように横一列に並べられた丸のままのスイカ。その手前に扇型に切りそろえられたみずみずしいスイカ……という構図の写真が、1993年、とあるカタログに掲載されます。スイカ事件は、このカタログを知った原告X氏が、翻案権と同一性保持権との侵害を主張してカタログの発行差し止めなどを求めた事件です。

当時の判決は以下のようになりました。

「スイカ事件（東京高判H13.6.21：平成12（ネ）750）」
「被写体の決定自体について，すなわち，撮影の対象物の選択，組合せ，配置等において創作的な表現がなされ，それに著作権法上の保護に値する独自性が与えられることは，十分あり得ることであり，その場合には，被写体の決定自体における，創作的な表現部分に共通するところがあるか否かをも考慮しなければならない。」
「写真著作物における創作性は，最終的に当該写真として示されているものが何を有するかによって判断されるべきものであり，これを決めるのは，被写体とこれを撮影するに当たっての撮影時刻，露光，陰影の付け方，レンズの選択，シャッター速度の設定，現像の手法等における工夫の双方であり，その一方ではないことは，論ずるまでもないことだからである。」

「本件写真は、そこに表現されたものから明らかなとおり、屋内に撮影場所を選び、西瓜、筐、氷、青いグラデーション用紙等を組み合わせることにより、人為的に作り出された被写体であるから、被写体の決定自体に独自性を認める余地が十分認められるものである。したがって、撮影時刻、露光、陰影の付け方、レンズの選択、シャッター速度の設定、現像の手法等において工夫を凝らしたことによる創造的な表現部分についてのみならず、被写体の決定における創造的な表現部分についても、本件写真にそのような部分が存在するか、存在するとして、そのような部分において本件写真と被控訴人写真が共通しているか否かをも検討しなければならないことになるものというべきである。」

これを踏まえ、ある人（Pさんとします）が生成AIを利用して得た画像データ（画像データXと呼びます）を見て、Pさんとは別の人（Qさんとします）がそれを模倣しようとする場合はどうでしょう。生成AIが生成した画像データには、生成に使われたプロンプトやパラメータが記録されていることがあります。Qさんが、画像データXのその記録を見て、そのまま生成AIに入力した場合はどうか。

この場合は、Pさんによる創作的寄与がありますから、Pさんが得た画像データXの著作物性は否定されないでしょうが、Qさんが得た画像データについて、Qさんの創作的寄与は認められない場合があるでしょう。

ただし仮にQさんがPさんのプロンプトを参照しつつ（そのプロンプトに依拠しつつ）、そのプロンプトを調整するなどした場合、Qさんの行為が「翻案」などとして評価され、Qさんが生成した画像データ（画像データXとは異なった画像データ）のうち、そのQさんの創作的寄与があった部分について、Qさんに対し、著作権による保護が認められる（例えば二次的著作物となる）可能性はあると考えます。

では次に、いわゆる「ガチャ」のようにランダムに発生された出力を得て、そのうちよいと考えるものを選抜する行為はどうでしょう。これは創作的寄与といえるでしょうか。ヨーロッパの報告書によると、このような行為は、「キュレーション的寄与（Curatorial Effort）」と呼ばれ、

「*伝統的には創作として保護されてこなかった*」

と述べられています。そして、そのような行為で得られた創作物が、保護価値のあるもの（原文ではオリジナリティのあるもの）と認められるかは不明確だとします。

　以下は私見になってしまいますが、例えば陶芸家は、窯の中の状態などによって変化する、いくつもの生成物のうちから自らの審美眼に適うものを選択していますよね。キャンパスの前でランダムに絵筆を振って絵を描く芸術家もいます。いままで多くのひとがこういった偶然性の芸術について「創作性」を認めてきた経緯があるわけです。そうとすれば、生成AIを使った「ガチャ」回し＋取捨選択も「創作的寄与」として評価しなければ、バランスがとれないのではないでしょうか。

　なお、AI利用者は「額に汗」して創作していないじゃないか、という論難に対しては、著作権法がそれを保護の要件としていない以上、的外れです（この「的外れ」はあくまで著作権法を根拠として争うことに対するものです）。「額に汗」してもそれだけでは著作物性がないこともありますし、逆に、他人から見て「額に汗」していないように見えても結果物からみて著作物性が認められることもあるでしょう。米国の例ですが、過去に、製作者が投資し、労力をかけるなど「額に汗」したことを要求するseat of the brow法理を否定したFeist判決[034]があります。この判決では、著作物であるためには「額に汗」したかは関係なく「結果物にオリジナリティがあることが必要」としています。もっとも細かくいえば、この法理は編集著作物に対する法理なので、編集著作物ではないAI生成物についてまで敷衍できないのでは、という反論はありえるでしょうけれども。

　ただ、AIプログラムの実行命令は入力したけれども、プロンプトのような具体的内容の指示はしていない、というときには、創作的寄与があったと主張するのは困難といえるでしょう[035]。

　なお、小説の投稿サイト運営者が、加筆修正等をしていないことを理由に投稿を拒否することは契約（ソフトロー）の問題であって、著作権法の問題とは別となりますから、著作権法上の「創作的寄与」があったと主張しても投稿が拒否さ

れることはあるでしょう。例えば『「小説家になろう」がAI小説に対する規制を発表。排除されたAI小説家が嘆きを吐露する』[3]（2022年10月）では、加筆修正をしていなかった作家の方によるツイートがまとめられています。しかしこの嘆きは著作権法でどうこうできるものではありません。

> **Point**
> ・創作意図を持った利用者によって操作され、その利用者の創作的寄与があったなら、道具としてAIを使ったと考えられて、そのAI生成物について、AIの利用者に著作権が認められる場合がある。
> ・いわゆるガチャ行為であってもAIの利用者に著作権が認められる場合があると考える。

■ AI提供者との権利関係

　AI生成物について生成AIの提供者は何らの権利を持たないのでしょうか。

　この疑問に答えるために参考になりそうなものとして、米国の議会調査局（CRS）のレポート[036][4]があります。このレポートでは、生成AIの出力が誰のものとなるかについて、「現在のところ裁判例や著作権局での判断例が不足しており、誰が著作者となるべきかについて明確な基準がない」と、しつつ、次のように書いています（以下は抄訳）。

「（写真の例で考えると）AIの製造者は、カメラメーカに相当し、プロンプトを入力して作品を生成したAI利用者はいわばカメラを利用して写真を撮ったカメラマンに相当する」

「そうであれば、AI利用者が創作者であり、従って原始的な著作権者となるだろう」

「ただし、プログラムの作成やAIの訓練において創造的な選択があれば、AI製造者は、カメラメーカよりは、ある種の創作者としての権利を強く主張できる可能性がある」

---

[3] https://togetter.com/li/1960841　[4] https://crsreports.congress.gov/product/pdf/LSB/LSB10922

結局のところこのレポートでは、各社のソフトウェアの利用規定に依存して判断するのが現実的と考えられているようです。

　通常、ソフトウェアのメーカから提供されるソフトウェアのライセンスは、ソフトウェア自体の複製や使用について制限を設けるものです。これは、ソフトウェア開発者がそのソフトウェアに関する著作権を保持していることに基づくものでしょう。そうとすると、AI生成物に関する著作権が生成AI利用者の著作権となる場合、生成AIの提供者には、AI生成物、つまり「出力（Output）」に関しては何らの権利主張を行う根拠がありません。

　ただし、主な生成AIのソフトウェア利用のライセンスにおいて、出力についてメーカ、開発者側は権利主張しないという条項が設けられている現状では、この議論に実益はそれほどないかもしれません。例えばChatGPTの使用ライセンス条項では、コンテンツに関して次のように述べていました（2024年10月1日時点。10月23日に更新されてnon-APIの記述はなくなっています）。

Your Content. You may provide input to the Services ("Input"), and receive output generated and returned by the Services based on the Input ("Output"). Input and Output are collectively "Content." As between the parties and to the extent permitted by applicable law, you own all Input. Subject to your compliance with these Terms, OpenAI hereby assign to you all its right, title and interest in and to Output. This means you can use Content for any purpose, including commercial purposes such as sale or publication, if you comply with these Terms. OpenAI may use Content to provide and maintain the Services, comply with applicable law, and enforce our policies. You are responsible for Content, including for ensuring that it does not violate any applicable law or these Terms．

　抄訳すると次のようになります。

・ChatGPTへの入力(Input)と、それに応答したChatGPTからの出力(Output)をコンテンツと呼ぶこととする
・当事者間で適用される法の下で、利用者は入力に関するすべての権利を有する
・またOpenAIは、出力に関するすべての権利を利用者に譲渡する
・このことは、利用者が商用利用を含めコンテンツをあらゆる目的に利用できることを意味する……

　つまり、プロンプトについても、プロンプトの入力により得られるAI生成物についても、利用者がその権利を持つことを認めているわけで、こうしたライセンス条項に基づく利用であれば、AI提供者との関係を心配する必要はないと言えるでしょう。
　なお、この条項では、続いて「機械学習の特性上、他者が利用者のものと類似した回答を得ることがある」として、そういったように「他者が利用者と類似した出力を得た場合、その他者の出力までは利用者の権利が及ぶものではない」とします。これは生成AIを道具と見るならば当然のことと考えます。同じ道具を使って他人が自分と似たような絵を描いた場合でも、その他人の絵に自分の著作権が発生しないのと同じことです。
　もっともChatGPTの場合、さらに続いて、「コンテンツをサービスの品質向上に使用する」とあり、

We may use Content from Services other than our API ("Non-API Content") to help develop and improve our Services.

としています。「APIを介した利用でない場合、利用者の入力・出力は、生成AIの機械学習に利用される可能性がある」というわけです。
　要するに、この使用ライセンス条項に合意して使用する限り、利用者の入力・出力に関する権利は利用者のものになりますが、同時に、OpenAI社の機械学習のために利用してよいと合意していることになります。ChatGPTの場合、この合意はオプトアウト（拒否）することができ、その場合は一定のフォームを提出

するよう求めています。Notion AI[5]でも概ね同じで、Notion AI Supplementary Termsでは、出力は顧客データだとしており（「顧客データ」についてNotionが権利を持たないことはMaster Subscription Agreementの3節に記載）、AI生成物の適法性などは利用者が責任を持つものとしています。

　では次に、Stable Diffusionではどのような条項になっているかを見てみましょう。

　Stable Diffusionを提供している英国のStability AI社は、Stable Diffusionをオープンソース化しています。ご存知のとおり、オープンソースとは、ソフトウェア開発のための情報を一般に開示して、その改変などを可能とするソフトウェアの開発方法のひとつです。通常、オープンソースは、一定のライセンスをもとにソフトウェアの改変や、改変後のソフトウェアの配付を認めるもので、GPLや、Apache、MITライセンスなど種々のものがあります。

　Stable Diffusionのライセンスは、CreativeML Open RAIL-Mというライセンスです。ここで、RAILというのは、Responsible AI Licensesの略になっています。「責任つきAIライセンス」とでもいうところでしょうか。その趣旨は、AI技術を、人に危害を加えるために使わないよう制限することにあります。このライセンスでは、モデルの著作権や特許権について、非独占的な使用許諾（誰か一人に、ではなくてどの人にも与える可能性のある使用許諾）を与えるとしていますが、その条件のひとつとして、使用制限の項目（特に付則A；Attachment A）を規定しています。そこでは、違法なものや他人を害するものを生成しないよう求めることなどが条件となっています。

　モデルを使用して得られた生成物については、「6.出力 (6. The Output You Generate.)」の項目に記載があります。そこでは、

6. The Output You Generate. Except as set forth herein, Licensor claims no rights in the Output You generate using the Model. You are accountable for the Output you generate and its subsequent uses. No use of the output can contravene any provision as stated in the License.

---

[5] https://www.notion.so/

とあるとおり、ライセンサ（この場合はStability AI）は出力に対しては何らの権利を主張しないこと（留保はありますが、これは付則を指すものと考えます）、出力に関しての責任は利用者が持つべきこととなっています。

Anlatan社のNovelAIでも概ね同様で、その規約では1.3Ownershipの定義の条項において、「すべてのコンテンツの権利、所有権を有する」とされています。

一方でMidjourney（画像生成AI）では、生成物の公開等の権利をMidjourney側に認めることを求め（Terms of Service の Rights You give to Midjourney）、基本的にはこの条件のもとで自己の生成物を所有するとしています。ただし、法人メンバーの場合と、無償利用の場合について例外があり、特に無償利用の場合は、生成物に関して利用者にCreative Commons Noncommercial 4.0 Attribution International License（営利目的の利用を禁じるライセンス）が認められる、としています。ただし、この条項が日本の著作権法の解釈から見て妥当であるかどうかは明らかではありません。

興味深いのは、Adobe（アドビ）社の提供する生成AIであるAdobe Fireflyのエンタープライズ版です。Adobeによると、「Fireflyのワークフローで生成したコンテンツによってはアドビから知的財産（IP）の補償を受けることができる[6]」とされています。

この記載は、Fireflyの生成物が誰かの知的財産を侵害したと判断された場合、Adobeがその損害賠償などを補償するということかと思われます。販売戦略なのかもしれませんが、かなり攻めた条件だと思います（P.171も合わせて参照）。

> **Point**
> ・多くの生成AIの提供者は、その使用ライセンス条項において「生成物に関する権利は利用者のもの」としている。
> ・そして、生成物に対しては生成AIの利用者が責任を持つべきとする。

■ 情報漏洩に関する問題

また、生成AIの利用者は、利用者の入力したプロンプトと、それに対する出力とを生成AIのサービス提供者がどのように扱うと言っているかを確認してお

---

[6] https://www.adobe.com/jp/news-room/news/202306/20230608_firely-and-express-to-enterprises.html

く必要があります。

　さきほどChatGPTの例を見ましたが、ChatGPTのデフォルトでは、入力や出力（生成物）を、OpenAI社の機械学習のために利用してよいと合意しているのでした。このため入力の際に個人的な情報や企業内で秘密にされている情報、例えば営業秘密に相当する情報を入力してしまうと、それらの情報が機械学習のために利用されてしまう場合があります。仮に機械学習に利用された結果、営業秘密が漏洩すると、その営業秘密を不正競争防止法で保護するための要件である秘密管理性や非公知性が失われてしまう可能性があります。

　例えばChatGPTは、プログラムコードの修正が可能だと書きましたが、修正を要求するつもりで、秘密に管理していたコードをChatGPTに入力したならば、その入力されたコードは機械学習のためにOpenAI社に保存されてしまう可能性があるわけです。社内で限定的に管理されるはずの会議の議事録なども同様で、議事録を生成させるために会議内容を入力した場合、その内容が利用されてしまう可能性があります。

　特に問題になるのは、技術上の情報と個人情報で、技術上の情報を開示してしまった場合、外国為替及び外国貿易法（いわゆる外為法）の役務取引の問題が生じる可能性があります（外為法第25条）。また個人情報については、書き始めると一冊の本ができるほど多数の問題点があります。特に国際間の関係では日本国内の法律だけでなく、国際法の理解が必要になることも少なくなく、特定個人に関わる情報をプロンプトで入力するなどといったことは避けなければいけません。

　例えば日本国内の話だけでも、個人情報保護委員会が「生成AIサービスの利用に関する注意喚起等について」と題する資料[7]で、一般的な利用者に対しても、生成AIサービスに与えるプロンプトとして個人情報を安易に入力しないよう（「リスクを踏まえた上で適切に判断」するよう）求めています。また特に個人情報取扱事業者に対しては、利用目的の範囲内か、機械学習に利用されないか注意すべきとしています。

　したがって業務内容によってはChatGPTの業務上の利用を制限するか、あるいは少なくともオプトアウト（P.134参照）のフォームを提出することが必要でしょう。

---

[7] https://www.ppc.go.jp/files/pdf/230602_kouhou_houdou.pdf

> **Point**
> ・「技術情報」と「個人情報」を利用したり、生成したりする場合は、細心の注意が必要。

■ カスタマイズに関して知っておくべきこと

　AI利用の際、モデルをファインチューニングしたり、追加的なモデルを使ってカスタマイズしたりするケースがあることを説明しました。

　この場合、ファインチューニングや追加的なモデルの作成は、

・利用者側で独自に行う場合
・生成AIのサービス提供者側で行う場合

の2つが考えられます。

　このうち、生成AIのサービス提供者にファインチューニングなどを依頼するときには、利用者からファインチューニング用の教師データを提供することもあるでしょう。このとき教師データの扱いはどのようになるのでしょうか。また、ファインチューニングされたモデルは、依頼した利用者専用（独占的利用）になるのでしょうか。

　まず教師データの扱いについて見ていきます。

　教師データが単なるデータのセットの場合、教師データには著作権はないものとされます。思想や感情の表現ではなく、単なる事実であるためです。

　ただし「素材の選択または配列によって創作性を有する」場合は編集著作物として認められる場合があります（著作権法第12条第1項）。ここで素材の選択または配列というのがわかりにくいのですが、例えばNTTが提供しているタウンページについて編集著作物と認めた例があります（平成8年（ワ）9325号「NTTタウンページ事件」）。この事件ではタウンページで採用していた職業分類体系が、独自の工夫が施されたものであって、これに類するものが存在するとは認められないとして創作性があるとされました。

ちなみにですが、この事件ではデータベース作成の際に使用できる漢字に制限があり、原告側はその制限にかかった漢字を一定のルールで別の漢字に置き換えていたそうです。そしてそれがそのまま被告製品で使われていたため、被告製品が原告データベースに依拠していたと立証できたという逸話があります。独自の漢字の置き換えルールがトラップになったということです[037]。

　教師データにおいても、ラベル付けの工夫のしかたなどによっては編集著作物と認められる可能性がないとはいえないと考えます。

　さらに教師データが

(1) 専らその提供者が利用するファインチューニングモデル等の作成に使われる
(2) 提供者以外用のファインチューニングモデルの作成や、もともとのモデル（ベースモデル）のさらなる機械学習のためにも使われる

のどちらになるのか。これは生成AIのサービス提供者との契約の問題（使用ライセンス等の問題）になるでしょう。

　このような契約についての検討事項や契約書のひな形を紹介したものが特許庁のオープンイノベーションポータルサイト[8]に掲載されていますのでご紹介しておきます（OIモデル契約書（AI編））。

　なお(2)のように非独占的に利用される場合、もちろん提供した教師データが、提供者以外利用するモデルに取り込まれることになります。教師データによりカスタマイズされたモデルでは、その教師データを提供した個人や企業に特化した出力になることもあるでしょうから、これによって秘密にするべき情報が漏れる懸念は生じます。

　次に、ベースモデルに対してLoRAのような追加的なモデルを作成した場合、その追加的モデルの権利は誰にあるのでしょう。

　一般的に考えて、追加モデルの作成者にあると考えられます。ウエイト自体はデータに過ぎず、著作権の対象にはならないと考えられますが、契約により他人による自由な利用を制限することは可能でしょう。

　ただし、ベースモデルを利用してデータの生成を行うプログラム本体は、生成

---

[8] https://www.jpo.go.jp/support/general/open-innovation-portal/index.html

AIの開発者やサービス提供者側に著作権があると考えられますから、その使用ライセンス条項に、追加モデルについて何らかの条件や権利を主張する記述があれば、そうした条項に反する主張は実質的に難しい場合があるでしょう。

> **Point**
> ・カスタマイズに利用する教師データの扱いと、追加的に得られたモデルの帰属が問題。

■ AI生成物に関する責任

次にAI利用者によるAI生成物に関する責任について。最初に書いておきますが、それがAI生成物であっても（もちろんAI生成物でなくても）、ある文章を公に使ったことに対する責任は、使った本人にあると言われることでしょう。つまり、どんな場合でも自分の名前で文章を公開して使うときには、その責は自分が負うということになります。これはAI生成物だと主張しても免罪符にはならないでしょう。

これは公開したもの（結果物）と、公開者の問題で、生成AIに特有の問題ではありません。しかし生成AIが生成したものを過信する利用者にとっては、このことを理解しにくいかもしれません。既に説明しましたように、ChatGPTの出力は、事実に沿ったものになるとは限りません。そのことは、ChatGPTの使用ライセンス条項にも記載されています（以下2024年10月1日のもの）。

(d) Accuracy. Artificial intelligence and machine learning are rapidly evolving fields of study. We are constantly working to improve our Services to make them more accurate, reliable, safe and beneficial. Given the probabilistic nature of machine learning, use of our Services may in some situations result in incorrect Output that does not accurately reflect real people, places, or facts. You should evaluate the accuracy of any Output as appropriate for your use case, including by using human review of the Output.

抄訳すれば、

・サービスを改善して、より正確で、信頼性があるものにするよう努力している
・機械学習は確率的であるという性格があるので、実際の人物や場所、事実を反映しない、正しくない出力をすることがある
・利用者は使用の態様に応じてどんな出力の正確性について検討することが好ましい……

というところでしょうか。

　生成AIの利用者は、ライセンス条項に言われるまでもなく、生成AIを使って生成したものを公開したり、業務に使おうとしたりといった場合は、AIを使わずに自分でその生成物を創作したときと同様、少なくとも次の2つの点に注意を払う必要があります。

(1) 生成物が著作権等、他人の権利を侵害していないこと

　生成AIの出力は、他人の権利を侵害したものとなりえます。例として、生成AIを利用して創作し、公開するなどの行為が、著作権や著作者人格権の侵害行為に該当する場合がそれにあたります。どのような場合に著作権等の侵害となるかについては後々詳しく説明しますが、一般的に著作物を公開するためのオンラインサービスでは、他人の権利侵害となっていないことの保証を投稿者に求めています。例えば「小説家になろう」の規約13条および14条の1. や、画像投稿サイトpixivのサービス共通利用規約の20条などが相当すると考えます。

　したがってこの点については「生成AI利用者も、生成AIを利用していない創作者と同様、これらのサービスのサイトへ創作物を投稿しようとするときには、他人の著作権等を侵害していないことを保証する責任を負う」と考えてよいでしょう。

(2) 出力内容が利用目的に照らして正当であること

　ChatGPTを始め、現時点での生成AIは、例えば検索エンジンに問い合わせる

ような内容をプロンプトで指定しても、データベースを検索してくれるわけではないので（最近登場しているプラグインを使用するAIの場合は部分的にデータベースの検索が行われる）、事実とは異なる文章が生成されてしまいます。ですから、その出力をそのまま使用するのではなく、実用にする前に内容を検討し、必要な修正を行うべきです。

　当然ながら、誤りがあるAI生成物を使用してしまえば、利用者がその使用に責任を負うことになります。米国のある弁護士はChatGPTを誤用し、存在しない判決を裁判で引用してしまいました。この弁護士はChatGPTに「判例の検索」を指示したのです。もちろんChatGPTは判例検索を行いませんから、機械学習した単語の列をつなぎ合わせて偽判例を作り出しました。弁護士はその内容が正しいかどうかを検証することなく、そのまま裁判所で引用してしまった、というわけです。この弁護士は、ChatGPTを検索エンジンだと思い込んでいた、と述べたようですが、結果的に5,000ドルの制裁金を課せられました[038]。

　また生成AIの出力は、利用者にその意図があるかどうかに関わらず、偏見に基づいたものや、犯罪の方法を示唆するものなど、倫理上問題視されるものになる場合があります。もちろん生成AI自体が偏見を持っているなどといったわけはなく、次の単語を予測するという動きを繰り返して単語を列挙していく結果、偏見を持った文章や、犯罪の示唆が生成されることがあるのです。

　こうしたことから、生成AIを業務で使うという場合はもちろん、その使用がいたずら目的だとしても、生成AIの出力をそのままSNSへのポストに利用したりすることは避けるべきです。

　機械学習のエンジニアだというYannic Kilcherという方が、彼のYouTubeチャネルで語ったところによると、彼は4chan（日本の5ちゃんねるのような匿名掲示板）から収集された書き込みデータでGPTモデルのひとつをファインチューニングし（GPT-4chanと命名）、このGPT-4chanを使ったボットを作成、セーシェル共和国にあるプロクシを通じて4chanへポストするように仕組んだそうです。この「実験」の結果について彼は、なかなかボットだと見抜かれなかったとか、ボットではないだろうと推測されたというような話をYouTubeで軽妙に語っているのですが、この「実験」は、批判の的になりました。ネットのメディア「vice」

による、このbotに関する記事[039]^⑨では、あるAI研究者が、「このような実験は不意打ちの人体実験だ」と批判したと紹介しています。さらに同記事では、Kilcher氏が批判への反論として、この実験が「単なるいたずら」で、「実害はなかった」と主張していると紹介していますが、結局、現在Hugging Face（モデル配付サイト）では、このGPT-4chanは「有害」なモデルだとして、当該サイトでの配付を停止しています⑩。

今回はたしかに実害はなかったかもしれませんが、フェイクニュースを生成する可能性のある生成AIをわざわざファインチューニングで作成して、その出力を検証することなく公の場に投稿させる（botですので自動投稿されます）というのは、倫理的に好ましくはないでしょうし、まんいち何かの害が生じたときに責任問題に発展しかねません。このYouTuberの行動は軽率だったといえるかと思います。

先の弁護士も、このYouTuberも、生成AIの出力を、その内容を十分検証することなく公の場に持ち出したことが問題となっています。生成AIの利用者は、その出力を公開しようとするときには、その出力が公開の目的に照らして正確といえるか、その内容が倫理的に問題のないものであるかどうかを検証するべきで、正確性や倫理上の問題があると判断したのであれば公開しないようにすべきといえるでしょう。

公開の目的に照らして、と書いたのは、仮に先ほどの弁護士のようなフェイク判例を生成させる場合であっても、例えばそれが自作小説（フィクション）の中で利用するといった目的であれば、問題はなかったわけです。また例えば生成AIの実験（例として批判記事を書くために生成AIの出力を利用する）を行う場合は、どこからどこまでが生成AIの出力であるのかを明確にするべきでしょう。

Point

・生成AIの出力は、事実に基づかない場合がある。
・生成AIの出力は、偏見に基づく場合がある。
・生成AIの出力を検証なしに、公開したり業務に使用したりするべきではない。

---

⑨https://www.vice.com/en/article/ai-trained-on-4chan-becomes-hate-speech-machine
⑩https://huggingface.co/ykilcher/gpt-4chan

- 検証したとしても、生成AIの出力を人為的生成物と偽って公開することは倫理的でない。
- 生成AIの出力により他人の権利を侵害してしまう場合がある。

■ 教師データの内容を心配するべきか

　例えば著作権侵害の疑いがある教師データで機械学習された生成AIモデルを利用してAI生成物を得た場合、その利用者に何らかの責任は生じるでしょうか。

　著作権侵害の疑いがある教師データで機械学習された生成AIモデルだと事前にわかっていれば使わないほうがよいとは思いますが、基本的には、利用者に責任は生じないと考えます。あと（P.148参照）でご説明しますが、生成AIの出力によって、生成AI利用者が他人の著作権を侵害したかどうかを判断するときには、生成AIの出力が、他人の著作物に「依拠」していて、かつその他人の著作物に「類似」しているかを考えます。この点について、通常、AI利用者の立場ではAIの学習データがどんなものかを知らないので、「依拠」しているという主張が考えにくいためです。

　著作権侵害の疑いがある教師データで機械学習された生成AIモデルを利用したとして、その利用行為が他社の著作物に「依拠」したとか、していないとかを言えるかについては、本書執筆時点でははっきりした結論が出ていません。しかし文化庁による説明のうちに、「生成AI利用時に利用者に悪意があったか（「もとの著作物を知っていた」か）どうかを考慮する」と読める記述があります。そうであれば、仮に著作権侵害の疑いがある教師データで機械学習された生成AIモデルを利用したとしても、元の著作物を利用者が知らなければ、依拠したとは言えないことになりそうです（知らなかったと立証できるかは別の問題ですが）。

　なお、この場合の「悪意」は、法律の用語で「知っていたこと」を意味します。対して「善意」は「知らなかったこと」を意味します。どちらも一般的なことばの用法と違っていますのでご注意ください。

　また、類似しているかどうかは、生成された結果物を他人の著作物と比較して判断されるものですから、著作権侵害の疑いがある教師データで機械学習された生成AIモデルを利用して生成したとしても、生成物が他人の著作物と似たもの

とならないかぎり、著作権侵害を問われることはないと考えます。仮に似てしまったとしても、依拠性について反論できれば、著作権侵害を問われることはないわけです。

ただし、今後のお話として、著作権侵害の疑いがある教師データで機械学習された生成AIモデルを利用したことで、依拠性の立証が容易になってしまう、という可能性がまったくないかと言われると、「そうともいえない」としかお答えできません。

現実に、「学習済みモデル内の著作物というデータへのアクセスがあるのであれば、依拠は肯定される」とし、「基の著作物がパラメータに抽象化・断片化されたとしても、AIがコンテンツの生成に際して基にしているのは入力された著作物そのもの」だとして、依拠性が肯定されるべきとする論もあります[040]。

この本の著者の意見としては、モデル内に基のデータの複製は存在しませんし、その特徴を学習しているとしても他の著作物からの特徴と渾然一体になっており、抽象化・断片化といった観念にも相当しないと考えますので、この意見には直ちに賛同できかねます。しかしながらこういった見解も存在することは、知っておいてよいと思います。

一方、著作権侵害の疑いがある教師データで機械学習されたことが明らかな生成AIモデルを利用する場合、例えば特定のアニメキャラクタの画像を出力するためのLoRAを使うといった場合はどうでしょうか。この場合、利用者は、基の著作物があることを知っていて、その複製に相当する画像を得ようとしている（例えばその複製像を生成するためのプロンプトを入力している）のですから、著作権侵害と判断される可能性が大いに高くなります。

要するに、基の著作物があることを「知って」、それに類似した生成物を生成しないようにするべき、ということです。その著作物の複製物を得るために、わざわざ、その著作物を機械学習に利用した生成AIモデルを用意するというのは、侵害の意図があったと自白するようなものではないでしょうか。

■ AI自身は著作者にならないのか

ところでAI自身が著作者、著作権者になることはないのでしょうか。

結論から書けば、著作権法は自然人（法人とは違い、生きている人のこと）による創作しか予定していません。つまり、人ならぬコンピュータは（少なくともいまのところ）、法律上の著作者になることはできません。またAIは自然人でも法人でもないので、権利能力があるとは考えられず、著作権者にもなることはできません。このため、自律的に創作するAIによるAI生成物については、現状何らの保護が与えられないという問題があります。

この点に関しては、法律をどのように整備すべきか（立法論）を整理したものがあり [041]、例えば、いまの著作権法にある映画の著作物の規定に似た規定を置いてはどうかなどの議論があると紹介されています。この主張は、全体的に関わった監督のような立場の自然人を著作権者として、その利用を図ろうという考え方と思われます。

他国でも、AIや仮想的なキャラクタは著作権者となり得ないと判断されています。中国での事件として、魔法科技（実際には「法」の文字は現地の文字で王偏）という会社が、AIを用いて生成したという仮想キャラクタAdaの動画を作成していました。被告となった企業Yは、この動画の一部を取り出して使用し、自社の広告動画を制作、公開したようです。

魔法科技は、杭州インターネット法院に権利の侵害があったと訴えましたが、企業Y側は、仮想キャラクタには侵害される権利がないという主張をしたようです。そして杭州インターネット法院は、仮想キャラクタは著作権を享有できない（著作権の主体とならない）と認定しました。ただ判決としては、仮想キャラクタの表現が美術作品であり、魔法科技がその著作権等を有するとして企業Y側による魔法科技の権利侵害を認めています。

創作者が知っておきたいこと

この節ではAIの学習に作品が利用されうる創作者の立場から考えていきます。自身の作家性を守る、不利益を受ける可能性を減らすことは可能でしょうか。

■ 自分の創作物がAIの教師データにされたとき

　生成AIの教師データにされた創作物は、そのままAIのモデルに取り込まれているのではないので、通常、基となった創作物の創作者は、自分の創作物がAIモデルの教師データになっていてもあまり気がつかないかもしれません。しかしプロンプトに自分の名前を入れた結果自分が書きそうな文が生成されたり、自分が描きそうな絵が出力されたりしたら、これは嫌ではないでしょうか。

　生成AIを利用した創作物かどうかに関わらず、自分の創作物がAIの教師データに使われたと知ったとき、それを止めることはできるのでしょうか。

　まず著作権法による保護が期待できるかどうかを見てみましょう。こちらもあとで詳しく書きますが、日本の著作権法では、機械学習のように、鑑賞したりするのではない利用、つまり「著作物に表現された思想又は感情の享受を目的としない利用」については、著作権を制限しています（著作権法第30条の4）。

　かんたんに言えば、「教師データとして利用する行為を、著作権の侵害として差し止めることは難しい」ということです。

　次に、利用規約など、自分の創作物を公表する段階で制限ができるか。こちらは一応可能とはいえるでしょう。利用規約において、「機械学習のためのデータセットに含めることを禁ずる」というような規定をおいておけばよいわけです。

　ただし、問題点もあります。

　まず第1に、法律的な問題として著作権法第30条の4（条文についてはP.182参照）が強行規定なのかどうかです。強行規定というのは、規約によって上書きすることができない、上書きしようとすれば規約のほうが無効になってしまうような、そういう規定を言います。例えば弁護士でもない者との間で、弁護を依頼するような契約は弁護士法からみて無効になるわけです。

　同様に、「データセットに含めるな」という規定が、「著作物に表現された思想又は感情の享受を目的としない利用」について著作権を制限する著作権法第30条の4に優越するかどうか。いまのところここに明確な結論はないのですが、過去の同種の検討[11]において特定の利用類型を強行規定とするのであれば立法で対応すべきという結論があったことを考えますと（そしてそのような趣旨の規定もいまの著作権法に見当たらないので）、著作権法第30条の4は強行規定ではない、

[11] https://www.mext.go.jp/b_menu/shingi/bunka/gijiroku/013/05072901/003-2.htm

つまり、「データセットに含めるな」という規定自体は有効だと考えてよいのではないでしょうか。

次に第2の問題点。実務的な問題として、「そもそも教師データに利用されたとして、利用されたことを立証できるのか」という問題があります。機械学習に使われた教師データは、そのままモデルの中に入っているわけではなかったのでした（P.98参照）。ですから、モデル生成者が「これを使いました」と自白しているのならばともかく、モデルをどのように見たところで自分の創作物が教師データに使用されたかは、実は立証しにくいということになります。

ひとつの例としてNew York Times（NYTと略します）がマイクロソフトやOpenAIを相手取って自社記事の不正利用だと訴えている事件を見てみましょう。

この事件（23-cv-11195）で、NYT側は実際にGPT-4を利用して生成した文章が、自社記事の一部に完全一致することを示し、これを記事の不正利用（許諾外利用）の根拠のひとつとしています。

実例を見ますと、場合によっては300語を超えて一致している文章もあり、なるほどこれは学習した文章をそのまま出力したと見られてもしかたないかと思いますが、ご説明しましたように、GPTの基本機能は、ある単語列の次の単語は何が適切かという問題を逐次的に解くというものです。ですから、

「明日から大型連休ですが、天気は」

という単語列があるとき、次の単語としては、

「晴れる」、「悪い」、「雨」……

といった候補がでてくる一方、

「おいしい」、「コンピュータ」、「コーヒー」……

などといった単語は出てきそうにない、という「次に出てきそうな単語」の確率

を学習して、次々単語を予測していきます。そうとすれば、300単語もの間完全一致したというのはすこし奇妙な現象で、機械学習した文章をどこかに取っておいているのではと疑いたくもなります。

OpenAI側は、NYTはハッカーを雇って強引な方法で一致する文章を作り出したものだと主張しています。OpenAIは、2023年7月、BROWSEと呼ばれる機能に、特定のURLの文章を引き出すバグ（彼らはこのバグを「Regurgitation」、つまり「おうむ返し」と呼んでいるようです）があったとしてその機能を一時的に停止する対策を採ったこと、そしてNYT側の挙げた文書は、「古く、第三者のウェブサイトに転載されているもの」だと述べて、NYTが挙げる文書が出力されたのは、システムへの攻撃の結果だと主張しています[12]。

実際のプロンプトが公開されていないため、どちらの主張に分があるのかはわかりませんが、そもそものGPTの機能として学習文書をそのまま出力する機能がないことを考えますと、NYTがこれだけの「証拠」を得るためにかけたコストが小さかったとは思えません。

このように立証がしにくいことに加えて、さらに、仮に立証ができたとしても、「損害が発生したりしたか」という問題もあります。たとえ市販されている小説の文であったとしても、それが機械学習のための教師データに使われたからといって、それが理由で小説の売り上げが変わるということは（相当の因果関係があることは）、ほとんど考えにくいのではないでしょうか（近頃のことですから、却って「機械学習に使われた」などと主張して反AIを掲げると、それを起因として不買などが起きたりするかもしれませんが、それは教師データに使われたことと直接の関係がありません）。

結局、自分の創作物がAIの教師データにされたとしても、著作権法上何らかの差し止めを求めることは難しく、また、利用規約を設定したとしても、利用規約違反を立証することからして困難なので、実際的には特に何もできることはない、ということになります。

もっともこれは、自分の創作物が教師データにされたとしても、ただちに自分の創作物の売り上げなどに影響することは一般には考えられないという前提があるからで、例えば自分の独自の表現のイラストが教師データにされ、かつ、教師

---

[12] https://openai.com/index/openai-and-journalism/

データにおいて自分の名前など(ペンネームでもなんでも自分を特定できる情報)が関連付けて学習された場合はどうでしょうか。プロンプトにその名前などを入力しておけば、自分が描いたかのようなイラストが再現されてしまう、という場合です。

　この場合は、状況によっては、著作権法第30条の4 (P.182参照) の但し書き、

「ただし、当該著作物の種類及び用途並びに当該利用の態様に照らし著作権者の利益を不当に害することとなる場合は、この限りでない。」

という部分に相当する可能性を検討するべきでしょう。

　またその生成AIモデルが出力したAI生成物が過去の自分のものに類似する場合には、その著作権侵害を主張できる場合もあろうかと思います。ただしこの場合、画風や文体などは「アイディアであって表現ではない」と主張される可能性はあります。少なくともプロンプトで解釈され得る単語から、自分のペンネームや名前など、自分の作風をまねるよう指示するものを除くよう要求することは可能かもしれません。

　Anlatan社のNovelAIは、画像や文章を生成する生成AIですが、その画像生成AIは、Stable Diffusionをベースに、海外のイラスト収集サイトDanbooru[13]などで収集されたイラストを追加学習したと言われています (日本語版WikipediaのNovelAIに関する説明文によれば)。Danbooru自体、ネットワーク上で閲覧可能なイラスト画像を収集してタグ付けするツール[14]を利用しており、著作権的な観点からは疑問も多いのですが、そこはいったん置いておきます。

　上記イラスト収集サイトの運営側はNovelAIの行為への対応について次のように書いています。

ご自身の描いた絵をNovelAIに利用されたくない絵師様にとって最も効率的な手段は、NovelAIに直接問い合わせをして、同社の学習データから自分の絵を削除、そしてAIアートを生成する際にユーザーが入力する「プロンプト」(指示文) から自分の名前やハンドルネームを除外するよう、要求することです。

[13] https://danbooru.donmai.us/　[14] https://github.com/danbooru

> 現時点ではNovelAIの学習データはすでに完成しており、AIモデルの構造上、例えDanbooruから絵を削除したところで、その絵から学習された情報がNovelAIの手元から勝手に無くなるわけではありませんので、ご注意ください。

　おそらくこの対応が、現状精一杯であろうと考えます。また生成AIのサービス側がこの要求に応えてくれれば、自分の作風、画風のものが出力されないよう制限する手段となり得るので、合理的な対応ともいえるだろうと考えます。

　またこのDanbooruの運営者は、spawning.aiというサイトを紹介しています。spawning.aiは、自分のサイトで公開しているデータについて、AIの教師データとして利用することを許可する（オプトインする）か、拒否する（オプトアウトする）かを、AIの製作者に知らせるための仕組みを提案しています。具体的には、spawning.aiのサイト[15]を参照してみてください。なお、OpenAIも、オプトアウトを受け付けていると、先ほどの記事で記載しています。

■ 裏技的方法

　ここまでの説明で、オプトアウトが精いっぱいとは、と思われたかもしれません。何とかして自分の創作物をAIの機械学習に使われないようにすることはできないものか。

　2024年7月に文化庁が公開した「AIと著作権に関するチェックリスト＆ガイダンス[16]」では、自己の創作物を公開するときに、その創作物を含んだAI学習用データセットをAI学習等の情報解析目的で販売する、という方法を紹介しています（ガイダンスの40ページ）。これは「機械学習用データセット」として販売されているデータセットに含まれるデータについて、AIの機械学習に使う目的でこれを複製すれば、「著作権者の利益を不当に害する場合」（著作権法第30条の4の例外）に当たると解されることを利用するもので、そもそも機械学習用データとして使われないように、敢えて「機械学習用データとして販売する」という逆転的な考え方になっており、その意味で「裏技的」ではないかと思います。

　もっとも、ライセンスする気も販売もする気もないものを、「機械学習用データセット」として販売（またはライセンスするとして意思表示）されているかの

---

[15] https://spawning.ai/　[16] https://www.bunka.go.jp/seisaku/chosakuken/pdf/94097701_01.pdf

ように偽装するのは、保護のための方法としてもややスマートさに欠ける印象はあります。オプトアウトされているかどうかを確認するための仕組みの整備とともに、オプトアウトについて何らかの法的強制力を持たせるとか、ほかの方法が検討されてもよいかと思います。

■ NFTとの関係

　生成AIを利用して生成される創作物はデータであるため、NFTとの相性は高いといえるでしょう。例えば生成AIを利用して創作した画像をNFTに関連付けて、NFTアートとして販売する、といったことが考えられます。

　NFT（Non-Fungible Token）は、その名のとおり、非代替性があるので、あるNFTに関連付けられた画像等のデータは、一意性があって、オリジナルであることを保証できる、などとされています。

　それでは生成AIを利用して創作されたデータにNFTを関連付ければ、そのデータを改ざんしたりなどといった著作権侵害行為をすることはできなくなるのでしょうか。答えはNoです。NFTには、関連付けられたデータそのものが含まれるわけではありません。せいぜい画像を保存した場所を示すURLが関連付けられている程度です。したがって、NFTを関連付けたところでオリジナルデータがどういった内容かということすら保証されませんし、ましてデータの複製や改ざん防止に利用できるわけでもありません。

　ではNFTの売買にはどんな意味があるというのでしょう。

　生成AIを利用して創作されたデータにNFTが関連付けられている場合、そのNFTを購入したら、関連したデータ創作物について独占排他的な権利が得られるのでしょうか。答えはNoです。現状ではNFTアートとして「販売」されたデータについて、その著作権がNFTアートとして「買った」ユーザに移転するという保証はまったくありません。それどころか、データの所有者が1つのデータについて複数のNFTを発行することも可能なので、NFTは一種の「支払い証明」程度の意味に過ぎないと考えられます。

　要するにNFTはまだこれからの技術であり、現状では創作したデータのマネタイズに利用することができるとしても、NFTを利用して複製防止などが実現

されるものではありません。今後の技術革新によって諸問題がクリアされることはあるかもしれませんが、現時点では不完全であると言わざるを得ないでしょう。

■ 産業財産権侵害の場合があるか

　生成AIの出力が、著作権以外の知的財産権、例えば特許権や意匠権、商標権を侵害する場合があるでしょうか。

　生成AIの出力がそのまま特許権侵害となるケースはかなり稀だと考えますが、生成AIはコンピュータによって実行されるプログラムコードを生成することもできますから、生成したプログラムコードが特許権を侵害するものになることはあり得ることです（全体を生成するものでなくても、かな漢字変換の先読み変換のように、書こうとするプログラムコードを先取りして入力してくれるという機能は、既にプログラム開発の現場で利用されています）。

　もっともこれは、AIを使わずにプログラムコードを作成する場合であっても同じで、作成したプログラムを公開するときには、それが他人の特許権を侵害していないかを調査（FTO調査：Free to Operate調査）することが必要です。

　特許権に比べると、生成物が直接的に侵害になりそうなのは、意匠権でしょう。意匠権はデザインに関する権利ですが、最近の改正で画像に関する意匠というものも登録されるようになっています。もっとも、この画像に関する意匠は、「機器の操作の用に供されるもの又は機器がその機能を発揮した結果として表示されるものに限る」と解されます。意匠法第2条第1項の条文が読みにくいのですが、特許庁が発行する審査基準などにおいてそのように明記されています。ということは、ここでいう画像はパソコンや複写機などの画面に表示される画像、つまりはアイコンであったりUI用の画像であったりをいうものと考えられ、映像コンテンツなどにおける画像は意匠法上の意匠に該当しないことになります。

　したがって生成AIで生成した画像が直ちに意匠権侵害になることはなく、生成した画像が意匠登録されている意匠と同じか、またはそれと似ていて、アイコンやUIとして作成されたり、提供されたりしたときにはじめて、意匠権侵害かどうかが問われる、ということになります。例えば生成した画像を使いゲームコンテンツを作成するような場合は意匠権の効力の範囲外と言えるかと考えます。

また商標権侵害についてはどうでしょうか。そもそも商標権は誤解が多いもののひとつだと思います。

すこし古い話になりますが「阪神優勝」という商標が登録されたとき、あたかもその言葉を書いただけで商標権侵害となるかのように話題になりました。しかし商標は、商品やサービスと関係付けられており、商品やサービスから離れた「マーク」(商標法上は「標章」と呼ばれます)だけであれば、「商標」にはなっていません。あの「阪神優勝」は、Tシャツ等の衣類を「指定商品」としたもので、そうした「指定商品」と標章との組み合わせがあって、はじめて「商標」となります。ですから、その「指定商品」である衣類を売るときのパッケージに「阪神優勝」と書いたり、ネット上の書き込みでも「阪神優勝」の名前でTシャツを売りますよ、などと申し出たりしていれば商標権侵害と言えたかも知れないですが、単に掲示板の書き込みにおいて「阪神優勝」と書くだけとか、まして日常の会話で「阪神優勝」という言葉を言ったからといって商標権侵害などとなるわけはありません。

なお、「阪神優勝」とでかでかと書いたTシャツを製造販売した場合でさえも、衣類に係る「阪神優勝」の商標権を侵害しないと判断される場合があります。Tシャツの模様として使うことは「商標的使用にあたらない」と判断されることがあるからです(大阪地判昭和51年2月24日「ポパイ事件」昭和49(ワ)393号)。この商標的使用の概念は、商標権侵害の訴えに対する抗弁として一考の余地のあるものです。

> ▶ ポパイ事件(ポパイ・アンダーシャツ事件とも)
> 前面部分へ、全体的にポパイ(エルジー・クリスラー・シーガーにより生み出されたキャラクタ)の図柄をあしらったアンダーシャツを製造・販売していた被告に対して、漫画のポパイの図柄に係る商標権を持っていた商標権者が商標権侵害だとして製造販売差し止めなどを求めた事件です。
> 裁判所は、シャツの中央部分に大きく表示するのは商標としての機能を発揮するためのものではないとして、原告の請求を認めませんでした。

このようなわけで、GPTモデルやStable Diffusionが、登録された商標権に係る標章を含む文字列や画像を生成して出力したからといって直ちに商標権侵害と

はなりません。それらの文字や画像を、指定された商品やサービスの販売・提供等に使用して初めて商標権侵害かどうかという話になるのです。生成AIを利用して生成した画像をUI用のイメージに使用したり、何かのサービスや、商品の販売等に使うロゴなどを作ろうとしたりするときになって、その生成物が意匠権や商標権の侵害とならないか、また自分の権利として登録できるかどうかを確認することになります。

それでも心配な場合や、調査・出願の必要があるときには、お近くの弁理士に相談してください。

> **Point**
>
> ・産業財産権について言えば、AI生成物を使うことで、産業財産権の侵害になる場合がないとはいえないが、単にコンテンツ生成に使うというだけであれば問題にならないことが多いと考えられる。
> ・ただし、UIデザインや、商品・サービスのロゴデザインにAI生成物を用いる場合は注意が必要。
> ・生成AIを使って創作した創作物（AI生成物）は、「いくつかの条件をクリアしていれば」生成AI利用者が著作権を有する。
> ・生成AIの利用には一定の責任も生じる。
> ・自己の作品が機械学習に使われることを避けることは難しいが、オプトアウトの要求を検討するべき。

著作権侵害の判断基準

ここまでに説明しましたように、生成AI利用者は、「生成AIを利用することで他者の著作権を侵害してしまうことがある」ことを知っておくべきでしょう。また生成AI利用者は、生成AIで生成したものが、自己の著作物としてよいものなのか判断できるとよいでしょう。

さらに、生成AIを利用して生成したものが自分の著作物であるとしたとき、その著作物に係る著作権が侵害されることもあり得るのかどうか、ということも

知っておいてよいと思います。この章では、著作権侵害に該当するかどうかの判断の基準をお伝えします。

■ 著作権問題の検討のしかた

著作権の問題に関して検討するべき事項は、だいたいいつも同じです。次の1から4のポイントを検討することになります。

1. 侵害されていると言われるもの（検討の対象なので対象物とでも呼びましょうか）は著作物性を備えるか
2. 著作物性があるなら、その対象物に誰の著作権が発生しているのか
3. 他人の著作権が発生しているならば、自分の行為は侵害行為に相当するか
4. 他人の著作権の侵害行為であっても、権利が制限されている行為に該当しないか

これら4つのポイントを経て、

1. 対象物が著作物性を備え
2. その対象物に他人の著作権が発生していて
3. 自分の行為が侵害行為に相当し
4. 自分の行為が、権利が制限されている行為にも該当しない

を満たすときには、あなたは他人の著作権を「侵害している」と言われることになります。
ですから「侵害していない」と主張する側になるならば、

1. 対象物は著作物性を備えていない
2. その対象物には、他人の著作権が発生していない
3. 自分の行為が侵害行為に相当しない
4. 自分の行為は権利が制限されている行為に該当する

という主張の「いずれか」が可能かどうかを考えることになります。
　逆に、自分の権利を「侵害されている」と主張する側になるならば、

1. 対象物は著作物性を備えている
2. その対象物には、私の著作権が発生している
3. あなたの行為は侵害行為に該当している
4. そしてその行為は、権利が制限されている行為に該当しない

という主張が「すべて」可能かどうかを考えます。以下で、それぞれのポイントについて具体的にどのように検討するのかを見ていきたいと思います。
　生成AIに関して、著作権が問題になると考えられるのは、主に

（1）生成の段階：既存の著作物の複製や翻案にあたるか
（2）生成結果の公開段階：著作物の譲渡などにあたるか

の2つの段階だと考えられますが、まずは生成の段階について考えましょう。

■ 著作物性（まずは一般論）

「対象物は著作物性を備えているか」を判断する基準を説明していきたいと思います。対象物がAIによって生成されたものの場合はあとで説明するとして、まずは著作物性についての一般論を解説しましょう。
　「著作物性」とはまた難しいことばですが、要は著作権法第2条1項1号の「著作物」の定義に当てはまるかどうかです。

著作権法第二条一項一号
一　著作物　思想又は感情を創作的に表現したものであつて、文芸、学術、美術又は音楽の範囲に属するものをいう。

ここから要件を抜き出すと、

(1) 思想又は感情の表現であること
(2) 創作的に表現していること
(3) 文芸、学術、美術又は音楽の範囲に属するものであること

となります。

　侵害されている（あるいは侵害している）かもしれない対象物がこれらの要件を満足しているかどうかを検討することになるのですが、現実の問題として「思想又は感情の表現」なのかどうかをどう判断したらよいのでしょうか。

　(1)の「思想又は感情」の部分は「アイディア」と言い換えてみるとすこし分かりやすいかもしれません。著作物であるためには、「アイディア」では足りなくて、「アイディア」を表現したものであることが必要だというのです（表現・アイディア二分論）。

　また(2)創作的表現かどうかは、他人の表現を盗んでいるとか、ありふれた表現であるとか、「誰が表現してもどうなってしまう」（不可避的表現である）とかいうことがないかぎり、認められるものです。

　(3)については、広めに捉えておいてください。

　具体的に著作物性を判断した例として、万年カレンダー事件があります。万年カレンダーは、年ごと月ごとの色票を示したページ（次図の右側）があり、見たい月の色を覚えておいて、「索引票」（次図の左側）のページで覚えておいた色に対応するカレンダー（AからG）を参照する、というものです。

　これはアイディアなのでしょうか、アイディアの表現なのでしょうか。

実公昭57-9806号公報より

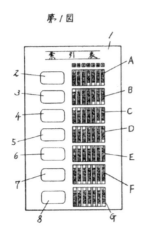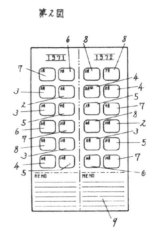

いまどきはスマートフォンがあるので、こんな工夫はいらないでしょうが、手帳を使っていた時代では、手帳の狭い紙面に、何年分ものカレンダーを並べるにはよいアイディアだったのでしょう。また、色とりどりになってキレイなので、そういうアイディアの表現とも言えそうです。しかし裁判例は、これは著作物とはいえない、と判断しました（昭和55年（ワ）2009号事件）。

なぜか。色分けされているとはいえ、毎月の初日（朔日）が日曜から土曜までのどれになるかだけの違いなので、7色に分ければよいことはすぐにわかります。つまり、索引票を使うアイディアを実現するためには、どうしても「7色で色分けする」という同じ表現になってしまいます。せいぜい色の違いくらいしか創作性を発揮できません。

つまり、これは不可避的な表現ということになりますから、表現に創作性がない、ということになります。一方、本件は図のとおり実用新案登録はされていますので、アイディアには創作性があったと判断されたものでしょう。

もちろん、異論はあるでしょう。7種類のカレンダーがあるならば、色わけではなくて、7種類の動物のマークで分けたら、とか、7種類の図形（マルとかシカクとかサンカクとか……）で分けたら、とか、そう考えたら色分け以外の表現があるではないか、などと。

はい。ですからこの裁判例については、賛否両論あります。著作物として保護してもよかったのではないか、という議論もありますし、著作物性を否定して正解だった、という議論もあるわけです。はっきり言ってしまえば、著作物性の判断は「ケースバイケース」であって、明確な基準はこれだ、みたいなものはありません。過去の事例から概ねの判断はできますが、それ以上ではありません。

長々説明しておいてそれか、と思われたかもしれません。ここではただ、具体的な判断のしかたとして、侵害だと言われた側が、「他に表現の方法がない」と主張して裁判所が納得してしまえば、そこには著作物性がないと判断される可能性がある、ということを理解しておいていただきたかったのです。

■ AI生成物は著作物か

「対象物は著作物性を備えているか」を判断する際に、対象物がAIによって生成されたものだったらどうでしょうか。例えばAI生成物の著作権侵害が疑われるとき、つまりAIで生成した文書や画像などを誰かが模倣したと思われる場合、どう考えたらよいのでしょう。

AI生成物の著作物性については別に説明しましたが、人（生成AI利用者）が思想感情を創作的に表現するための「道具」としてAIを使用して得た場合には、そのAI生成物は、生成AI利用者の著作物として認められると考えるのでした。

そしてそのための要件は、

(a) 創作意図
(b) 創作的寄与

があること、なのでした。

前節で書いた「アイディアではない表現である」との要件に加えて、上記の要件があれば、AI生成物は、生成AI利用者の著作物として認められることになる、というのが現状の考え方です。

創作的寄与については、今後提供される生成AIがどこまで高機能化するか（プロンプトの生成を支援する機能を持つ場合など）によっても判断は変化し得るの

で、もはやケースバイケースと考えて、問題になったとき、その都度、どのように主張するかの戦略を立てるほかないと考えられます。

いまのところ、創作的寄与があったかどうかは、プロンプトやパラメータ調整の過程、加工の程度といった、生成AI利用者の生成AIに対する行動全体に基づいて判断されると考えられますので、例えばプロンプトやパラメータの変更履歴（これらは途中で生成したデータやログを取っておけばよいでしょう）や、「ガチャ」で得た多数の結果などを示すことができれば創作的寄与があったことを主張する事実として利用できると考えられます。

> **Point**
> ・生成AI利用者が生成したAI生成物は、一定の条件のもとで、その利用者の著作物になる。
> ・自分のAI生成物が自分の著作物であることを示すため、創作的寄与があった証拠として、創作の履歴をある程度とっておこう。

■ 誰かの著作物か

次に、第2のポイント、「誰かの著作物か」どうかはどう判断すればよいでしょうか。

著作権法では、何らかの著作物を創作すれば、原則として、その創作をした人（著作者）に無手順で著作権が発生することになっています。無手順で、というのは「手続不要」ということです。特許権を取得するには特許庁への出願などの手続が必要ですが、著作権はそういう手続は（原則として）いらない、ということです。ということは、どこかに公式に登録されているともいえないということでもあります。シンプルに、自分が創作したものでない文章や絵、写真などは誰か他人の著作物であると考えてよいでしょう。

ただ、将来的には、GANのように人間の創作物であるように見せかけることを学習し続けた結果、人間が創作的に寄与した著作物と区別のつかない文章や画像データが、生成AIによって自律的に創作される可能性がないとは言えません。

このような場合には、生成AIによる創作のため著作権は生じないとされてい

たのに、外見上は誰かの著作物のように見えてしまいます。悪くすれば著作者不祥の著作物が量産されかねず、そうなると著作物の利用が進まなくなってしまう、と懸念する意見は既に出ています。

しかしながら、この本が書かれている現時点ではまだ機械が自律的に創作するということはないようですから、ひとまず、自分が創作したものでない文章や絵、写真などは、誰か他人の著作物であると考えてよいでしょう。

では、誰かの著作物であるとして、その著作物は誰の著作物なのか、著作物について利用許可を求めるなら誰に求めたらよいのでしょうか。著作権法では、著作者が誰か、という立証が面倒なため、公開のときに名前を添えて（ペンネームでもよい）あれば、その名前の人が著作者だと推定します（著作権法第14条）。

第十四条　著作物の原作品に、又は著作物の公衆への提供若しくは提示の際に、その氏名若しくは名称（以下「実名」という。）又はその雅号、筆名、略称その他実名に代えて用いられるもの（以下「変名」という。）として周知のものが著作者名として通常の方法により表示されている者は、その著作物の著作者と推定する。

なお、法律の用語で「推定する」というのは、裁判所で相手方が「違ってます」と主張し、それを立証すれば、覆されることを意味します。したがって、最初の公開時に名前が添えられていれば、その名前の人が著作者であると考えてよいかと思います。

すこし面倒なのは、法人著作となるケースと、共同著作のケース、それに著作権の譲渡を受けたケースです。しかし、これらのケースに深入りすると本書の範囲を優に超えてしまうため、面倒な場合があることを述べるにとどめます。

ただ、譲渡に関してひとこと。生成AIを利用して生成した自分の作品の著作権を譲渡する場合、その譲渡は契約書に基づいて行われることが理想的であることは強調しておきます。契約書がない場合、面倒なことになったりします。面倒なことが起きないよう、譲渡契約は書面を備えておくようにしましょう。

誰かの著作物であるとわかったら次に、その著作権の保護期間が満了していないかも確認しましょう。

著作権の保護期間の原則は、創作時にはじまり、著作者（創作した人）の死後70年を経過するまで（著作権法第51条）です。もっとも変名（ペンネーム）で公表した場合、ペンネームが有名すぎて特定の人物を指すことが知られている場合など、一定の場合（第52条第2項各号）を除いて、公表後70年（第52条第1項）または著作者の死後70年のいずれか短いほうになります。

　計算方法にはちょっとした知識が必要です。まず翌年起算について説明しましょう（暦年主義：第57条）。

　具体的な計算方法をこんな箱で示します。

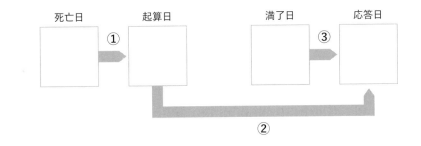

　まず、死亡日を記入します。例として、小説家の堀辰雄さんは、1953年5月28日没とのことですから死亡日に1953/5/28と記入します。その翌年1月1日が起算日となりますので、起算日に1954/1/1と書きます。起算日から70年後が存続期間の終点ですので、応答する日が、2024/1/1。その前日が満了日（存続期間の最後の日）なので、堀辰雄さんの小説の著作権は、2023/12/31で満了する、ということになります。

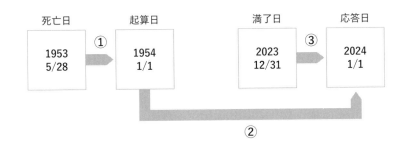

えっ。堀辰雄さんの小説の著作権はもっと前に切れているはず。と思うかもしれませんが、そのとおりです。日本の著作権法で保護期間の終期が著作者の死後70年となったのは、2018年12月30日、環太平洋パートナーシップ協定（TPP）が発効してからです。それまでは著作者の死後50年で著作権は満了していました。つまり、堀辰雄さんの小説の著作権は、TPP発効前の2003年12月31日に満了していたのです。その後、保護期間は著作者の死後70年までに延長されましたが、一度消滅した著作権は復活させないこととなっているので（TPP整備法附則第7条）、堀辰雄さんの小説は既にパブリックドメインの扱いになっています。延長されたのは、1968年以降に亡くなった方の著作権だけです。

著作権の保護期間が満了していれば、誰かの著作物であってもパブリックドメイン（Public Domain）となっており、利用しても著作権侵害とはなりません。

■ 侵害行為

第3のポイントは「侵害行為があったか」どうかです。基本は前章で書いたように、著作権に係る著作物と、侵害行為が疑われる対象物（被疑侵害品）とを比較して、創作性がある共通点を見つけ、見つけた創作性がある共通点について侵害と言える要件が備わっているかを判断します。

ここでは具体的に生成AIを利用して文章や画像を生成する行為が、著作権の侵害行為に該当する場合とは、どんな場合なのか。それを検討します。ここまでの説明で、生成AIを利用して文章や画像を生成した場合に創作性があると言えるための条件は検討しましたから、生成AIを利用して生成した文章や画像の、著作権に係る著作物との共通点について侵害といえるのはどんな場合かを考えます。なお、結論から言えば、生成AIを利用しようがしまいが、既存の著作物に依拠し、またそれに類似したものを、既存の著作物の著作者の許可なく利用すれば、著作権の侵害となる場合があるといえます。

もうすこし詳しく解説しましょう。著作権は、著作物の利用のしかたに応じて権利（支分権―しぶんけん―）が定められているのでした。例えば、ある絵画について、それを描き写して同じような絵画を複製する行為には「複製権」、販売譲渡するためには「譲渡権」などといったように持つべき権利が分かれています。

そこで改めて侵害行為とは何か、というと、著作権の支分権に関わる利用行為を、著作権者の許諾なしに行うことを指すことになります。

ただ数ある支分権のうち、生成AIの利用をめぐって特に考えておかなければならないのは、複製権と翻案権でしょう。

これらが侵害されたというためには、過去の裁判例から、

(1) 依拠性＝複製されたり、展示されたり、譲渡されたりしたもの（被疑侵害品）が、他人の著作物を参照して（「他人の著作物に依拠して」と言われます）作られていること

かつ、

(2) 類似性＝被疑侵害品が、他人の著作物と同じか、似ていること

が必要とされています。

画家が絵を描くにあたり、他人の絵に依拠したかどうかは、その画家にしかわからないことでしょう。そこで現実的には、依拠があったか否かを、「アクセスの可能性」などの比較的客観性のある基準を使いながら判断することになります。例えば、基になった他人の著作物を知らなければ依拠性なしと判断されますから、たとえそっくりの著作物を創作していたとしても著作権侵害とはならないわけです（民集32巻6号1145ページ「ワンレイニーナイトイントーキョー事件」）。

また類似性というのは、「表現上の本質的特徴を直接感得できる」ことだと説明されます（民集55巻4号837ページ「江差追分事件」）。難しい言葉ですし、実際現実の判断も揺れています。

「本質的特徴の感得」は難しい言葉なのですが、重要な考え方なので、ちょっと踏み込んでみます。まず「感得」というのは、「感じ取ること」くらいの意味だと思ってください。

そして侵害されたと主張される著作物Xの「本質的特徴が感得できるか」は、Xと、侵害品だと主張される著作物Yとを比べて考えるのですが、そのときに前章

から書いている「共通点」の考え方がでてきます。その考え方には

(a) X、Yそれぞれに共通する部分を取り出して、そこに創作性があれば、ほかに相違点があろうとも（もとの著作物の創作性のある部分が利用されている限り）、類似すると判断するべきとする考え方（一元説）
(b) Yの一部だけに着目せずにYから創作性のある「ひとまとまりの部分」を取り出し、そこがXと共通しているかどうかを判断するべきとする考え方（作品全体比較説）
(c) 著作物を鑑賞する立場で、被疑侵害品Yに接した人が、侵害されたと主張するXの部分の表現上の特徴を感じるかで判断するべきという考え方（著作物全体観察説）

……といったようにいくつものバリエーションがあって、いまだ定まった考え方に至っていません（分類は [042] に拠る）。

> ▶ ワンレイニーナイトイントーキョー事件
> 1963年発表の日本の歌謡曲「ワン・レイニーナイト・イン・トーキョー」が、映画「ムーラン・ルージュ」（といっても、2001年公開のほうではなく、1934年公開の古いもの）の主題歌、"Boulevard of Broken Dreams"（といっても2004年のGreen Dayのほうでないもの）に依拠したものだとして、"Boulevard of Broken Dreams"の著作権管理者から訴えられた事件。どちらの曲もApple Musicのような配信で聞くことができますから、ご興味があれば聞き比べていただければと思いますが、裁判所は「音楽は旋律、和声、リズム、形式の四要素」を総合的に比較検討するべきだとして、その比較検討の結果、類似していないと判断しました。しかし、この判例では、そこは重要ではなくて、「既存の著作物と同一性のある作品が作成されても、それが既存の著作物に依拠して再製されたものでないときは」、既存の著作物の複製にあたらないので、著作権侵害の問題ではないと裁判所が判断したことが重要です。既存著作物に依拠していなければ、既存著作物の著作権侵害にならないことを明示したものと理解されています。

裁判例でも、地裁の判断では (a) 一元説が採用されたと考えられるのに、それに対する控訴審では (b) 作品全体比較説が採用されたと見られる事件がある

(「釣りゲータウン事件」=東京地裁（平成21（ワ）34012）、知財高裁（平成24（ネ）10027）など、裁判所での判断を予見するのが難しい状況になっています。

どの考え方に基づいて主張するかは、立場によって変えるのが戦略的といえるかと思われます。

釣りゲータウン事件の例でいえば、原告側は、魚が餌にかかったあとの「魚の引き寄せ画面」がいくつかの点で共通すると主張しました。この主張に対し、地裁では似ている点があるとして侵害を認めたのですが、知財高裁では判断が異なりました。知財高裁は、原告が被疑侵害品の特徴の一部だけを抽出して比較しているとし、原告が被疑侵害品のまとまりのある著作物のうち抽出した一部が似ているという主張をするなら、被告側は、被疑侵害品のまとまりのある著作物全体として似ていないと主張することが許されるべきだとしました。

▶ **釣りゲータウン事件**

グリー株式会社が2007年頃に提供していた携帯電話向けのゲーム「釣り★スタ」では、水中を表す青色の画面に、ダーツの的を思わせる同心円が描かれた画面が表示されます。これが「魚の引き寄せ画面」と呼ばれているものです。黒い魚影がこの画面に重ね合わせて表示され、魚影が同心円の中心に来たときにボタン操作をすると魚を引き寄せられる……というゲームです。

これに対してDeNAも2009年あたりから携帯電話向けのゲーム「釣りゲータウン2」というゲームのサービスを始めました。この「釣りゲータウン2」でも、青色の背景に同心円、黒っぽい魚影……という要素が表示されます。グリーは、この画面が「釣り★スタ」の本質的特徴を真似たものだと主張しました。

結果として、地裁では魚の引き寄せ画面に独創性があるとしてグリーが勝訴したのです。しかしその控訴審で判断が覆りました。控訴審は画面で両者のゲームに共通している部分については、アイディアなどの創作性がないもの、と判断しています。そして画面の共通している部分や違っている部分、創作性の程度などを考えてみると、この引き寄せ画面に「接する者が、その全体から受ける印象を異に」するとし、グリー側の画面の「表現上の本質的な特徴を直接感得できるということはできない」と認定しました。

この例のように裁判所ごとに判断が違う場合があることを考えますと、例えば地裁で不利な判断が出されても控訴する価値があるとも考えられますし、一度有利な判断があったとしても確定までは気を抜くべきではないとも言えます。

すこし細かいところに入りすぎましたが、要するに、「見て（依拠性）」「似ているものを作ったのであれば（類似性）」、複製権または翻案権の侵害行為に該当するということです。

　ちょっとだけ具体的に、画像生成AIを利用して何らかのキャラクタの画像を生成した場合に、他者の著作物である漫画やゲームのキャラクタとどの程度似ていると、「表現上の本質的特徴を直接感得でき」ると言われてしまうのかを考えてみましょう。

　キャラクタについては、ほぼ完全同一である場合はもちろん（平成10年（ワ）15575号「ときめきメモリアル アダルトアニメ映画化事件」）、そうでなくても「その特徴から当該登場人物を描いたものであることを知り得るものであれば」十分とされた例があります（民集51巻6号2714ページ「ポパイネクタイ事件」）。

> ▶ ときめきメモリアル アダルトアニメ映画化事件
> コナミが1994年に発売した「ときめきメモリアル」は、藤崎詩織をメインキャラとする恋愛シミュレーションゲームで、96年には累計100万本以上を売り上げる人気ゲームになっていました。この事件の被告は、97年に、ある同人サークルに委託して、この「ときめきメモリアル」のキャラクタを使ったアダルトアニメーションビデオを製作させ販売しました。この同人サークルはかねてから既存のキャラクタをモチーフとしたアダルトアニメーションなどを作っていたようです。
> このビデオがどれだけ売れたかは不明ですが、98年、写真週刊誌フライデーに「仰天！『ときめきメモリアル藤崎詩織』本番ビデオ騒動」としてとりあげられて俄然世間の耳目を集めることとなりました。そしてコナミが、同98年に、著作権（複製権・翻案権）と同一性保持権の侵害としてビデオの販売差し止めや損害賠償などを求めて東京地裁に提訴したのが、この事件のあらましになります。
> どのようなものであっても原著作者の意に沿わない改変はするべきではありません。

> ▶ ポパイネクタイ事件
> この事件はポパイの漫画（P.137参照）のキャラクタと、「POPEYE」などの文字をあしらったネクタイを販売した業者に対して、もとの漫画の著作権者側から著作権を侵害するとの訴えがあったものです。著作権者側の主張は2点あり、1点目はキャラクタ自体が著作物であり、その著作権を侵害するというもの。もう1点は漫画の著作権を侵害しているというものです。判例はキャラクタ自体が（漫画とは別個の）著作物であるという点を否定し、漫画の著作権侵害については認めました。

前者の「ときめきメモリアル アダルトアニメ映画化事件」は、「ときめきメモリアル」というゲームのキャラクタを用いたアダルトアニメーションを製作・販売した被告に差し止めや廃棄、賠償金などの支払いを命じたものですが、そのキャラクタの類似性を認定するにあたって裁判所は、キャラクタの名前は用いられないものの、図柄として

- 僅かに尖った顎を持つ
- 大きな黒い瞳（瞳の下方部分に赤色のアクセントを施している。）を持つ
- 前髪が短い
- 後髪が背中にかかるほど長い
- 赤い髪を黄色いヘアバンドで留めている
- 衿と胸当てに白い線が入り、黄色のリボンを結び、水色の制服を着ている
- 女子高校生である
- 後髪を向かって左側になびかせている
- 首をやや左側に傾けている
- 頭頂部に極く短い髪を描いている
- 髪の毛に白色のハイライトを描いている

など細部に亘って「酷似している」点を指摘しました。もっとも、本件はそれだけでなく、創作されたアニメーションのタイトルが「どぎまぎイマジネーション」（原題に基づいていると考えられる）であり、文字デザインからパッケージのデザインまでもとのゲームに似せており、さらにその説明にももとのゲームを連想させる文が含まれるなどといった点も含め総合的に類似性が評価されています。
　後者の「ポパイネクタイ事件」では、ポパイのキャラクタの類似性について裁判所は、

- 水兵帽をかぶっている
- 水兵服を着ている
- 口にパイプをくわえている

・船乗りである
・右腕に力こぶを作っている立ち姿である
・「ポパイ」の語を付している

点を指摘しています。
　なお、「表現上の本質的特徴を直接感得でき」ると主張され、実際にそのように評価される場合であっても、「ありふれたキャラクタ造形」だと抗弁することはできます。
　例えば、「けろけろけろっぴ事件」（平成12年（ネ）4735号）では、裁判所はそのキャラクタ造形のうち、カエルを擬人化するにあたり、

・顔の輪郭＝横長の楕円形とした
・目玉＝丸く顔の輪郭から飛び出ている
・胴体＝胴体は短く、これに短い手足をつけていること

については「普通に行われる範囲内の表現」であって、著作者の思想又は感情が創作的に表れていないと判断しました。

「カエルを擬人化するという手法が広く知られた事柄であることは明らかであり、カエルを擬人化する場合に、顔、目玉、胴体、手足によって構成されることになることも自明である。そして、本件著作物の基本的な表現に着目してみる限り、前述のとおり、それは、通常予想されるありふれた表現といい得る範囲に属するものであるから、これ自体を保護に値するキャラクターの構成要素とすることはできず、細部の表現によって構成されるところから抽象化されるものを本件著作物のキャラクターと把握する場合には、被控訴人図柄を同一のキャラクターの具体化とみることができないものであることは、前述したところから明らかである。」（平成12年（ネ）4735号事件）

なお、残りの

- 輪郭線の太さ
- 目玉の配置
- 顔と胴体のバランス
- 手足の形状
- 全体の配色

などの点について相違するとして、侵害を否定しました。

　もっともこの事件に関していえば、この本の著者としては、原告（侵害を主張した側）の作品と、被告側の作品とが、単純にその外見からもそれほど類似しているとは思えません。気になる方は、「けろけろけろっぴ事件」で検索すると、裁判例に添付された比較用された画像を見ることができると思います。

「似ている」と主張されたポイントが、「通常予想されるありふれた表現」であると主張できるならば、そのポイントでの類似性は否定できると思っていただければと思います。

> **Point**
> - 侵害行為とは、著作物の複製や翻案などの行為を、著作者の許可なく行うこと。
> - 著作物の複製権や翻案権を侵害したかどうかは、著作物に依拠し、著作物に類似するものを作成したかどうかで判断する。
> - 類似性の判断手法は、いろいろある。

> ▶ けろけろけろっぴ事件
> この事件は、あるイラストレータが、自身の創作したカエルのキャラクタの著作権がサンリオにより侵害されたと訴えた事件になります。本文でも書きましたが、この本の著者としては無理のある主張ではないかと感じますが、著作者本人は十分似ていると判断して訴訟を起こしたのだろうと思います。類否判断は絶対的なものではないので、著作者本人が類似していると考えても、他者の目であるとか、法律上の判断として非類似であるとか言われてしまうことは十分あり得るということです。

> ここでは裁判所がどのような点に注目して類否を判断しているのか、その感覚の一
> 端でも感じ取っていただければと思って、いくつかの事件をご紹介しました。

■ AI生成物の依拠性・類似性

　ところで生成AIは、多くの教師データを機械学習しているのでした。

　Stable Diffusionでは当初23億（LAION-2.3B）もの画像データとテキストデータのペアが教師データとして用いられたといいます。そうすると、生成AIは、これらの画像データに「依拠して」画像を生成しているとはいえないでしょうか。

　なるほど生成AIは、教師データの入力を受けており、それによってデータの生成処理を行うモデルを構築しています。しかし生成AIのしくみを見ればおわかりのとおり、モデルのなかには教師データそのものが含まれているわけではありません。

　この場合、生成AIの生成物は常に、これら教師データに「依拠している」といえるかどうか。

　これにはいまもさまざまな意見が出されており、結論が出ていません。

　ひとつの指針として、令和5年（2023年）7月26日の文化庁、文化審議会著作権分科会法制度小委員会[17]での配付資料「AIと著作権に関する論点整理について」を参照すると、I2Iで他人の著作物をAIに入力して、それと創作性が似ている画像データを生成した場合は、「利用者が生成時に既存の著作物の表現内容を知っているのだから」、依拠性があるとしてよいのではないかという見解が示されています（鉤括弧は強調のために著者が入れました）。

　この見解からしますと、利用者は知らないが、生成AIが機械学習に使用していた既存の著作物（基の画像）に類似したものを出力してしまった場合、依拠性があるとは言い難いことになります。

　一方で、生成AI利用者がプロンプトを調整して他人の著作物に似たものを意図的に生成させる場合（例えばプロンプトに著名なイラストレータの名前を入力して、そのイラストレータの作風を取り入れる場合）や、既存の著作物（キャラクタなど）に似た画像を生成できるとして配付されているLoRAモデルを追加して文章や画像を生成した場合には、生成時に既存の著作物の表現内容を知ってい

---

[17] https://www.bunka.go.jp/seisaku/bunkashingikai/chosakuken/hoseido/r05_01/

ることになり、依拠性がある（類似性については別の論点になる）と判断される可能性があるでしょう。

　この生成AIの生成物について依拠性をどう考えるかは、まだこれから議論が続くこととなります。将来的には、著名なイラストレータの作風の画像を出力可能なプロンプトを受け入れる生成AIを使用したというだけで依拠性が推定されてしまう可能性も否定できません。

> **Point**
> ・生成AI利用者が、生成AIで文書や画像などを生成したときに、既存の著作物の表現内容を知っていて、その表現内容に類似したものを得た場合は、依拠性があるとされ得る。
> ・ただし、依拠性の判断については、今後変わっていく可能性がある。

■ 翻案 —二次的著作—

翻案についてもうすこしだけ。
翻案は、著作権法第27条に規定があります。

> 第二十七条　著作者は、その著作物を翻訳し、編曲し、若しくは変形し、又は脚色し、映画化し、その他翻案する権利を専有する。

　これら翻訳や編曲、変形、翻案等をまとめて「二次的著作物」と呼びます。法律の条文の読み方としては、翻訳などの利用を「翻案権」に含めるのはほんとうはおかしいのですが、しかし本書ではわかりやすさ優先で「翻案権」とまとめておきます。要するに既存著作物を原案として、新たな創作部分を加えたものを二次的著作物というのだと考えればよいと思います。

　法律のことばでは「又は」が大きな括り、「若しくは」は小さな括りに相当します。そのためこの第27条は、

「著作者は、その著作物を〔（翻訳，編曲，変形）のいずれか〕、又は〔〔脚色，映画化〕などの翻案〕をする権利を専有する。」

と読むことになります。つまり、ここでは著作者が、

・翻訳権
・編曲権
・編集権

と、

・脚色、映画化などの翻案権

とを専有する（単独で持つ）と言っているわけです。

　前の項で、翻案権の侵害というためには「依拠性」と「類似性」とが要件になると書きましたが、翻案が既存著作物を原案として新たな創作部分を加えたものであっても、新たな創作部分が追加された結果、既存著作物の「本質的特徴を感得（P.148参照。「感じ取らせること」くらいの意味で捉えていただければと思います）」させないほどになったのであれば、それはもう二次的著作ではなく「新たな著作物」で、既存著作物の著作権の範囲の外ということになります。この場合は、既存著作物の翻案権侵害という話にはなりません。

■ **二次的著作が許容される場合**

　次に、二次的著作に関連して抗弁（侵害しているとの主張に対する反論）の基礎になるものとして、著作者から許容されている場合について説明します。もうひとつの抗弁である「権利が制限される場合」については、二次的著作に限らないので別項で説明し、ここでは著作者から許容される場合について扱います。

　著作権者の同意（翻案権等の不行使特約）がある場合は、二次的著作物の創作や譲渡等が許容されることがあります。

　ご存知のとおり、日本では、漫画やアニメーションの分野で、コミックマーケ

ット（いわゆるコミケ）を始めとして古くから二次創作の文化が浸透していました。その合法性は著作者の黙認というかたちで説明されてきた経緯があります。

ここでいう「二次創作」とは、小説や漫画、アニメなどに登場するキャラクタを翻案して別作品を作り出すことをいいます。作品はキャラクタのイラストや動画像（いわゆるファンアート）だけではありません。いわゆるSS（サイドストーリまたはショートストーリ）あるいはFF（Fan Fiction）と呼ばれる小説の形態の創作物もあります。前の章で書きました太宰治の「走れメロス」も、この意味ではシラーの詩作をベースにした二次創作作品（FF）だとも言えるわけです（ただメロスの場合、メロスの行動はもとの詩に沿っていて、これだと現代的な二次創作とは言い難いかと思います）。

一般的な感覚ですと、現代的な意味での二次創作作品とは、キャラクタの設定をベースとして、

・舞台設定を変更したもの：
物語の時代を変え、時代劇を現代の学園ものに変更してしまうなど
・カップリングを変更するもの：
AとBが恋愛関係に発展する話であったものを、AとCがその関係になるようなものに変更するなど
・ポルノ描写を含めるもの：
もともと存在しない性的描写を追加するなど
・キャラクタの性別などを変更するもの：
女性キャラクタを男性に置き換えるなど
・2以上の作品を混合するもの：
A作品のキャラクタとB作品のキャラクタとを登場させるなど

といったものをいうのではないかと思います。もっともこのあたりは例示であって、キャラクタの設定すら、その外観だけ維持して違うキャラ付けをするとか、さらに多様な二次創作作品があるのが現状でしょう。こうした多様な二次創作の作品が、著作権者が黙認しているという不安定な確信のもとに成立しています。

著作権者側も、二次創作が原作品の魅力を高めている要素は否定できず、一律に著作権侵害として禁止すると却ってファンの不興を買うという懸念がある一方、あまりに多様化している二次創作をどこまで許容していいのかという問題意識があります。そこで近ごろでは「二次創作ガイドライン」として、どのような二次創作であれば認められるか（どのような二次的創作は認められないか）を積極的に示す傾向があります。

　例えば、2021年から配信されて2100万ダウンロードを記録した、「ウマ娘プリティーダービー」では許容できない二次創作の例として、

1.本作品、または第三者の考え方や名誉などを害する目的のもの
2.暴力的・グロテスクなもの、または性的描写を含むもの
3.特定の政治・宗教・信条を過度に支援する、または貶めるもの
4.反社会的な表現のもの
5.第三者の権利を侵害しているもの

を挙げています[18]。

　反対解釈ができるとすれば、これらに該当するものを除く二次創作については許容されており、この範囲での翻案であれば許容し、また著作者人格権を行使しないという特約となっているかと考えることができます。

　このゲームでは競走馬が擬人化されているとはいえ実名で登場するなど、注意するべき点が多いものですが、上記のように整理されることで、二次創作者側はガイドラインに沿った創作物を安心して公開することができるわけです。

　著作権法の解釈からすこしだけ注意すべきは、漫画や小説の登場人物（キャラクタ）の名前や性格、設定などは抽象的なアイディアであると判断されていて、この場合にはキャラクタの名前や性格・設定には、著作権の保護は及ばないと考えられることです（民集51巻6号2714ページ「ポパイネクタイ事件」の判例。P.151参照）。

　このポパイネクタイ事件の判例では、ネクタイの図柄に表されたポパイの絵については「主人公ポパイを描いたものであることを知り得るものであるから、右

---
[18] https://umamusume.jp/derivativework_guidelines/

のポパイの絵の複製に当たり、第一回作品の著作権を侵害する」としつつ、その一方で

「一定の名称、容貌、役割等の特徴を有する登場人物が反復して描かれている一話完結形式の連載漫画においては、当該登場人物が描かれた各回の漫画それぞれが著作物に当たり、具体的な漫画を離れ、右登場人物のいわゆるキャラクターをもって著作物ということはできない。けだし、キャラクターといわれるものは、漫画の具体的表現から昇華した登場人物の人格ともいうべき抽象的概念であって、具体的表現そのものではなく、それ自体が思想又は感情を創作的に表現したものということができないからである。」

として、具体的表現から離れた登場人物の人格自体は、著作権の対象でないと述べています。

> ▶ 第一回作品
> この点は実はこの本でご説明している趣旨とはあまり関係のない部分ですが「第一回作品」について念のため補足だけしますと、ポパイ漫画が連載形式の漫画で(かつ法人著作で)あったため、「第一回」のように言わなければならなくなったのです。もうちょっと蛇足を付け足しますと、裁判所は、
>
> 「連載漫画の著作物については「著作物ごと」(つまり一話ごと)に独立していて、その保護期間は一話ごとに独立して進行する」
>
> と述べ、そのうえで
>
> 「後続の漫画に登場する人物が、先行する漫画に登場する人物と同一と認められる限り、当該登場人物については、最初に掲載された漫画の著作権の保護期間によるべき」
>
> というのです。この例の場合、ポパイは当然「第1話」(ここでいう「第一回」)から登場していますので、ネクタイに描かれたポパイの絵柄は、その「第一回作品」の漫画の著作権を侵害するものだ、というわけです。したがってこの件では第一回作品の公表から(当時の法人著作の存続期間である)50年を経過する前の侵害についてだけ損害賠償を認めたという経緯になっています。

3章 AI関係者が知るべきこと

ですからまず、漫画の著作物などの登場人物を利用したサイドストーリー（SS）やFF（Fan Fiction）等の創作小説は、画像による二次的著作に比べると、著作権の侵害行為に該当する可能性が低いことになります。生成AIを利用する場合でも同じことで、キャラクタを文章で表現する場合にはそもそも著作権の侵害行為になる可能性が低いわけです。もっとも、どんな場合でも小説なら大丈夫、とまでは言いきれないでしょう。例えば原作の描写をなぞった箇所があれば、その部分について著作権の侵害に該当することがあり得ます。

　また画像（ファンアート）の場合でも、キャラクタ自体が著作権の対象でないということは、ファンアートとして生成されたキャラクタの画像と、著作権者により創作された具体的な漫画のコマやアニメーションのシーンとの間に類似性がなければ、著作権の侵害行為とは言いにくいことになります。このことは著作権者側から見れば、キャラクタの画像について著作権侵害を申し立てたければ、その画像に類似するアニメのシーンの画像などを具体的に指摘して、そのシーンの画像等の複製権や翻案権の侵害であると主張する必要があるということです。

　ただ、生成AIの場合、I2Iが利用されているときや、LoRAなどで既存の著作物が追加学習に利用されているときには、新しい創作部分が少なくなり、実質的に原著作物の複製になってしまうことがあろうかと思います。この場合は依拠している画像の著作権の侵害（複製権あるいは翻案権の侵害など）になるわけですから、ガイドラインに照らして許容された表現になっているかどうかがポイントになりそうです。

　二次創作をめぐっては、このほかにも知っておいたほうがよいポイントがいくつかあります。例えば（原作にはない）ポルノ描写を含めたようなものは必ずNGなのか、であるとか、二次創作物にも著作権があり得るのか、といったことです。

　こうした例について実際に争われた事件がありますので、この節の最後に、この事件をご紹介しておきましょう。

　この事件は、「BL同人誌著作権侵害事件」（令和2年（ネ）第10018号）と呼ばれています。事案はかなり複雑です。

　その前に。「BL」というのはBoys Loveの略で、要して言えばゲイセクシャルな描写を含む変更を加えたものを指しています。かつて女性向け創作とか呼ばれ

ていたものの一分野だと思いますが、いまでは二次創作の場でかなりの割合を占めるジャンルになっています。

さて、この事件では、原告は著名な漫画やアニメ（以下、まとめて原作と書きます）に関するBL二次創作を製作していました。なお原告は、原作の著作権者から明示の許諾は受けていないようです。一方、被告は原告のBL二次創作作品をウェブサイトに掲載していましたが、この二次創作掲載について原告の許諾は受けていませんでした。

原告の主張は原告著作物の公衆送信権侵害ということですが、被告は

(1) 原告作品は、著作権侵害品である
(2) 原告作品は、わいせつ図画にあたる

として、そのような原告作品について著作権侵害だというのは、権利の濫用（別注）であると主張しました（裁判例の争点5）。

裁判所はまず(1)の点について（主張された証拠だけでは、という前提はありますが）著作権侵害との主張は失当であるとしたうえで、進んで「仮に著作権侵害の問題が生ずる余地があるとしても、それは主人公等の容姿や服装など基本的設定に関わる部分の複製権侵害に限られ」、その他の部分には二次的著作権が成立し得ると述べ、そうであれば、その二次的著作権が成立し得る部分に基づいて被告の著作権侵害を主張することが権利濫用とはいえない、と判断します。

原作があるとしても原作に付加した創作部分があるので、その付加された創作部分に基づく著作権侵害を主張することは許されるとしているわけです。

次に(2)の点について。わいせつ性があるから著作権侵害の訴えは権利濫用か、公序良俗に反するという主張ですが、この裁判所では原告の二次創作全体を見ても被告が主張するほどのことはない、と退けています。

このことから、二次創作物にも著作権は発生しますし、（原作にはない）ポルノ描写を含めたようなものであっても権利行使の妨げになるほどわいせつ性があるとは必ずしも言われない、ということがわかります。

なお、(2)のわいせつ性の点はこの本とは直接かかわりないところですので、

これ以上は踏み込みませんが、生成AIでもわいせつ性のある画像を生成できてしまいますし、わいせつ性のある著作物についての著作権が気になるとおっしゃるのであれば、このBL同人誌の事件について解説し、知的財産権の行使において殊更にわいせつ性などの公序良俗の問題を持ち込むべきでないと論じるもの[043]をご参考にされてはいかがでしょうか。

■ 権利濫用の法理

あともうひとつ。

一見、正当な権利行使に見えても、具体的な状況を考えるとその権利行使を認めるべきではないと判断される場合というのがあります。こういう場合、権利の行使は認められないというのが、民法第1条第3項「権利の濫用は、これを許さない」という条文です。例えば温泉地で、源泉から温泉宿までの引湯管が通っている土地（すごい傾斜地で家を建てるどころか使いようがない土地）がものすごく安かったので、これを買っておいて、温泉宿に対して、引湯管を撤去するか、この土地を高額で買い取れ、などと主張するような場合が権利濫用というものです。

これは実際にあった事件で、日本で権利濫用の法理が初めて明確に現れたことで有名なものです（昭和9年（オ）2644号「宇奈月温泉事件」）。宇奈月温泉には、この事件の記念碑があって、「権利濫用の法理発祥の地」と書かれているとかなんとか。

知的財産権でも、権利濫用は許されません。この例のように権利の行使が権利の濫用に当たると考えられる場合は、その旨を主張することになります。ただ、著作権において権利濫用が認められたケースは極めて少ないですし、「BL同人誌著作権侵害事件」でも認められていません。

■ 権利が制限されている行為か

次に第4のポイント、「権利が制限されている行為に該当しないか」を検討します。

著作権法では、著作権の効力を制限する規定を、第30条以下にいろいろ設けています。そのうち、生成AI利用の観点で（生成AIをつくる場合については後

述）問題になりそうなものをとりあげてみますと、次の2つがあるのではないかと思います。

(1) 私的使用の複製である場合（第30条，第47条の6）

家庭内で個人的に楽しむ、というのであれば、AIで生成したものが、他人の著作権の翻案に相当するものであっても問題はありません。

(2) 引用である場合（第32条）

AIで生成した文章や画像が、基の著作物の引用に相当する場合も問題はありません。

しかしAIでの生成物が何かを「引用」したと認められる場合があるかどうか。

著作物の利用が引用であると認められるためには、明瞭区別性、主従関係性を要件とすると考えられています。ここでの明瞭区別性とは、引用されている他者の創作部分が自己の創作部分と明確に区別できることを意味しています。また、主従関係性とは引用している自己の著作物を主とし、引用されている他者の著作物を従とする関係でなければならないことを意味しています。

文章の生成AIは、単語の連続性を学習する点では、他人の著作物を利用していると言えるものの、生成の時点では、機械学習のために用いられた学習データが、明瞭区別性を満足する程度にそれとわかる程度に現れることはほとんどあり得ないことでしょう。

では文章の生成AIによって既存の著作物を変換する場合はどうか。例えば文章のトーンを変更するなどした場合は、既存著作物の表現を引用したと言えるかどうか。パロディの場合と同様、この点については引用と認められてもよい場合がありそうですが、この場合、今度は同一性保持権の問題になる可能性があります（後述）。

結局、生成AIを利用したものが、既存の著作権を引用して創作されたものに該当するものとなるためには、生成AIの出力をそのまま公表するのではなく、人為的な加工をしていることが必要かと考えます。そしてそうであれば、生成

AIを利用しているかどうかに関わらず、生成された結果物を見て、従来どおりの基準で引用に相当するかどうかが判断されることになるでしょう。

権利の制限規定としてはこれらのほかに教育用の利用などがありますが、いずれのケースでも生成AIの場合と、そうでない場合とで特に区別するべき点はありそうにないため、これ以上はとりあげません。

■ 著作者人格権の問題

権利制限の規定は著作権についての制限を規定しているのであって、著作者人格権については別に考えなければいけません（著作権法第50条）。

著作者人格権にもいくつかの権利がありますが、AIの利用で特に問題になりそうなものは、同一性保持権かと思われます。ある著作物に対してI2Iなどを利用すると、かんたんに著作物を改変したものを生成できるためです。

同一性保持権は、自分の著作物について意に反する変更などの改変を受けないという権利です（著作権法第20条第1項）。その改変は、たとえわずかであっても同一性保持権を侵害していると判断される場合があります。具体的にはゲームタイトルの一部に漢字が含まれる場合に、それをひらがなに直したものでも同一性保持権の侵害とされる場合があります（平成12年（ワ）10231号「毎日がすぷらった事件」。「著作権判例百選第6版」参照）。

また、引用の際の改変も、止むを得ない場合を除き、同一性保持権の侵害と評価されます（平成11年（ネ）4783号「脱ゴーマニズム宣言事件」控訴審）。

AIで既存著作物を変換する場合は既存著作物に改変が加えられ、それが止むを得ない（例えば翻訳などを要するなど）場合を除いては、権利が制限された行為であるか否か以前に、同一性保持権侵害とされることになるでしょう。

既存著作物を変換して創作したものについて既存著作物との間に類似性が認定され、翻案に相当すると判断されたとき、それでも「同一性保持」がされていないと評価される場合があるのかと思われるかもしれません。しかし例えば原著作物のなかではおとなしいキャラクタとして描かれることが意図されているのに、その「表現上の本質的特徴を直接感得でき」るキャラクタが、暴力的な行為を行っている創作物を創作すれば、それはそのキャラクタの「性格付けに対する創作

意図及び目的を」ゆがめる行為であって、同一性保持権の侵害に当たると評価されることになります（前出・「ときめきメモリアル アダルトアニメ映画化事件」）。

▶ 毎日がすぷらった事件
「毎日がすぷらった」は、ユーザが文章を読みながら進め、要所要所でのユーザの選択がその進行に影響する、いわゆるビジュアルノベルゲームのシナリオです。ゲーム製作会社は、この「毎日がすぷらった」のほか、数編のシナリオをベースにしたゲームを一本にまとめ、「ノベルズ～ゲームセンターあらしR～」というタイトルで販売しました。
「毎日がすぷらった」のシナリオライターは、舞台をアパートの一室に設定し、主人公がそこで一人暮らしをしていることとしていましたが、ゲーム制作会社側が、シナリオライターの許諾なく、舞台を高級マンションに変え、さらにユーザが特定の選択をしたときのシナリオの内容を大幅改変しました。そのうえシナリオの選択画面やオープニングムービーでの標題を「まいにちがすぷらった！」と改変しました。裁判所は、「改変の多くは、平仮名表記を漢字表記に変更」するようなものだが、「このような変更も本件シナリオの外面的表現形式に増減変更を加えることに変わりはない。しかも、本件シナリオのように、小説と同様にゲームのプレイヤーが文字で表現された文章を読む形式の著作物においては、ある語を漢字で表記するか平仮名で表記するか」なども「著作者の個性を表現する方法の一つ」であるとして、了解を得ずに反して行われた以上は同一性保持権の侵害である、と判断しました。

▶ 脱ゴーマニズム宣言事件
構図としては「ゴーマニズム宣言」という漫画の著作者である漫画家Aと、「ゴーマニズム宣言」を批判する書籍「脱ゴーマニズム宣言」の著者であるBとの間の事件です。Bは、書籍「脱ゴーマニズム宣言」において「ゴーマニズム宣言」の一部を「引用」として掲載しました。この「引用」の際、右から順に一行に配列された3コマのうち、最初の2コマを一行目に、最後のコマを改行して次の行に配列した部分がありました。争点のひとつは、これが改変に相当するかどうかです。この最後の3コマ目には、人が右側を見ながら指さししている絵が描かれており、3コマが一行に入っていれば、この人物が右の2コマを見ながら指さししていることがわかるようになっていました。B側はこれを「やむを得ない改変」と主張しましたが、裁判所（控訴審）は、縮小複製のように改変しない方法も採れたではないかとしてこの主張を退け、そのほかの事情も考えたうえで、「改変に相当する」と認定しました。

一方で同一性保持権侵害は「意に反する」改変を侵害とするので、著作者の同意があれば、改変しても同一性保持権の侵害にはなりません。つまり、実際に改

変された著作物を著作者が見て、その改変に同意すれば同一性保持権の侵害にはならないわけです。また二次創作ガイドラインが定められている場合も、改変等が部分的に容認されているといえる場合があると考えます。

　しかし二次創作ガイドラインなどを設けず、または二次創作ガイドラインがあっても、具体的に許容される改変の範囲を明示しない、いわば包括的な同意となっている場合は、問題になるかもしれません。

　なぜかというと、包括的同意については、将来どんな改変がされるかもわからないのに事前に包括的な同意ができるわけがない（から、そういう特約は無効だ）という見解もあれば、特約自体は有効だという見解もあるからです。ほかにも、あとから撤回することができるとすべきだ、という意見もあったりします。

　したがって、原著作者が改変結果に具体的に同意しているならばともかく、原著作者が事前に改変等を許容する発言等をしているからといって、原著作物を自由に改変してよいとは必ずしも言えません。同一性保持権の侵害になる可能性が否定できないからです。

　結局のところ、他者の著作物である漫画やアニメーション、ゲーム等の登場人物などを利用して自己の創作物を生成しようとする場合、生成AIを利用するかどうかに関わらず、原著作者等により示されている二次的創作のガイドラインを十分検討して、自分の創作物が、その許容する範囲に含まれるかどうかについて慎重に判断するべきです。

■ 誰が著作権侵害をしているか

　AI生成物としてネットの情報共有サイトなどで公開された作品が、誰かの既存著作物に類似している場合（類似性）、かつ、その作品をつくった生成AIの利用者が、作品をつくった時点でその既存著作物を知っていた場合（依拠性）、この利用者は、著作権を侵害したことになります。つまり、この利用者は直接的な侵害者です。

　繰り返しになりますが、仮に他人の著作物に依拠し、その他人の著作物に類似するものを生成AIで生成しても、それを個人的に利用するだけであれば、私的使用の複製である場合（第30条、第47条の6）に相当しますから、それを著作権

侵害であると言われることはありません（著作者人格権については別ですが）。

　しかし、他人の著作物に依拠し、その他人の著作物に類似する自分のAI生成物（翻案物とでも呼びましょうか）を公開・公表する場合には、その他人の許諾を受けていなければ、公開・公表した者は、著作権の侵害、具体的には、上映権や公衆送信権、頒布権、譲渡権、貸与権などの侵害になってしまいます。

　例えば、自分で創作した、他人の著作物の翻案物を、同人誌の即売会などで販売したり、配付したりすれば譲渡権（「譲渡」には無償も有償も含まれます）の侵害行為に相当します。ネットの投稿サイトにアップロードすれば、公衆送信権の侵害行為になってしまいます（翻案したものについては著作権法第28条）。

　もっとも学校内など同一構内に対してのみ行われる送信は公衆送信とは言わない、とされていますが、その場合でもアップロード前に「他人の著作物に依拠し、その他人の著作物に類似する自分のAI生成物」を生成して所持しているはずなので、私的利用以外に用いた時点で複製権等の侵害にあたることになり、いずれにしても侵害行為になってしまいます。

　しかし、直接侵害をしていなくても、従業員や雇ったイラストレータなどに指示して作成させていた者がいる場合、指示した者が著作権侵害者として認められる場合があります（AIモデルの提供者についての章で後述します）。

　著作権侵害者と認められた場合、民事的・刑事的責任を問われることはもちろん、差し止めの対象となって、侵害行為に使われた設備等の廃棄を求められる場合があります（著作権法第112条第2項）。

■ AIで生成するときの問題のまとめ

　ここまでの話をまとめます。なお、現実の争いになると考えられる場合は、弁護士などの専門家に相談することを"強く"お勧めいたします。

　「侵害している」と言われたとき。考慮事項は5点（実質的には4点）

考慮事項	主張と検討事項
相手方の創作物に著作物性があるか	相手方の創作物はアイディアであり、著作物性がないと主張できないか
	表現がありふれていたりしないか。表現に選択の余地はあるか
誰かの著作物か	相手方の著作物である可能性が高い(ただし確認は必要)
	保護期間は満了していないか
侵害行為か	依拠していないとの主張はできないか
	● 相手方の著作物を、生成AI利用の時点で知らなかったとの主張はどうか(相手方公開前に生成していた、など)
	● 相手方の著作物を模倣しようとしてLoRAなどの技術的手段を採用しなかったか
	類似性を否定できるか
	● 生成物は相手方の著作物の「本質的特徴を直接感得」させるか
権利が制限されている行為ではないか	自己利用の目的で、公開などをしていない、との主張は可能か
著作者の許諾を受けていないか	許諾があれば、侵害にあたらない

他人のAI生成物が自己の著作権を侵害していると考えるとき。考慮事項は5点(実質的には4点)

考慮事項	主張と検討事項
自分の創作物に著作物性があるか	創作物はアイディアの表現であり、著作物性があると主張できているか
	表現に独自性が主張できるか。表現に選択の余地はあるか
誰かの著作物か	自分の著作物である(反論されることはあり得る)
侵害行為か	依拠しているとの主張は可能か
	● 自分のAI生成物を、相手が創作した時点で知っていた(可能性がある)と主張立証できるか
	● 自分の著作物を模倣しようとしてLoRAなどの技術的手段を採用していないか
	類似性があると主張できるか
	● AI生成物は自分の著作物の「本質的特徴を直接感得」させるか
権利が制限されている行為ではないか	相手は公開・公表などを行っているか
	相手の行為は引用ではないと言えるか
著作者の許諾を受けていないか	相手方に利用を許諾していたならば、侵害しているとの主張はできない

■ 自分のAI生成物に関する問題のまとめ

 ご自身のAI生成物の著作権が侵害されたと考えられる場合についての話をまとめます。なお、現実の争いになると考えられる場合は、こちらも、弁護士などの専門家に相談することを"強く"お勧めいたします。

 自分のAI生成物の著作権が侵害されたと考えるとき。考慮事項はおもに5点（実質的には4点）

考慮事項	主張と検討事項
自分の創作物に著作物性があるか	自分に創作意図があったといえるか ● 自分のアイディアの表現を得るためにAIを利用したか
	自分が創作的寄与をしたといえるか ● プロンプトにより創作物の内容を具体的に指定したといえるか（スイカ事件のように被写体の決定などに寄与したと言えるか） ● ガチャ回し（ランダム打ち）ではないかとの反論主張があり得るか。その場合も、ランダムに生成された結果から比較選別したもので、創作的寄与があったと主張できないか ● パラメータ調整をしたり、生成物に対して自ら加筆訂正や加工等を施したりしたか
	結果物の表現に独自性が主張できるか。 ● 表現に選択の余地はあるか。
誰かの著作物か	自分の著作物である（反論されることはあり得る）
侵害行為か	依拠しているとの主張は可能か ● 自分のAI生成物を、相手が創作した時点で知っていた（可能性がある）と主張立証できるか
	類似性があると主張できるか ● 相手のAI生成物は自分の著作物の「本質的特徴を直接感得」させるか
権利が制限されている行為ではないか	相手は公開・公表などを行っているか
	相手の行為は引用ではないと言えるか
	AIの機械学習での利用など、法的に許諾された利用行為ではないか
許諾していないか	相手方に利用を許諾していたならば、侵害しているとの主張はできない

AIの提供者が知るべきこと

　ここではAI提供者が意識するべき著作権周りの問題を考えます。

　AI提供者のうちには、AIの製作者とサービス提供者とが含まれますが、区別して考えるべきときだけ区別するようにします。ユーザとの権利関係の整理や、ユーザが生成したものが問題となった場合に、どのようなリスクがあるのか考えてみたいと思います。

■ 権利関係の整理

　AI技術に関して、その利用規約を考えるにあたり、特に考慮すべき事項として経済産業省が「AI・データの利用に関する契約ガイドライン　AI編」（平成30年6月）で、次の4点を挙げています。

(1) 学習済みモデルのカスタマイズ
(2) 入力データ
(3) 再利用モデル
(4) AI生成物

　このうち(1)学習済みモデルのカスタマイズについては、カスタマイズに用いたデータセットや、カスタマイズ後のモデル（その構造や重みの情報等）に関する権利が誰のものになるのか、そのライセンスはどうするのかといった内容を、カスタマイズの程度などを考慮したうえで決定すべきとしています。

　(2)の入力データについては、ユーザのデータである場合があり、それは個人情報や営業秘密である場合もあるでしょうから、その取り扱いの規定についてそれぞれの法規制とともに検討すべきだとしています。この問題は特に外国のユーザが関係する場合に、より難しくなります。

　(3)の再利用モデルというのは、追加学習を行ったものをいうようです。この場合も、提供者とユーザ側とで権利の帰属や利用条件を明確にすべきだとしています。

そして (4) AI生成物については、著作物となる場合に特に注意が必要だとしています。既に書いてきましたが、ユーザの行為に創作の意図があり、創作的寄与が認められる場合、AI生成物は、原始的にはそのユーザの著作物となると考えられますから、その利用などを求める場合には、規約などで明示しておく必要があると考えられます。

■ 利用者がトラブルを起こしたら

ここまでで、生成AIを利用してつくられたものが、必ずしも著作権侵害品となるとは限らないものの、生成AIを使って、既存の著作物の著作権を侵害する文書や画像を生成できることもご理解いただけたかと思います。

より具体的には、I2IやLoRAを利用したり、プロンプトを調整したりすると、生成AI利用者が、利用の時点で知っている既存の著作物に類似するものを作ってしまうことがあるのでした（既存著作物に依拠し、それに類似するものを生成できる）。

この場合、著作権侵害をしている主体は誰でしょう。

もちろん、直接的な著作権侵害の行為をしているのは生成AIの利用者ですが、著作権侵害品を生成可能な技術的手段を提供した人はどうなのか。言い方を変えれば、生成AIの提供者は、著作権侵害を幇助する行為（いわば寄与侵害のような行為）と捉えられないのか。

これは実のところ難しい問題で、仮に幇助する行為と捉えられる場合、その民事上の責任を認めるのか、とか、刑事責任は問えるのかといった細かい議論になってしまいます。それだけ事案ごとの判断になってしまう、ということでもあります。しかしすこしだけ説明を試みてみましょう。

民事上の責任に関する参考例として、クラブキャッツアイ事件（民集42巻3号199ページ）や、ロクラクⅡ事件（民集65巻1号399ページ）というものがあります。いずれも上告審（つまり最高裁判決）で、その判断には重みがあります。

クラブキャッツアイ事件は、スナックがカラオケ装置を店内に置いて歌わせていたという事案です。この事案でのスナック側の主張は、歌っている（≒音楽著作物の利用者）のはスナックの客であり、スナックの人ではない（場合によって

ホステスにも客と一緒に歌わせていたようですが）こと、またカラオケで歌うときに料金を請求していなかったということでした。

しかし判決では音楽著作物の利用者はスナック側であるとしました。「客やホステス等の歌唱が公衆たる他の客に直接聞かせることを目的とするものである」ことは明らかだとし、一人で歌う場合も、スナック側に「据え置いたカラオケテープの範囲内での選曲」、スナック側の「管理のもとに」歌唱しているではないか、というわけです。そしてそうした管理のもとでの歌唱によりカラオケスナックとしての雰囲気をつくりあげて、集客しているのだから利益を得ているとも言えるということで、スナック側が直接的に侵害しているわけでなくても、スナック側に著作権の侵害の責任を負わせることができる（いわゆる「カラオケ法理」）としたわけです。

▶ クラブキャッツアイ事件
カラオケボックスを主に使っていると分かりにくいかもしれませんが、その昔、カラオケといえば、ソファをいくつか置いた大きいホールに一台の機械を置いて客に歌わせるものでした（いまでもそういうお店はあります）。この事件の「クラブキャッツアイ」も、そういったお店です。このお店に対し、楽曲の著作権者が著作権（演奏権）の侵害であるとして演奏の差し止め及び不法行為に基づく損害賠償を求めたのがこの事件です。
結果として、裁判所の判断は「スナック等の経営者が」カラオケの機械を置いて従業員に操作させて「客に歌唱を勧め」、「他の客の面前で歌唱させるなどし」、「もって店の雰囲気作りをし」、「客の来集を図って利益を上げることを意図している」という事実関係のもとで、音楽著作物の利用者は経営者だ、としたのです。こうしてみると、この判決の射程はかなり限られているように見えますが、後続の裁判例で拡大解釈されて用いられているとの批判も多くなっています（別に説明する「ロクラクⅡ事件」において金築誠志裁判官の補足意見もご参照ください）。

ロクラクⅡ事件では、裁判所は、カラオケ法理（「管理」と「利益の帰属」）とはまた違う考え方で侵害主体を判断しました。

この事件ではハードディスクレコーダをインターネットに接続して、そこに録画された番組を遠隔から観られるようにしたサービスが問題になりました。業者はユーザにこのための機械（ロクラクⅡ）をレンタルして操作可能にし、ユーザは遠隔から自分のレンタルした機械を操作して番組の録画や視聴をする、という

モデルです。

　この業者は、訴えに対してユーザが私的使用をしているだけ（つまり著作権が制限された行為）だと主張しました。これに対し裁判所は、「複製の主体の判断に当たっては、複製の対象、方法、複製への関与の内容、程度等の諸要素を考慮して」、誰が複製をしたかを決めるべきだと判断、この業者が複製の実現のための「枢要な行為（それがなければ複製が成り立たない、「必要不可欠な、要になる行為」と理解してください）」をしていると判断しました。

　このロクラクII事件などの判断に照らしてみると、生成AIのサービス提供はどうでしょうか。

> ▶ ロクラクII事件
> いまではネット配信もありますし、テレビ局も、放送した番組のネット配信に力を入れていますが、配信がまだ普及していなかったころは、例えば海外出張中に日本のテレビ番組を視たいと思っても、できなかったわけです。本件の被告が考えたのは、ハードディスクレコーダのレンタル事業でした。2台をペアで貸し出し、1台（これを「親機」と呼んでいます）を国内に置いておき、国内のテレビ番組を録画できるようにしておきます。ペアで貸し出されたもう1台（こちらは「子機」です）は契約者が海外へ持ち出します。契約者は海外で子機を操作してインターネット経由で親機に接続、親機から録画した番組のデータを受信して再生。これにて海外で日本のテレビ番組が視られる、という仕組みです。
> さてこのケースで被告は放送番組の著作権を侵害していると言えるのか、というのがこの事件の概要です。本件は最高裁まで争われた結果、最高裁では「放送番組等の複製物を取得することを可能にするサービス」で、そのサービス提供者が、「その管理、支配下において」、放送を複製できる機械で放送番組の録画ができるようにしていることは、「録画の指示を当該サービスの利用者がするものであっても、当該サービスを提供する者はその複製の主体」と理解すべきだと判断しました。
> この判例には、金築誠志裁判官が補足意見を述べています。その補足意見では、「カラオケ法理」は、「一般的な法解釈の手法にすぎず」、考えるべき要素も行為によって変わるもので、「著作権侵害者の認定に当たっては、総合的視点に立って行うことが著作権法の合理的解釈である」と述べられています。「カラオケ法理」の暴走を是認する気にもなれませんが、いろいろな事情を考えて判断すべきだ、としたのでは裁判結果の見通しをつけることが難しくなってしまったかな、というようにも思われます。

クラブキャッツアイ事件やロクラクⅡ事件では、複製の対象が他人の著作物に限定されています。一方は「据え置いたカラオケテープの範囲内での選曲」であり、ロクラクⅡでは録画する放送で、何か別のもの（例えば個人的なホームビデオで撮影された映像）を録画することができたとは書かれていません。

　これに対して生成AIの場合、一般的には、既存著作物の複製を生成するものではなく、新たな創作物の生成を目的にしていると考えられます。この点で、そもそも複製を行うものですらないとは主張できそうです。

　しかし利用者がI2IやLoRAを利用したり、プロンプトを調整したりした結果、既存著作物の複製と思われるものが生成されてしまう場合には問題があると考えられます。この意味では入力されるプロンプトに何らかの制限をかけて、既存著作物の複製ができないようにしておくといった自衛策を考慮する必要があるかもしれません。

　また刑事的責任に関しては、Winny事件（刑集65巻9号1380ページ）と呼ばれる事件が参考になるかもしれません。

　Winnyは、ネットワークを介したファイル共有ソフトウェアで、それ自体は必ずしも著作権侵害にだけ使われるというものではありませんでした（ただし、著作権侵害に適していたという主張をする者もあるのですが、詳細は他者の記事などに譲ります）。このようなツールを称して、「価値中立ソフト」などと呼ぶわけですが、価値中立ソフトと評価されるWinnyを利用して著作権侵害行為が行われる場合、この価値中立ソフトの提供者は、侵害の幇助犯なのでしょうか。ジョークでよく言われる「包丁の製造者を幇助犯で逮捕」のような話のようですが、Winnyの場合、最初にデータをアップロードした人（そのデータが他人の著作物であれば直接侵害者にあたる）が誰なのかがわからないようにする、という匿名性や、一度「放流」されると、複写された全てのデータを削除することが技術的に困難であるという悪い点があったことなどが問題視されていました。

　しかし最高裁では、Winny提供者が、著作権侵害利用者が例外的といえないほどの数になると考えていたとか、それを容認していたとかまではいえないとして、Winny提供者を無罪としました。

▶ Winny事件

インターネットを経由して誰かとデータを交換する方法はいくつかあります、例えばインターネット上のサーバにデータを預けておき、相手からダウンロードしてもらう方法があります。一般的なメールなんかがそうですね。これに対してサーバを使わないで、相手先のコンピュータで動いているプログラムとの間で直接データを送受信する方法がPeer-to-Peer（略称でP2P）です。このPeerというのは「同じ立場の人」くらいの意味です。

Winnyは、2002年ごろ、当時東京大学大学院の助手であった金子勇によって開発されたP2Pのソフトです。Winnyは、誰のWinnyからどんなデータが入手できるかを表すインデックス情報を、Winnyユーザですこしずつ分散して持ち合います。あるWinnyユーザが欲しいデータの問い合わせを他のユーザのWinnyに送信すると、そのWinnyが提供元を知っていればその提供元を教え、知らなければさらに他のユーザのWinnyに問い合わせを転送する……というように動作します。この結果、誰だか知らない相手が配付しているデータを手に入れることができるわけです。

このソフトウェアが問題となったのは、著作権侵害となるようなファイルの共有が行われたこと、そして児童ポルノのような違法なデータの共有に使われたこと、さらにはウィルスソフトの配付にも利用されてしまったことからです。2003年末ごろから著作権法違反の容疑で逮捕者がでていましたが、2004年、開発者の金子勇までが著作権侵害行為を幇助したとして逮捕されました。

刑事裁判の詳しい経過は種々の本などに詳しいところなので省きますが、結果としては最高裁まで争われた結果、「例外的とはいえない範囲の者がそれを著作権侵害に利用する蓋然性が高いことを認識、認容していたとまで認めることは困難である」との認定のもと、金子勇は無罪となりました。

古い判決に、「幇助犯の成立に必要な行為は、有形無形と問わず犯行に便宜を与え容易ならしめるもので足り、正犯との間に意思連絡も必要でなく、正犯行為の認識及びこれを幇助する意思で足りる」とされてきたことが反映されたのだという見解があります[044]。これはどちらかといえば納得のいく見解だと思いますが、それではWinnyが犯行に便宜を与えて容易ならしめるものだったのかであるとか、正犯行為を認識してそれを幇助する意思が提供者にあったのか、という議論については、いくつか見解はあるようですが[19]、この点については十分議論がされていない状況と考えられ、今後の裁判でどのような判断があるかはまだ不透明です。

生成AIを製造・提供する側としては、少なくとも、利用者の著作権侵害行為を幇助するような機能の追加は避けるべきでしょう。また、プロンプトにて既存

[19] 中村康弘「なぜWinnyを使うべきではないか」『防衛調達と情報管理』財団法人防衛調達基盤整備協会 2006年5月号 p3~8など

著作物の創作者の名前が利用できないようにするとか、既存著作物のキャラクタ名などが利用されないようにして、既存著作物の複製に相当する文章や画像が生成されないようにしておくなど、利用者の著作権侵害行為を想定して、それが行われないように技術的対策をしておくことも考えられるでしょう。

> **Point**
> ・AIの提供者は利用者による他者の権利侵害や、犯罪などを幇助することがないよう、技術的回避手段の導入を考えておくべき。

■ フェイク・ヘイト・犯罪に関わる情報・脱獄

　AI利用者が起こし得る問題は、著作権侵害に限りません。

　AIを利用して生成したフェイク画像（動画像のこともある）などを、「ディープフェイク」などと呼びますが、利用者がこうしたディープフェイクを作成して問題を起こすことも懸念されます。具体的にはI2Iのような技術を用いて、既存の画像の登場人物を別人にすり替えたり、登場人物の表情を変化させたりといったことが行われ、公開されてしまう場合があります。2021年4月には、時の官房長官が地震の記者会見で満面の笑みを浮かべている写真がSNSに投稿されて問題になりました。「不謹慎だ」などとコメントがついたこの投稿の写真は、実際には改ざんされた画像であったと報道されました。

　また海外の事例ですが、中国では、通信アプリのビデオ通話で、通話の相手を友人と誤認した男性が、通話の内容を信じて多額の金銭を騙し取られる事件がありました。この事件の音声や映像がどのように製作されたかは明らかでないようですが、現地では生成AIを利用した可能性が高いと見られているようです。さらに詐欺ではなくても、2024年1月には、生成AIを使って有名歌手の写真をわいせつな画像に合成したディープフェイク画像がX（旧Twitter）に投稿されて問題になりました。

　ディープフェイクで生成されるものは画像とは限らず、音声の場合もあります。著名な女優の声を合成して、その声で不適切なコンテンツを読み上げさせたり、詐欺などに利用されたりといった例なども報告され、ディープフェイクとして問

題視されつつあった2023年の秋、時の総理大臣が卑猥な内容の発言をする動画が、X（旧Twitter）などで公開・拡散されて話題になりました。製作者はニュースなどで放送された総理大臣の音声を生成AIに学習させ、自身の音声を変換して、音声データを作成したそうです[20]。そして製作時間はわずか1時間ほどだったそうです。

この動画、音声データは生成AIを利用したものでしたが、画像のほうは、テレビ局によって放送された映像を使って、音声に合わせて加工したもののようで、口元以外の動きが不自然でした。製作者によると、この動画は単なる悪戯目的で、特に政治的意図など他意があったわけではないそうで、実際、画像を見ればすぐに偽物だと分るようにされていましたが、画像を隠して音声だけを聞けば、総理が話していると誤認してもおかしくない品質でしたから、これを何らかの意図をもって悪用しようと思えばできた可能性はあったわけです。どうやら事態はだいぶ深刻になってきています。

このような悪質な悪戯や犯罪を幇助するかたちにならないよう、AIの提供者は、例えば生成AIならばリアルタイム生成に制限をかける（多くの犯罪はリアルタイムに音声変換を行うなどの処理を伴うため）、電子透かし技術を用いてAIによる生成であることを明示するなどの技術的手段を検討することになると考えられます。

また特にGPT等の文章生成AIでは、ヘイトや犯罪に関わる情報等が出力されないように技術的な防止策があるべきと考えられます。こうした防止策のない文章生成AIを利用すると、侮辱的な発言を延々と生成でき、また、プログラムコードも生成できることから、ハッキング用のコードを生成させたり、攻撃用のパスワード候補を生成させたりといったことが可能となってしまいます。

そうした問題への対策として、例えばInstructGPTやそれに類するモデル（ChatGPTも含む）であれば、中立的な観点から、偏見のある出力や犯罪に関わる情報などが抑制されるよう利用者による強化学習を行うことが考えられます。こうした抑制を導入した大規模言語モデルは「調整された（aligned）」モデルと呼ばれ、実際にChatGPTや、Google社のbardなどは、一定の「調整」が行われており、簡単にはヘイトや犯罪に関わる情報は出力できないようになっています。

---

[20] Wikipediaの「岸田文雄偽動画拡散問題」の項目による。

それでもAIは、「攻撃的な」手段にさらされることがあります。既にご紹介したYannic Kilcherという方のように、GPTモデルのひとつをヘイト発言なども多い4chanのデータでファインチューニングすることで、倫理的に問題のある文章を生成する生成AIをカスタマイズすることができてしまいます。またカスタマイズするまでもなく、いわゆる「脱獄」（JailbreaksまたはDAN：Do Anything Now）と呼ばれる手法が既にいくつか見つけられており、こうした望ましくない回答を引き出す方法があるということも研究されています[045]など。

　いまのところAI提供者としては、脱獄や悪用がされていないかを常時監視しながら、ひとつひとつ対策をしていく以外に対応はなさそうです。

　法的責任という観点では、著作権侵害の問題だけでなく、フェイク動画や音声などによって虚偽の画像や音声を公開されてしまった、いわば被害者の肖像権やパブリシティ権の問題になるでしょうし、ヘイトについても一般的な民事・刑事の問題になろうかと考えます。

　この本の範疇からすこし外れますが、肖像権やパブリシティ権について ごく簡単にだけ触れておきますと、これらは過去の裁判例から認められる権利で、その名のとおり、肖像（氏名や写真等）を許可なく利用されない権利、ということになります。

　肖像権については人格権として考えられており、肖像権侵害を訴える人の立場であるとか、撮影の目的や必要性など個別の事情を総合的に考慮して、侵害になるかどうかが判断されます。判断の基準は人格的利益の侵害が社会生活上受忍の限度を超えるか（普通に我慢すべき範囲を超えるか）です（平成15（受）281号事件、民集第59巻9号2428ページ）。写真であろうとイラストであろうと、その人だとわかるときには肖像権侵害に該当する可能性があります。

　この人格権を基礎として財産権的側面を保護しようというのがパブリシティ権となります（「人格権」が基礎なので人間でない競走馬にはパブリシティ権はないという裁判例があり、この裁判例に納得しない側からは「人格権を基礎とする」ことを疑問だとする意見もあります）。パブリシティ権について代表的で有名なのは「ピンク・レディー事件」（最高裁平成24年2月2日判決民集66巻2号89ページ）で、裁判所の判決要旨を一部引用しますと、

「人の氏名，肖像等を無断で使用する行為は，(1) 氏名，肖像等それ自体を独立して鑑賞の対象となる商品等として使用し，(2) 商品等の差別化を図る目的で氏名，肖像等を商品等に付し，(3) 氏名、肖像等を商品等の広告として使用するなど、専ら氏名、肖像等の有する顧客吸引力の利用を目的とするといえる場合に、当該顧客吸引力を排他的に利用する権利（いわゆるパブリシティ権）を侵害するものとして、不法行為法上違法となる。」

とされています。

難しい言い方ですが、つまりは写真等自体に顧客吸引力、要するに商品としての価値がある場合に、その商品としての価値にただ乗りして利用する行為が問題となっています。

ここで、「肖像等」には声優さんの声なども含まれ得るとの見解があり、また、そう解釈されるべきだと主張されてもいます。ですから、「肖像等」が今後広く解釈される可能性がないとは言えません。例えば日本俳優連合などが、「声の肖像権」を認めるよう求めています[21]。

この肖像権・パブリシティ権の問題については、この本ではこれ以上はとりあげませんが、今後焦点のひとつになっていくでしょう。

> ▶ ピンク・レディー事件
> ピンク・レディーは、70年代後半に活躍した女性2人のグループで、当時としては画期的な振り付けで人気を博しました。そして女性の間では、その振り付けを使ったダイエット法というのが流行したのだそうです。そこで、ある出版社が雑誌に「ピンク・レディーdeダイエット」という記事を載せ、その中でピンク・レディーの写真を掲載したのです。ただ、この掲載はピンク・レディー側の許諾を受けていませんでした。最高裁は、肖像等に顧客吸引力がある者（タレント等でしょう）は、その肖像等を報道や創作物等に使用されることもあって、それをある程度許容すべきだけれども、上に引用した(1)から(3)の条件が満たされるときは、パブリシティ権の侵害というべきだと判断しました。

[21] https://www.nippairen.com/about/post-14576.html

AIの製作と著作権

次に、AIの製作が著作権侵害となる場合があるかについて考えます。前に書きましたが、自分の著作権が侵害されたと訴えるひとは、著作権侵害の対象になった対象物について

1. 対象物は著作物性を備えている
2. その対象物には、そのひとの著作権が発生している
3. あなたの行為が侵害行為に該当している
4. そしてその行為は、権利が制限されている行為に該当しない

という4点すべてを満足すると主張してきます。

AIの作者であるあなたが、そのひとの著作権を侵害していないと主張するためには、これら4点のどれか1つを突破すればよい、ということになります。

生成AIを製作するうえで、もっとも頼りになるのは、著作権法の権利制限規定でしょう。これは上の4点のうち、4の「権利が制限されている行為に該当しない」との主張に対応します。

AIを機械学習させる過程では、生成の対象物のサンプル（教師データ）が大量に必要になります。GPT-4は数十テラバイトのデータを機械学習に使ったと推察されていますし、ChatGPTを提供しているOpenAIでは、さらにウェブサイトを日々クローリングしており、学習用のデータを収集しているものと考えられています[22]。Stable Diffusionでは58億5千万もの大規模なデータ（LAION-5B）を使用したCLIPが使われていました。

もし日本で、機械学習のためにこれほど大規模なデータ収集を行うときに、各データの著作権を確認して許諾を得る必要があるとしたら、技術開発は大きく遅延することになるでしょう。そこで著作権法では、機械学習のように、鑑賞したりするのではない利用、著作権法の言葉でいえば「著作物に表現された思想又は感情の享受を目的としない利用」については、権利を制限しています（著作権法第30条の4）。

---

[22] https://platform.openai.com/docs/gptbot

第三十条の四　著作物は、次に掲げる場合その他の当該著作物に表現された思想又は感情を自ら享受し又は他人に享受させることを目的としない場合には、その必要と認められる限度において、いずれの方法によるかを問わず、利用することができる。ただし、当該著作物の種類及び用途並びに当該利用の態様に照らし著作権者の利益を不当に害することとなる場合は、この限りでない。

一　著作物の録音、録画その他の利用に係る技術の開発又は実用化のための試験の用に供する場合
二　情報解析（多数の著作物その他の大量の情報から、当該情報を構成する言語、音、影像その他の要素に係る情報を抽出し、比較、分類その他の解析を行うことをいう。第四十七条の五第一項第二号において同じ。）の用に供する場合
三　前二号に掲げる場合のほか、著作物の表現についての人の知覚による認識を伴うことなく当該著作物を電子計算機による情報処理の過程における利用その他の利用（プログラムの著作物にあつては、当該著作物の電子計算機における実行を除く。）に供する場合

　　ここには、

・鑑賞に使わない
・必要と認められる限度の範囲
・使用したことで著作権者の利益を不当に害さない

という3つの条件のもと、1号から3号（上記引用部の一〜三）までの使用であれば、著作権者の許諾なく利用してよい、と書いてあります。AIの教師データとして使う場合、このうち第2号「情報解析」に相当すると考えられます。

　気になるのは、「3つの条件」のうち、特に「著作権者の利益を不当に害する」の部分でしょうか。これについては、結局、「著作物の潜在的市場を阻害するか」などの観点で判断するとしか説明されておらず、今後の裁判所での判断の蓄積を待

つしかありません（前の節で書いたとおり、学習用データセットとして販売されるデータについて許諾なく学習に使用すると、「不当に害する」要件に当たる可能性が出てきます）。

しかし少なくとも、「AIの製作のため、機械学習用のサンプルとして利用したのであって、著作権法第30条の4の規定のとおり、権利が制限される利用である」という主張をすることは可能でしょう。

> ▶ 条文を読む
> 余談ですが法律の条文を読むとき、カッコが多くて読みにくければ、まずはカッコを省いて読み、それからカッコ内の意味を理解する、という順で読むとラクになることがあります。この2号の例でいえば、まずは
>
> 二　情報解析の用に供する場合
>
> と読んで概略を理解したあと、カッコ内が「情報解析の意味を説明している」と考えて、情報解析＝多数の著作物その他の大量の情報から、当該情報を構成する言語、音、影像その他の要素に係る情報を抽出し、比較、分類その他の解析を行うことと、国語辞書でも読むように読んでいけばよいかと思います。

■ 学習させて問題がないデータとは

このように日本には著作権法第30条の4の規定（P.182参照）があるため、国内の著作者の著作物を、国内で機械学習のために使っても、著作権侵害となることは、ほとんどないでしょう。

しかし他国の著作者のデータを国内で機械学習のために利用する場合はどうか。結論から言えば、問題はないと考えられます。外国の著作物であっても、国内で利用する場合、国内法である日本の著作権法が適用になるというのが原則だからです（ただし、先ほど挙げたように、データが「機械学習用データセット」として販売等されているときを除く）。

ベルヌ条約5条2項（著作権の享有及び行使にはいかなる方式の履行をも要さず、その享有及び行使は著作物の本国における保護の存在に関わらないとしたもの）や、法の適用に関する通則法（昔の法例）の規定により、差し止めも、損害賠償

請求も不法行為のあった地の法を用いる場合はどうなるか。また、特に損害賠償については通則法第20条以下を考慮して国外法の適用を求めることができる場合があるのではないかという意見もあります。

法の適用に関する通則法第二十条　前三条の規定にかかわらず、不法行為によって生ずる債権の成立及び効力は、不法行為の当時において当事者が法を同じくする地に常居所を有していたこと、当事者間の契約に基づく義務に違反して不法行為が行われたことその他の事情に照らして、明らかに前三条の規定により適用すべき法の属する地よりも密接な関係がある他の地があるときは、当該他の地の法による。

しかしこの議論に入っていくと深入りしすぎになるのでここではこれ以上触れないことにします。

さらに外国で機械学習を行わせる場合はどうか。

米国をはじめ、フェア・ユース（非商用である、市場を脅かさないなどの理由で許諾される使用）の考え方のある国では、このフェア・ユースの考え方に基づいて、著作権者に許諾を得なくてもその著作物の利用ができる場合があります。

これはあいまいな言い方ですが、そもそもフェア・ユースの考え方自体が、法律としてはあまり明確ではなくて、裁判で争ったときの判断に使われるだけなのでしかたありません（日本には向かない理由のひとつです）。商用利用のAIのための教師データを生成する場合も、上の観点で問題はないと言えるでしょうが、創作者は、生成AIにより自分の作風の作品が次々生み出されてしまうことを懸念します。当然のことでしょう。

これに対して、教師データとして利用したのであれば、それを利用したAIにより情報を生成ごとに対価を払うべきとする極端な議論（実質的に不可能でしょう）もありますが、少なくとも、AIの作者としては、特定の創作者の名前をプロンプトで利用できないようにしておくことはできるのではないでしょうか。例えば教師データに含まれるテキストデータから、固有名詞に相当する文字列を削除することは不可能ではないと思われますし、機械学習のコストを考えれば、テキ

ストを安全な文字列だけを列挙した辞書と照合することくらいは十分可能なことだろうと思われます。

また著作権の観点からは、第30条の4に頼らずに、

・著作権の保護期間が経過しているデータ
・著作権者の許諾を得ているデータ
・権利の目的とならない著作物（日本の著作権法の第13条にあるものに相当）

を利用することも考えられます。

しかし今度はそのようなデータが収集できるのかという問題が生じます。

既に広く利用され、公開されているデータセットであれば問題ないかというと、そうでもありません。例えば巨大なデータセットを提供していることで知られるLAION (Large-scale Artificial Intelligence Open Network) ですが、LAION自身、例えばLAION-5Bについて、安全性等の観点も含め、商用ではなく研究用としての利用を推奨しています[23]し、画像については、それぞれの著作権があることを表記しています。

では保護期間が経過したデータはどうでしょう。

保護期間が経過しているデータについては、例えばProject Gutenberg[24]や、青空文庫[25]などから取得することができます。さきほどの堀辰雄さんの小説は、青空文庫で読むことができるわけです。

また著作権者の許諾を得ることができるかについては、ひとつひとつ確認するようでは十分な教師データを用意することは難しいでしょうが、spawning.aiのAPIを用いて、オプトインされた（あるいはせめてオプトアウトが明示されていない）データに限って利用することとすれば、許諾があったことを推定させる根拠にはなるでしょう。学習用のデータセットとして知られているLAIONなどから得られるデータについても、spawning.aiのような、許諾の有無を確認できる情報があれば、それによってフィルタリングしたうえで教師データとすることが、後のトラブルを未然に防ぐための手段として検討の余地があるでしょう。

しかしながらspawning.aiのプロジェクトはまだ始まったばかりですし、保護

[23] https://laion.ai/blog/laion-5b/　[24] https://www.gutenberg.org/　[25] https://www.aozora.gr.jp/

期間が経過したデータも十分な数が取得できるとも限らない状況です。つまり少なくとも当面は教師データとして十分なデータを集めることができるかが問題になりそうです。ただし例えば追加学習や転移学習用の用途としては使える可能性はあるかもしれません。

■ 学習させて問題がないデータとは(その2)

著作権に関してここまでに見てきましたが、教師データに関して考えておくべき問題はほかにもあります。

例えば教師データに個人情報や営業秘密が含まれる場合にも問題が生じます。

個人情報に関しては、あとですこし書きますが日本では要配慮個人情報(個人情報の保護に関する法律第2条第3項)が漏洩しないよう細心の注意が必要ですし、ヨーロッパで収集された個人情報が含まれている教師データを使う場合、GDPR(General Data Protection Regulation)を遵守して処理を行う必要があるなど、書き始めればそれだけで一冊の本ができるほどの注意事項があります。

個人情報については、その取り扱いについてはもちろん、越境(国境を越える場合)に各国の法規制に応じて、ここで書ききれないほどの問題点があります。また営業秘密が教師データに含まれる場合も注意が必要です。

営業秘密というのは、不正競争防止法第2条第6項に定義されており、

> 不正競争防止法第二条第六項　この法律において「営業秘密」とは、秘密として管理されている生産方法、販売方法その他の事業活動に有用な技術上又は営業上の情報であって、公然と知られていないものをいう。

となっています。要件を抜き出せば、

(1) 秘密として管理されていること（秘密管理性）
(2) 事業活動に有用であること（有用性）
(3) 公然と知られていないこと（非公知性）

の3点になります。このうち、AIの教師データに関して特に問題となるのはおそらく秘密管理性と、非公知性かと思います。

　秘密管理性は、情報に接する可能性のある人が「秘密なんだな」と理解できる程度に何らかの措置が施されたもの、ということになります。ただ、この措置については事業規模なども考慮されます。「秘密」と書かれていなかった資料であっても、従業員数が10名程度で、アクセスに特定のコンピュータが使用され、必要なデータのみを取り出して業務が行われていたことなどの事情を考慮して秘密管理性を認めた事例（平成13年（ワ）10308号「セラミックコンデンサー積層機及び印刷機事件」）もあります。

　では企業などAI利用者が、AIの提供者などの第三者にそういった情報を開示するとどうなるのか。キーとなるのは「秘密保持契約（Non-Disclosure Agreement:NDA）」で、これなくして第三者に開示した情報については、一般に秘密管理性は否定されてしまいます。例外的に、何らかの過失で積極的な開示の意思もないのに開示されてしまったことが「一回限り」あったからといって、その開示された情報の秘密管理性に影響を及ぼすとは言えないと判断された例はあります（平成25年（ワ）第11642号「交通規制情報管理システム事件」）。

　また非公知性とは、「合理的な努力の範囲内で入手可能な刊行物に記載されていない」など、情報の保有者の管理下以外で一般的に入手できないことをいうとされています。特許に詳しい方のために付け加えますと、ここでいう公知は上記のように、特許法での公知とは異なる要件です。

　AIの提供者にとって、この営業秘密が問題になるケースとしては、情報の保有者がAIのカスタマイズのための教師データとして営業秘密の情報を提供してしまった場合や、生成AIへのプロンプトとして、営業秘密に係る情報を入力してしまう場合などが考えられます。

　これらのケースにおいてAIの提供者は、いわば情報の転得者となるわけですが、ざっくりまとめていえば、「教師データやプロンプトに含まれる営業秘密の情報が、不正に取得されたものだと知っていたかどうか」が問題になります。知っていたうえで、その情報を使用したり、データセットに含めて第三者に提供したりといったことをすると「不正競争行為」とされてしまいます（不正競争防止

法第2条第1項第5号、6号、8号)。

一方、不正に取得されたといった経緯を知らなかった場合、その使用等は不正競争行為には該当しません(ただし、そのあとに不正の経緯を知った場合や重過失で知らなかったなどといった事情がある場合はまた別の話になります)。

したがってAIの提供者側としては、AI利用者に対して、利用規定などで、教師データとして提供されたデータに営業秘密が含まれないことを保証するよう求め、その保証に合意のうえで提供されたデータについては、営業秘密の観点からいえば学習させて問題がないデータとなるかと考えます。

仮に、カスタマイズなどの必要があって、営業秘密を含む情報を入力することとなるときには、その情報提供者に対して事前に秘密保持契約を結ぶよう求め、その情報の範囲を明確にして、目的外に使用したり、外部に流出させたりしないよう管理することなどが必要になるかと考えます。

省略しましたが個人情報に関しても同様で、教師データとなる情報の提供者に対して、個人情報を含まないか、または匿名加工データとしたことを保証するよう求めることなどが必要になるでしょう。

なお、既存のデータセットを教師データに用いる場合にも、営業秘密や個人情報の観点で問題がないものかを検討することは必要です。

■ 著作権の権利制限についてもうちょっと詳しく

上でも書きましたが、日本以外の国での著作権利用でよく聞く「フェア・ユース(FairUse)」。これはどんなものなのでしょうか。米国の著作権局のウェブサイトに、わかりやすい解説[26]があります。

それによると、「フェア・ユースとは、特定の状況下で、許諾を受けることなく、著作権によって保護された著作物の利用を認めることで、表現の自由を促進しようとする法理」だとされています。米国の著作権法にあたるCopyright Actの107条には「特定の状況下」にあたるかどうかを判断する基準として、

(1) 使用の目的と特性(商業的な使用か、非営利の教育的目的の使用かなどを含む)
(2) 著作物の性格

[26] https://www.copyright.gov/fair-use/
[27] https://www.bunka.go.jp/seisaku/chosakuken/hokaisei/h30_hokaisei/pdf/r1406693_17.pdf

(3) 著作物全体に対する使用される部分の量及び本質性
(4) 使用したことによる潜在的な市場への影響、または当該著作物の価値への影響

を挙げています。

　(1) について、上記ウェブサイトには、「変換的(Transformative)」な使用、つまりより高度な目的や異なる性質を付与するために新規なものを著作物に追加すると、フェアだと判断される可能性が高い、としています。

　また(4)について裁判所では、元の著作物にとって代わるなど、元の著作物の市場を奪う使用であるかどうかを考慮するとしています。

　このように、フェア・ユース規定では、著作物がどのようなものかによって個別に権利制限を定めるのではなくて、どのような著作物であっても、上記の点を考慮してフェア・ユースであるかどうかを決めようとするものです。事案ごと、裁判ごとに決めていこう、という考え方になるわけですね。

　日本でも2009年ごろ、「日本版フェアユース規定の導入」が検討されたことがありました。しかし日本では他国とは法制度が違うことなどから採用が見送られた経緯があります。

　その代わりとして、権利者に及ぶと思われる不利益の度合いに応じて3つの「層」に分類して権利制限を規定したとしています（文化庁著作権課「デジタル化・ネットワーク化の進展に対応した柔軟な権利制限規定に関する基本的な考え方[27]」令和元年10月24日。以下この節で「考え方」と書きます）。

　この「考え方」は、Q&A方式で記述されていて、規定整備の経緯についてのQに対する回答として上記の「層」についての説明があります（問4）。なお、この「層」は、

第1層	著作物の本来的利用に該当せず、権利者の利益を通常害さない行為
第2層	著作物の本来的利用に該当せず、権利者に及び得る不利益が軽微な行為
第3層	公益的政策実現のために著作物の利用促進が期待される行為

の3つとされています。著作権法第30条の4の規定は、このうち第1層に係る行為について規定したものと考えられますが、改正時の文化庁の説明では、この規定整備の際、改正前の著作権法第47条の7において、利用方法が「複製・翻案」に限定されているため、教師データを共有する行為（「公衆送信」など）が対象外になってしまうとして、利用方法を制限しない規定としたとされています。

そうとしますと、この著作権法第30条の4がある日本は、他人の著作物を教師データとして利用する行為に対してかなり寛容な状況にあると言えるのではないでしょうか。

■ 越境と規制

AIのモデルや、その機械学習に利用される教師データに限らず、コンピュータで管理されるデータはどんなものでも、ネットワークを通じて拡散されて国境をかんたんに越えてしまい、知らないうちに海外で利用されることもあります。

前の章ですこし説明をしましたが、個人情報や技術情報に関わる情報が越境する場合には特に注意が必要です。

まず個人情報について。個人情報は、日本国内でも、AIモデルを提供しているOpenAIに対し、要配慮個人情報（本人の人種、信条、社会的身分、病歴、犯罪の経歴、犯罪により害を被った事実その他本人に対する不当な差別、偏見その他の不利益が生じないようにその取扱いに特に配慮を要するものとして政令で定める記述等が含まれる個人情報：個人情報の保護に関する法律第2条第3項）を、本人の承諾なく取得しないよう求める注意喚起が行われています（「OpenAIに対する注意喚起の概要[28]」）。

さらにヨーロッパでサービスが展開される場合、ヨーロッパのGDPR（General DataProtection Regulation）を遵守する必要があり、違反に対する罰則も厳しいものになっています。また、機械学習に使用する教師データに、EU内で収集された個人データが含まれる場合にも、GDPRに基づいて適切に処理しなければなりません。

教師データとしては、GDPRに基づく処理が行われたデータセットを利用するべきと言えるでしょう。例えばLAIONの場合、GDPRを意識したポリシー[29]を表

[28] https://www.ppc.go.jp/files/pdf/230602_kouhou_houdou.pdf　[29] https://laion.ai/privacy-policy/

明しており、こうしたデータセットを利用するほうが安全といえるかと考えます。

また著作権侵害による訴訟リスクについて。

例えば米国ではStability AIを被告とした訴訟事件が起きています[046]など。ある事件では米国の漫画家であるサラ・アンダーセン（Sarah Andersen）さんらが原告（Plaintiff）となり、Stable Diffusionを提供しているStability AIらを被告（Defendant）として、著作権侵害等があったとしています。

この裁判では原告側はHoの論文を引きながら、Stable Diffusionの技術について、

66. The word "diffusion" is its name refers to the technique the software uses togenerate output images that are similar to those found in its training data.

「"拡散"という語は、（Stability AIが提供する）ソフトウェアが用いている、学習用データのうちから見いだされた画像に似た画像を生成するという技術に由来する。」

と主張し、学習用データの内挿（interpolation）に過ぎず、「犬」などの語を理解しているわけでもなくAIとは言えない、と述べ、結局Stable Diffusionは、「21世紀のコラージュツールだ」としています。

また原告は、Stability社のCEOの発言を（おそらく意図的に曲解して）引用し、Stable Diffusionの生成物には「学習用データセットの圧縮されたコピー（A compressed copy of each item in the training dataset）」が含まれていると主張しています。

この主張のうち前者は、米国においてコラージュが著作権侵害として認められる可能性が高いと考えての主張かと思われます。結局、十分なオリジナリティが出るものではないと認めさせたいのでしょう。しかし後者の主張はいささか意味がわかりません。技術的な誤解があるか、技術内容を曲解させて判事（や陪審）の見解を誘導しようとしているのかもしれません。

最近得られた情報では、これに対する地裁の判断があったようで、Stabilityは

十分な反論をしなかったようです。民事の裁判ではこれは悪手で、原告の請求が認容される可能性があります。一方、Stabilityとともに訴えられたMidjourneyらは対応したようで、「圧縮されたコピー」についてはやはり意味不明と見られたようです。また、出力された画像が著作権侵害とするのであれば、類似していることが示されるべきと判断された模様です。

概ね、ここまでのこの本で書いてきましたように、モデルについてはフェア・ユースまたはそれに準じる理論構成の範囲であるか、あるいはそもそもモデルのなかに学習用データ（著作物）そのものが含まれていないことから、モデルが著作権侵害物であると構成することは困難であると考えます。結局、著作権侵害を主張するのであれば、その生成物と著作物との具体的な対比を行うべきであろうと考えられます。

もっともLoRAのように、特定の対象を複製することを目的としているモデルについては、著作権の直接的侵害ではないにしても、侵害に寄与しているなど、間接的な侵害として評価される可能性はあるでしょう。

次に技術情報について。

まず「学習済みモデルを国内で開発して、国外に提供する場合には、日本において、外為法上の規制対応を行う必要があることに加えて、各国の輸出入規制の適用を受ける可能性がある」とされています（経済産業省、「AI・データの契約ガイドライン」）。

ここでいう外為法上の規制対応は、外為法第25条にいう「役務提供」に伴う対応かと考えますが、学習済みモデルを海外サーバに置くという場合でも輸出規制の問題になる可能性があるかと考えます[047][30]。

また、上記契約ガイドラインにもありますが、越境先、例えば中国などにサービスを展開する場合は、中国側の法律にも気を配らないといけません（中国の技術輸出入管理条例など）。

最後に、その他の規制について。

現在どの国においても、生成AIが経済施策上ひとつのインパクトを与えつつあることを理解しつつ、そのリスクも検討してどのような規制が妥当かを検討しているところです。したがって、今後さまざまは規制がされることが考えられま

---

[30] https://www.meti.go.jp/policy/anpo/law_document/tutatu/t10kaisei/ekimu_tutatu140814.pdf

す。ひとつの方向性を示すものとして、最近ヨーロッパのAI規制規則（Artificial Intelligence Act[31]）が注目されています。

このAI規制規則では、リスクベースアプローチと称して、リスクのピラミッドというものを考えています。具体的にはピラミッドの頂点から順に、

・許容できないリスク（Unacceptable risk）があるもの
・リスクが高いもの（High risk）
・リスクが限定的なもの（Limited risk）
・リスクが低く、最低限なもの（Low and minimal risk）

とされており、許容できないものについては禁止、リスクが高いものについては規制をかけ、限定的なリスクがあるものについては「透明性を求める」としています。

また上記PDF資料によると、生成AI（Generative AI）については、透明性を求める、としていますから、EUは、生成AIについてはリスクが限定的なものと捉えているようです。なお、透明性とは、上記リンクの記載によると、生成物がAIで生成されたものであることの明記、モデルを違法コンテンツを生成しないよう防止すること、教師データのうち著作権のあるデータについてのサマリの提供などを求めることとなるようです。また、サービスの運用に関しては別途の要求（ログ記録義務など）がありますから、それぞれ注意が必要です。

AIモデルの提供にあたっては、こうした個人情報や技術貿易の問題、各国での規制の問題をひとつひとつ検討する必要があると言えるでしょう。いずれも難しい問題が多いため、サービスを提供するにあたり心配なことがあれば、国際的な事情に詳しい弁護士等にあらかじめ相談しておくことが適切かと思います。

■ AIモデル自体の著作権

次に、苦労して作った生成AIのモデル（ウエイト）を盗用からどのように保護できるかを検討しましょう。

盗用とはやや強い言葉かなとは思いますが、要するにAIモデルの作者の意に

---
[31] https://www.europarl.europa.eu/RegData/etudes/BRIE/2021/698792/EPRS_BRI(2021)698792_EN.pdf

反して、モデル情報が他のモデルの製造や学習等のために利用されてしまうことをまとめて「盗用」ということにしました。

まず、AIのモデルは著作権で保護できるでしょうか。

結論からいえば、相当難しい（ほぼ無理）と言えるかと考えます。AIモデルは実質的に重みの数値を列挙したもので、その内容は見かけ上、ランダムな数値の列というところです。そこに、著作者（仮にAIを機械学習させた者だとして）の創作的意図があり、著作者の思想・感情が表れているかといえば、そうは言えないのではないでしょうか。そもそもAIモデルは構造がある程度規定されており、重みという情報の選択にも、データの項目や構造、形式についても選択の余地が限られているので、著作権法がデータベースに著作権を認める場合があったとしても、AIモデルについては創作的寄与があったと認めることが難しいと考えます。

そうとすると、AIモデルには何らの権利保護を求めることができないのでしょうか。

■ AIモデルと特許権

特許権はどうでしょうか。特許法上「発明」とは「自然法則を利用した技術的思想の創作のうち高度のもの」（特許法第2条第1項）とされていて、特にコンピュータ利用技術では、機器を制御するための情報処理や、対象の物理的性質等（例えば温度とか）に基づく情報処理を行うものの場合に「自然法則を利用した技術的思想の創作」とするのだと説明されています[048]。

この基準に照らしますと、AIモデルはそれ自体が処理を行うものではありませんので、特許法上の「発明」に該当しないことになり、特許権での保護も難しいと考えられます。

技巧的ですが、特許法上「製造方法の発明」についてはそれによって製造されたものの使用についても発明の実施行為に含まれることになるので（特許法第2条第3項第3号）、「機械学習モデルの製造方法」の発明だとして捉え直すと、間接的にAIモデルを保護できる可能性がないとは言えません。実際に差し止めなどが可能となるかは明確ではないですが、牽制効果（特許権侵害するかもと考えて複写などを控えること）はあるかもしれません（化学系の発明を主たる分析対象

としてはいるが[049]などが参考になる？)。

　もっとも、特許実務の観点からしますと、AIモデルを特許権で保護するために、AIモデルそのものを特許請求の範囲に記載しなくても、AIモデルを含めて、そのAIモデルを利用したプログラムや装置として記載すれば十分な権利範囲が得られる可能性があろうかと思います。

　例えば、りんごの画像を入力すると、そのりんごの甘さ（おいしさ）を推定するというAIモデルがあるとして、このAIモデルを、「りんごの甘さの推定装置」として利用する以外の利用例があるものでしょうか。おそらくないでしょう。

　そうとすれば、

「りんごの画像に基づいて、そのりんごの甘さを推定するためのAIモデル」

として権利が（仮に）取れた場合（権利A）と、

・りんごの画像に基づいて、
・そのりんごの甘さを推定するためのAIモデルを用い、
・りんごの画像の入力を受けて、
・入力されたりんごの画像を上記AIモデルに入力してそのAIモデルの出力を得て、
　AIモデルが出力した情報を、甘さの指標情報として出力する甘さ推定装置

と書いて権利が取れた場合（権利B）とでどれだけの権利範囲の相違があるでしょうか。

　仮想的にこの権利を侵害することを考えてみましょう。侵害しようとする第三者が同様のAIモデルを生成したとして、モデルを生成した時点では

権利A：侵害の可能性がある（モデルが製造された）
権利B：直接侵害にはならない（構成の一部を製造しただけだから）

という状況です。しかしそのAIモデルを作っただけで満足する人はいません。AIモデルは、作ったからには使わないと（少なくとも売ったり配ったりしないと）いけません。そうすると、AIモデルを作った第三者はどうしても画像を入力して出力を得る、という構成を用意しなければなりません。こうして、画像入力をする機能と、出力を得る機能とを追加したときには、

権利A：侵害の可能性がある（モデルを製造した）
権利B：侵害の可能性がある（全部の構成が実現されている）

という状況になります。

ここでは詳しくは分析しませんが、AIモデルを生成しただけの時点ですら、それが権利Bに対する間接侵害を問うことができる可能性があります。

結局、AIモデルを特許権で保護したいならば、そのAIモデルを使った装置を特許請求の範囲に記載（権利主張するという意味で「クレームする」と言います）すればだいたい十分だということになるわけです。

なお、AIモデルをそのように書けば、あとは新しければ権利になるか、というとそうでもありません。このあたりは、2024年3月に特許庁が公開した「AI関連技術に関する事例について」という文書が参考になります。この資料を参考に、モデルの特許による保護についてもうすこし具体的に説明してみましょう。

AI関連技術では、

(1) 教師データの生成（前処理を含む）
(2) モデルのデータ構造
(3) モデルを利用した装置、プログラム

というあたりが権利化の対象になります。このうち(2)のデータ構造については、この本でとりあげて説明するには少々難しいので、(1)と(3)に関してだけ説明します。

まず教師データ自体が新しい場合や、教師データに対する前処理に新しさがあ

るものは権利化の可能性があります。

　さきほどの特許庁が公開した資料でいえば、事例34として「水力発電量推定システム」という例が挙げられています。この発明では、ダムの水力発電量を推定するのに、そのダムに流入する河川の上流域の降水量、上流河川の流量、ダムへの流入量、上流域の気温を入力データとし、将来の水力発電量を出力とするように機械学習したモデルを利用する、とあります。

　そしてこの例では「上流域の気温」というファクタを導入したことが新しいと評価されました（なぜ気温かというと、上流域での雪解けを考慮したということのようです）。

　また前処理は権利化しやすい傾向にあると思います。例えば上記資料の事例36では患者との会話から患者の認知症レベルを推定する例が挙げられています。この発明より前に知られていた技術では、会話を文字に起こして分析するというようになっていましたが、この発明では患者と会話している質問者の会話を文字起こしした文字列をそのまま使うのではなく、「質問種別」に分類してから機械学習に使います。この点が新しいと評価されています。

　そして（3）のモデルを利用した装置、プログラムの例では、モデルの機械学習に利用された入力と出力との関係が技術的に合理的である必要があります。この本の最初のほうでも、特許になる発明は、どういう物理的原理で動いているのかがわかるものであるべきと書きましたが、それと同じ趣旨です。

　ですから例えば、「特定のスポーツ選手の位置情報を入力とし、東京の気温情報を出力する」ように機械学習されたモデルというようなものは、権利にはならないわけです。関係が合理的に説明できないためです（さきほどのダム上流域の気温については雪解けという合理的理由がありました）。

　別の具体例としてさきほどの資料では「生産者の顔と野菜の甘みの関係が学習されたモデル」なる例が挙げられ、関係が合理的でないと判断されています。ただ、この「合理的関係」はその関係がある程度説明できればよいので、実験データを添付して合理的関係を（示せるのであれば）示しておけばよい場合もあります。

■AIモデルのその他の保護

さらに、不正競争防止法の「限定提供データ」のひとつとして保護できないかは検討の余地があるように思われます。現状、限定提供データであるためには、

・限定提供性（反復継続的に特定の人に提供されること）
・電磁的管理性（ID／パスワードを設定するなど、アクセスが管理されていること）
・相当量蓄積性（ビッグデータなどであること）

といった要件が必要となり（不正競争防止法第2条第7項）、AIモデル自体は、特に「相当量の蓄積」という観点で要件を満足しないことになりそうですが、ここでいう「相当量」は、データの創出・収集等に対する投下資本に着目するという見解[051]があり、必ずしも分量の多寡は問われないようなので、状況によっては限定提供データのひとつにAIモデル自体が含まれてもよいように考えます。もっともこれは著者の個人的見解ですので、いまのところAIモデルが限定提供データとして保護できるかと言えば、そうとはいいにくいとお答えするほかはありません。

モデルのデータを公開する（ネットワーク経由で利用できるようにしたり、ダウンロード可能としておく）場合、利用規約でモデルそのものを再配布したり、マージして利用しないよう求めておくという考え方はあり得ます。この場合、一般的な契約違反というかたちで盗用者を訴追できる可能性があります。

しかしこのように何らかの権利によって保護できるとしても、AIのモデルが盗用されたかどうかがわからない、あるいは裁判にもっていくには盗用を立証しにくい、ということはないでしょうか。現実に、盗用をどのように調べればよいのでしょうか。

例えば侵害が疑われるモデル（被疑侵害モデル）に特定のプロンプトを入力したときに、それに対してあるモデルに特徴的な出力が得られれば、被疑侵害モデルはそのモデルを盗用したと推測できるかもしれません。

画像の生成AIに関連して、「アスカチャレンジ（またはアスカテスト、アスカチェックとも）」と呼ばれる行為があります。もとはNovelAIのモデルが利用さ

れているかどうかを確認するためのものとされ、

masterpiece, best quality, masterpiece, asuka langley sitting cross legged on a chair

というプロンプトと、

lowres, bad anatomy, bad hands, text, error, missing fingers, extra digit, fewer digits, cropped, worst quality, low quality, normal quality, jpeg artifacts, signature, watermark, username, blurry, artist name

というネガティブプロンプトを用い、パラメータも具体的に指定して行われるもので、プロンプトから推察されるとおり、日本のアニメーション「新世紀エヴァンゲリオン」に登場する人物の絵を描かせようとするものです。

　NovelAIから盗用されたモデルでは、「『椅子から謎の布が垂れ下がっている』という特徴がある」といわれており、その「謎の布」があればNovelAIからモデルを盗用したと考えられるのではないかというのです。アスカチャレンジを試している人によれば、盗用モデルでなくても、「窓の枠、顔の向き、上半身や腰のそらせ方、腕の置き方、足の組み方、椅子の形などの要素」で、どのモデルを流用したかといった系統分類が可能だとしています。

　しかしこのような方法で「類似性」が指摘されたからといって、本当に盗用されたものであると立証できるのかといえば、それは難しいと思われます。もととなった教師データが類似しているだけかも知れないからです。この場合、モデルの盗用というよりも、教師データのライセンスが問題になります。

　またモデルを盗用する場合、盗用者は複数のモデルを混合（マージ：Merge）することがあります。Stable Diffusionのモデルを利用する際によく使われるAutomatic1111と呼ばれるツールの、チェックポイント・マージャと呼ばれる機能を利用するのです。この機能は、複数のモデルを混合して新たなモデルを作り出すもので、それ自体は有用なツールですが、マージ等が許容されていないモ

デルに、別のモデルをマージして新たなモデルを生成することが問題となります。

おそらくこのマージを考慮したのかと思われますが、被疑侵害モデルのウエイト等を実際に調べ、盗用されたと主張されるモデルとの重みの情報等の類似度（被疑侵害モデルがどの程度含まれているか）を計算してチェックするというツールが公開されています。しかしこれらのツールも、どの程度確実に混合割合を推定できるものかはわかりません。

またマージだけが盗用の方法ではなく、ファインチューニングを施す場合や、さらにモデルの一部（特に出力層）の重み情報を他の重み情報で置き換えるなどする転移学習などが行われる場合もあります。さらにモデル圧縮手法のひとつである蒸留を行った場合、そもそもモデルの構造が変化するため、重み情報を比較して同一性を比較することができません（この場合はプログラムも異なる仕様となるはず）。

このように現状では、製作したAIモデルと類似した性能の別のAIモデルを他者が製作してしまった場合などはもちろん、製作したAIモデルが盗用される場合においてすら、何らかの権利主張は難しそうです。

特許権による保護や利用規定でマージ等をしないよう求めることが一応の解決策のひとつではありますが、盗用の立証などの問題を考えるとAIモデル単体の保護が十分と言えるかにはまだまだ懸念があります。

AIモデルのようにコストをかけて製造したものについて十分な保護がないというのでは、投資回収が期待できないことになってその製造が控えられてしまいますから、データベースの保護で検討されているsui generis権の創設など、立法的解決が図られることが期待されます。

■ AI提供者が特許権を侵害する可能性

さて、先ほどAIモデルについては、それを利用する装置やプログラムとしてクレームする（特許請求の範囲を書く）ことで特許権が付与される可能性があると書きました。

このことを立場を変えて考えると、AIの製造やサービス提供が、他者の特許権を侵害する可能性もあるということです。つまり、AIの製造やサービス提供

を「業として」(P.37「特許権の効力」参照) 行う場合には、事前にそのAIを利用した装置やサービスについて特許権がないかを調査する (FTO調査：Free to Operate) ほうが安全ということになります。

FTO調査はどうやったらよいのでしょう。

とりあえず自前でFI (特許庁の分類コード) にG06N (G06Nは、「特定の計算モデルに基づく計算装置」という分類で、主にAI技術であるとされる [050]) を含むものを検索することもできますが、案件数も多いうえ、この分類だけ見ればよいのかどうかについても案件によって違ってくるでしょう。ですから、FTO調査 (FTOサーチとも呼ばれます) の具体的方針・方法については専門家 (弁理士や調査会社など) に相談することをお勧めします。

FTO調査のコストが大きすぎて……という場合には、自分が使おうとしているAI関連技術を特許出願してしまい、特許庁の審査にかけるというのもひとつの案です。審査の時間は必要になりますが、出願から審査までの費用がFTO調査の費用を下回るのならば、選択肢になりえるでしょう。こちらの場合、特許庁が先行技術を調査してくれますし、うまくいけば権利化もでき、そうなれば一応の安心感がでてきます。

しかし調査の結果、自分が実施しようとしている事業に必要な技術が他社の特許権となっていたらどうすべきでしょうか。

まずは慌てずに、本当にそれが特許権になっているのか、存続しているかを確認しておきましょう。

見た文献は特許公報ですか？　公開公報ではありませんか？　特許出願後の「公開公報」は特許権になったものを公表するものではありません。「特許公報」が出ていれば特許権になっています。公開公報だった、という場合、その案件について特許公報が出ていたり、登録番号がついていたりしますか？

もし特許公報があったならば、今度はその特許が有効に存続しているかを確認します。特許権は無期限ではありません。日本の場合、出願から20年 (若干の例外はありますがAI関連では出願から20年と考えて問題ないでしょう) で存続期間は満了します。20年が経過していなくても、途中で、特許庁に対して維持年金を支払わなくなっていたり、放棄していたり、あるいは無効などと判断されて

いる場合もあります。

　その特許に対して実施権がありませんか？　出願前から実施している場合など、特定の場合には知らないうちに実施権が発生しています。出願日を確認して、自分がその発明をいつから使っていたか(使っていたと立証できるか)を調べます。

　それでもやはり、自分の事業が他人の特許権を踏んでいると判断されるようであれば、

・設計変更
・ライセンスの取得
・無効にする

というような方法を考えます。

　設計変更は、特許権の「特許請求の範囲」が定めている技術的範囲から逃れる方法です。特許権の権利範囲は、特許請求の範囲の記載で決まり、そこに書かれた構成要素を全部備えると権利侵害となるのでした(権利一体の原則。P.63参照)。

　例えば、

・りんごの画像に基づいて、
・そのりんごの甘さを推定するためのAIモデルを用い、
・りんごの画像の入力を受けて、
・入力されたりんごの画像を上記AIモデルに入力してそのAIモデルの出力を得て、
　AIモデルが出力した情報を、甘さの指標情報として出力する甘さ推定装置

が権利になっていたとしたら、原則的にはこれらの構成要素を全て備えれば侵害、備えなければ侵害ではないわけです(もっとも、均等侵害などの考え方があり、絶対に侵害にならないとは言えないのですが)。そこで「りんごの画像の入力を受け」るという構成を使わずに、つまり画像に頼らないで、りんご表面の弾性などといった他の情報を使うように変えてみる。するとこの特許請求の範囲の

権利範囲から逃れることができます。こんなのが設計変更です。

　設計変更しても問題なく事業を行うことができるのならばこれでよいのです。ただ、必ずしも設計変更が簡単にできるというものでもありません。

　設計変更が難しいという場合、特許権自体を買い取るか、ライセンスの取得などを考えましょう。え。無効にするほうがよくないか、ですか？　ここで無効よりも買い取りやライセンス取得を先に挙げたのは、こんな事情です……。

　もし、あなた（Aとする）の事業分野に、B、Cという競合他社がいて、Bが（じゃまになる）特許権を持っているとします。そこであなた＝Aは、自分のお金を費やして必死に無効にするための証拠を集めてBの権利を無効にしました。やりました！　これであなた＝Aはその特許発明（元特許発明）を気兼ねなく使えるようになりました。ところがそのとき、Cもまた、Bの元特許発明を自由に使えるようになっています。

　この場合、あなた＝Aの行動は、競合であるCも利する行為になっているというわけです。一方、あなた＝AがBからライセンスを受ければ、（Bに対してライセンス料を支払うとしても）Cの参入を牽制できるわけです。Cの参入が脅威であるなら、無効にするよりライセンスを受けることが有利なのは明らかでしょう。

　また、あなた＝AがBから特許権を譲り受けてしまえば、B、Cはともにその実施ができなくなります。それだけでなく、ライセンスを受ければ、特許発明を使ったサービス提供のノウハウについての技術供与が受けられるかもしれません。

　権利者がライセンスもしてくれないし、設計変更もできない、という場合は、権利が消滅するまで実施を待つか、あるいは、権利を無効にできないかを検討します。特許法には権利を無効にするための手続、無効審判が定められています。権利に一定の無効理由があれば、権利を遡及的に（つまり権利になったとされた時点から）消滅させることができます。例えば出願よりも5年前にはその発明が既に知られていた、というようなことを立証できれば無効理由になりえます。ただ、無効審判はコストもかかりますし、簡単に無効にしてくれるというものでもありません（特許権者側としては特許権の内容を訂正して無効理由を回避したりもできる）。

　自分の実施しようとする他者の特許権が見つかってしまった場合の対応につい

ては、このようにいろいろなものがありますので、専門家に相談されることをお勧めします。

> **Point**
> ・生成AI提供者は、
>   (1) 利用者との権利関係の整理
>   (2) 利用者がトラブルを起こしたときの備え
>   (3) 生成AIが意図しない動作を起こした場合
>   などを考慮するべき。
> ・AIモデルは特許権により保護できる場合がある。
> ・AIモデルを利用した技術に特許権がある場合があるので、業として行うならFTO調査を勧める。

▶ AIとプライバシー

次の章をすこし先取りすることになりますが、ここでAIとプライバシーの関係について簡単に整理しておきましょう。日本ではすこし狭く解釈されているように思いますが、W.Prosserの「Privacy [32]」(California Law Review, Vol.48, No.3, 1960)によるとプライバシーは、

1. 一人の状態や個人的な事項への侵入
2. 私的な事柄を暴くこと
3. 誤った印象を与える公表
4. 氏名や肖像を盗用して利益を得ること

の4類型で説明されます。ただしこの類型はもはや古典的で、これにA.Westinの「自己に関する情報の扱いを自分で決定する権利 [33]」を含める例も散見されます(なお、より古典のS. WarrenおよびL. Brandeisによる「The Right to Privacy [34]」では、「構わないでもらう権利(right to be alone)」となっています。著作物の公表権などはその一例となるものとされています。)。

さらにここまでの5つに加えてパブリシティ権を挙げる例 [35] もあり、プライバシーは比較的広い概念(あるいは広がりつつある概念)です。

AIの問題点は、例えばこうしたプライバシーの類型に沿って整理することができます。例えばAIは、その性質上多数の学習データを必要とするので、著作者がネット上に公開した情報が、著作者の意図から外れて学習データにされる可能性があり、「情報の扱いを自分で決定する権利」が侵害される可能性があります。またAIは、ディープフェイクのような悪意のある者が生成する情報だけでなく、そもそも事実を出力するものではないので、AIによって、ある人について「誤った印象を与える公表」が行われる可能性があります。そして特定の作者の特徴を機械学習した特別なモデルを利用することで、他人の名声にただ乗りして利益を得ようとするAI利用者も現れることでしょう(いや既に現れているように思いますが)。さらには著作権では保護の難しい、例えば声優さんの声などを模倣するAIなどがあることを考えますと、今後、パブリシティ権との関係で新たな展開があることも予想されます。AIとプライバシーの問題は切っても切れない関係にあると言えそうです。

---

[32] https://doi.org/10.15779/Z383J3C　[33]「Privacy and Freedom」, Atheneum, 1967
[34] Harvard Law Review, Vol.4, No.5, 1890
[35] 林紘一郎,「PrivacyとPropertyの微妙なバランス:Post 論文を切り口にして Warrenand Brandeis 論文を読み直す」,情報通信学会誌,Vol.30, No.3, 2012

4章 現状のまとめと未来

　ここまでに、AIがどのように動いているのか、そしてそれを使うときに注意するべきポイントを知的財産の観点からご紹介しました。

　最後の章では、将来どのような方向になっていくのか、それを考えてみたいと思います。まず現時点でのAIの状況を整理してみましょう。

いまのAIにできること

　まずは現在のAIにできることについてまとめましょう。AI技術は文字どおり日進月歩ですので、昨日はできなかったのに今日はできる、などということもありますが、この本を書いている時点での状況を概観してみます。

■ 画像を認識すること

　今日のAI（この本ではディープラーニングに限っています）の成果のひとつが画像認識ではないかと思います。画像認識に適したAIモデルには、例えば畳み込みニューラルネットワーク（CNN：Convolutional Neural Network）があります。このCNNは、いろいろな画像分析に使われています。

　「畳み込み（convolution）」を正しく説明しようとすると積分の知識が必要になるのですが、概念的に捉えるだけならばニューラルネットワークにおける畳み込みは、画像の上で一定の面積の窓（ちょっとの汚れつき）を移動させながら、その窓に入っている画像の情報を入力としてニューラルネットワークに取り込むことを考えています。画像のある範囲（窓のなか）をかたまりで捉えるので、富士が画像の中のどこに写っていても「富士」と認識できるように学習されるのです。なお、これは相当に簡略化した説明（従って若干の誤りもあるもの）で、畳み込みが実際どんなものなのかは、アニメーション[1]などをご覧になると、すこしイ

---

[1] https://animatedai.github.io/

メージができるかもしれません（オープンソフトのライセンスに詳しい方のために申し添えますと、このアニメーションはMITライセンスで配付されています）。

こうしたCNNを利用すると、医療画像の認識や、顔認識などが可能になります。例えばアメダス（AMeDAS：Automated Meteorological Data Acquisition System）が備えているカメラの画像から積雪量を推定する例などが実際に考えられています[052]。

画像の認識を得意とするニューラルネットワークは他にもあります。より画像認識寄りのニューラルネットワークであるYOLO[053][2]は、撮影された画像データから迅速に対象物を見つけ出します。道路を背景に、停められた自転車と犬がいる風景から、自転車が写っている部分と犬が写っている部分とを特定したりできます。

このYOLOのようなリアルタイムの画像認識が何に利用できるのか。すぐに思いつくのは自動運転などの分野です。歩行者を素早く見つけたり、後方から近づいてくる自転車を見つけたり、ということができるわけです。

またYOLOでは、撮影された画像のなかに物体があるかどうかという分析ができますから、棚に並べられた商品の管理であるとか、あるいは盗難の検知などということへの応用も考えられます。

■ シミュレーション

簡単には計算できないことが（例えば流体計算）を、ニューラルネットワークで疑似的に計算できます。

さきほど気象の話が出ましたが、空気や海（もっと小さいスケールでお風呂場のお湯でもいいんですが）のように、一定の空間を占めていて、こちらで起こした動きがあちらに伝わるようなそんなものを流体（もうちょっと広い概念では連続体）といいます。

この本の最初のほうで、モデルの例として砲弾の動きのようなものを書きましたが、ああいった物理の方程式が、流体にもあります。その方程式（例えばNavier-Stokes方程式）を解けば一応、流体の動きが分析できます。ですから、大気という流体についてこの方程式を使うと、気象情報が決定論的に解析できま

---

[2] https://arxiv.org/pdf/1506.02640

す。

　言い方を変えましょう。ある時点での気圧の情報（初期条件）等があれば、その後の各点での風の強さの変化は計算で求められます…と、言えるほど、この方程式を解くことは簡単なものではありません。そのため、これまで流体の計算は数値計算によって行われてきました（CFD：Computational Fluid Dynamics）。ただ、この数値計算はあくまで「だいたい」の計算ができるだけで、正確な計算ではありません。

　そこでニューラルネットワークの登場です。ニューラルネットワークに例えば初期条件を入力して、その後のある時点での各点での風の強さを推定させます。その推定の結果が、解きたい方程式を満足しているかどうかを評価し、方程式の解からどれだけずれているかを損失としてニューラルネットワークを機械学習します。そうするとこのニューラルネットワークは、方程式を解いた結果を推定してくれるようになります[3]（ただしこのリンク先の記事は光ニューラルネットワークという特殊な「計算方法」を使うもの）。

　物理学の研究にニューラルネットワークを使い、解くことが難しい方程式をうまく処理しようとする試みは広く行われていて、今後の展開が注目されます[054] など。

　AIの応用分野はこれらだけではありませんが、キリがありませんので生成AI以外についてはこのあたりにして、次は生成AIができることについて書き出してみます。

■ 文章や画像を量産すること

　名称のとおり生成AIは、文章や画像を生成することができます。そして生成AIがいままでのツールと異なるのは、すこしずつ違っている内容の文章や画像を、1つの指示に基づいて量産できることです。

　前の章では、大量の生成物からキュレーションして選択する「ガチャ」と呼ばれる使い方をお話しましたが、キュレーションができるほどの大量の生成物を、短い時間で生成できるところが、生成AIがいままでのツールと大きく違うところでしょう。

---

[3] https://medium.com/optalysys/deep-learning-and-fluid-dynamics-solving-the-navier-stokes-equations-with-an-optical-neural-3f79d929a389

また、これも前の章で説明ししましたが、生成AIは、生成AI自体が文章を生成しようとして生成しているわけでも、画像を生成したいと思って生成しているわけでもありません。例えばGPTは、ユーザが指定したプロンプトに応答して、1つ単語を出しては、それに続く単語を（ある程度ランダムに）推定する、という動作を繰り返して文章にしています。画像を生成するStable Diffusionも、指定されたプロンプトを参考に、ノイズ画像から「それらしい」画素の組み合わせを復元するという動作を繰り返して画像を作り出しています（Stable Diffusionが、学習データを細切れにして保存していて、それをコラージュすることで新しい画像を生成していると考えている方がいらっしゃいますが、この動作を考えると、それは誤解ではないかと考えます）。

　その結果、比較的自然な文章や画像になる本当の理由は、―「AIの父」などと呼ばれるGeoffrey Hintonがインタビューなどでも述べていましたが―実のところそれほどきちんと理解されているわけでもないのです。

　現状は、GPTやStable Diffusionなどの生成AIを使うと、「一見すると人間が自身で創作したものと区別ができない創作物」を短時間で生成できることがわかったので、それを利用している、という段階です。ここで「一見すると」と書いたのは、上にも書きましたとおり、本当の意味で文章を生成したり、画像を生成したりしているというものでもないので（いや実際どうなのかわからないのですから「なさそうなので」というべきでしょうか）、詳しく調べるといくらかのアラがあるからです。

　例えばGPTは、学習したことのない問題に当たると嘘の回答をすることがありました。昔のSF小説では、知能をもったコンピュータが、十分なバックグラウンドのない知識を問われると、「データ不足」などと言って回答を拒否していましたが、現代のGPTは、機械学習の結果に基づいて単語を列挙していく結果、真偽不明な回答を生成します。

　一般的に生成AIは、検索エンジンを利用したり、データベースを検索したりするものではありませんから「データ不足」だと言うこともできないのです。単に指定されたプロンプトに基づいて単語の列挙をしているわけで、事実を引用しているわけではないので、「わからない」という応答をするはずがなく、淡々と真

偽不明な回答を紡ぎ出してしまうわけです（なお、あとで説明するように、データベースの検索結果に基づいて文章を生成する「RAG」と呼ばれるような利用例もあります）。このことを理解せずに利用すると、前章でご紹介した、ChatGPTを誤用した米国弁護士のように、存在しない裁判例を存在するかのように思い込んで利用してしまう、という事態も起きかねません。

またStable Diffusionは、かなりきれいな画像を出力するといっても、よく見れば解剖学的にあり得ない人体を描き出していたりします。こちらも当然で、ナイーブなStable Diffusionは、例えば人の手を描写するべく指の画素配列を再現しようとするとき、学習している指の画素配列を参考に画像を再現するのであって、人体全体の向きを考えるわけではないからです。何も考えずに手の画像部分を再現してしまう結果、骨格からはあり得ない方向に指が曲がったような、不自然な画像が得られてしまうことになります。

前向きに捉えれば、こうしたことが新たな創作の種となる可能性もあるとは思われますが、少なくとも生成AIのユーザが本当に欲しかったものではないでしょう。現状の生成AIは、その意味では、少々もの足りない大量生成者です。意外性のある結果が得られて楽しめる反面、出力を精密に制御したいプロ向きの用途には適していないとも言えます。

■ 自然言語処理

GPTなどのLLM（大規模言語モデル）を用いた生成AIは、「次の単語を予測する」性質のものであるにも関わらず、作品や文書を大量生産するという能力とともに、人が書いたり描いたり話したりする文章を、コンピュータで処理できるかたちに変える能力があります。

このように人が書いたり話したりすることばをコンピュータによる情報処理に使う技術を、「自然言語処理（Natural Language Processing：NLP）」といいますが、生成AI以前の情報処理では、文に含まれている単語が、何ものであるかを特定させるだけで一苦労でした。

例えば、「日本列島の南を通過する低気圧の影響で、東京都心部でも雪が積もりました」という程度のニュース文であっても、「日本列島」や「東京」、「都心部」

といった語が地域の名称であるとか、「雪」が気象を表す言葉であるとかいった情報を、それぞれの単語に関連付けること＝ラベリングを行うことすら難しい処理でした。つまり「どこで」「何が」といった情報を、人が普通に話したり、書くものから抽出したりすることすら難しかったわけです。

　しかし生成AIを使うと、与えられた情報から人が理解する情報を抽出することが簡単にできるようになりました。

　このNLPの例を、もうすこし分かりやすく、領収証の処理を例にして考えてみます。

　スキャナを使って領収証を読み取り、OCR（光学的文字認識）を行ってテキストにする、というのは、実は生成AIの普及前にも行われていました。ただし、高精度なOCRを使って、記入された文字がテキストにできたとしても、領収証には決まった書式がないので、テキストのどの部分が宛先で、どれが品目（但し書き）なのかが分からず、また日付に見えるものは領収証の発行日なのか、それとも医療費の領収証のように治療期間が書かれたものなのか……とにかく読み取られたテキストのどこがどの情報なのか、人が介入しなければ整理できないものだったわけです。

　ところが生成AI（この場合はとくにGPT）の普及で話が変わりました。

　OCR後のテキストをそのままChatGPTに入力して、

「次のテキストは領収証からOCRで抽出したものです。宛先と領収日、金額と但し書きを抽出してください。

　　領収証
　　橘　　様　2024年3月2日
　　12,455
　　但　書籍代として
　　上記正に領収しました
　　内
　　番号 11241556」

といったプロンプトを指定すると、ChatGPTは、

> 「*宛先: 橘様*
> *領収日: 2024年3月2日*
> *金額: 12,455*
> *但し書き: 書籍代として*」

と、1秒もかからずに返答してきます。

こうなると、金額が12,455円だとわかりますから（書籍代としてはすこし高いですね）、ほかの領収証の情報から抽出した金額と合算してみたり、先月の書籍代と比較してみたり、という情報処理が簡単にできるようになります。

なお、この生成AIの返答が、ほとんどJSON（JavaScript Object Notation）あるいはPython言語の辞書型（名称と値とをコロン「：」でペアとして対応付ける表記方法）の形式であることは、プログラムを作ったことがある方にはすぐにお分かりいただけるでしょう。

一度この形になってしまえば、あとは入門書で入門できる程度の知識で情報処理ができるようになるわけです。あとはプログラムのほうからChatGPTを使えるようにするだけ……なのですが、これまた割と簡単にできる仕組みができあがっています。

OpenAIを始めとして、GPTのサービスを提供する企業は、API（Application Program Interface）を介してプロンプトを受け取り、その出力を提供してくれるようになっているのです。ですから、領収証管理ソフトウェアの開発者にとってみれば、OpenAIのAPIを呼び出す機能を、いままでのソフトに追加するだけで、スマートフォンのカメラで撮影された画像を取り込んで、OCRをかけ、APIを使ってChatGPTに処理させると……。ほら、自動認識機能つきの領収証管理アプリが実現できてしまいました。この自動認識機能のためにアプリ開発者が行ったのは、OpenAIのAPI呼び出しの実装と、その応答に対する処理の実装だけです（指定されたURLに宛てて、指定された形式のデータを送信すると、あらかじめ決められた形式で応答が返されてきます。この流れを「APIを呼び出す」

とか「APIを叩く」などと表現します)。ああ。そういえば、ここでの応答の処理は、ChatGPTの代わりに、それらの情報を人間が入力した場合もどうせ必要だった機能なので、結局、今回実装したのは、API呼び出しだけだともいえますね。ともかく。アプリの開発者は、こうしてGPTを自己の製品に組み込むことで、情報処理をすることを考えずに作られた領収証のような文書までも、簡単に情報処理の対象にできるようになるわけです。

またGPTはそもそも多国語に対応していますから、外国語対応も難しくなさそうです。出力を「日本語で」と指定すれば日本語で出力してくれますし、「英語で」とすれば英語に翻訳した情報が得られます。どうでしょう。アイディア次第でどんどん新しい機能が追加できそうです。

このように、生成AIには、単に作文をするという能力だけでなく、人が書いたり話したりしたことばを解釈して、必要なものを抽出してくれる、という能力があるので、それをうまく使うことで、いままで誰もが利用しているアプリケーションに、驚くほど多彩な機能を追加することができるようになる、という潜在能力を秘めています。

ただしこの場合も、生成AIは、必ずしもすべての情報を抽出してはくれません。

次のような不十分なプロンプト(但し書きが欠けている)を入力したとしましょう。

「次のテキストは領収証からOCRで抽出したものです。宛先と領収日、金額と但し書きを抽出してください。

　　　領収証
　　　橘　様　2024年3月2日
　　　12,455
　　　但　として
　　　上記正に領収しました
　　　内
　　　番号 11241556」

すると、ChatGPTは、

抽出された情報は以下の通りです：

・宛先：橘様
・領収日：2024年3月2日
・金額：12,455
・但し書き：「但　として 上記正に領収しました」

というように、意味不明な情報抽出をしてしまいますし、場合によってはこの部分に嘘を交えて回答してしまう場合がないとも言えません。

■ 画像理解

　画像を生成する生成AIを使うと、カメラで撮影されただけの画像の内容を説明させることができます。例えば、Automatic1111（P.199参照）のようなインタフェースに写真画像を入力して、「インタロゲート（Interrogate CLIP）」ボタンを押すだけで、その写真に何が写っているのかを推定してくれます。この能力を使うと、例えば写真を整理するアプリの作成が簡単になりそうです。

　写真がどこで撮影されたものなのか、被写体は何なのか、といった情報は、いままでは人が入力するしかありませんでしたが、こういった情報も、生成AIを使って推定させることができるようになったわけです。

　撮影場所ごとに整理する、被写体ごとに整理する、といったことを自動で行うアプリというのも開発できるでしょう。またネット掲示板のソフトウェアでは、投稿された画像データについて、このインタロゲートの処理を行うことで、何が表現された画像データなのかを文字列のデータとして取得して、その文字列に、掲示板としては不適切な画像の文字列（例えばポルノ画像であることを表すものなど）があれば投稿を拒否する、というようにした、コンテンツを分別して、妥当でないコンテンツを排除すること（いわゆるコンテンツモデレーションをすること）も実現できそうです。

　最近では誰もが簡単に映像コンテンツを作成でき、また公開できるので、コン

テンツの点数が膨大になっており、ユーザのコンテンツを預かって公開するサービスでは、コンテンツモデレーションは大きな関心事です。

コンテンツモデレーションを人力で行う場合、その担当者は攻撃的なコンテンツを一度は目にすることになり、精神的な苦痛は計り知れないとも言われています。また、このサービスが国を跨いで行われている場合、国ごとに制限するべきコンテンツの種類が異なることもあり、状況はとても複雑で、人海戦術で簡単に処理できるというものでもないのです。生成AIを使えば、これらの問題点は解決できます。

生成AI以前にも自動的にコンテンツモデレーションを行う情報処理がありましたが、生成AI以前のものは例えば投稿された文に含まれる単語が、「違反語」辞書にあるかどうかで、自動的なモデレーションを行うといったものでした。こうした辞書ベースの自動モデレーションでは、テロを扇動する投稿も、テロを批判する投稿も、同じような単語が含まれるというだけで区別なく排除されてしまう可能性があります。これではオンラインで社会問題の議論を行うこともできなくなってしまいます。

またポルノ画像を排除するため、肌色率の高い画像を排除するようにした場合はどうでしょう。肌の色は人によって異なりますし、たまたま大きく写された木の机の表面が、肌色に近い色だった、というケースもあるかもしれません。こうした場合も一律に排除してしまうのが妥当といえるでしょうか。

生成AIを使えば、投稿された画像の内容を文章化して、画像が提供される文化圏に応じて妥当性を判断させることもできそうです。また人間と違い、攻撃的な内容を見ても精神的に害されるということが（たぶん）ありません。このような応用例は、コンテンツモデレーションに限らず、他にもありそうです。

ただしこの場合も生成AIが誤るケースはあるので、最終判断として人為的介入が避けられないこともあると思われます。

■ 情報の整理・整形

情報を抽出することが得意、という性質を利用して、生成AIを情報出力のひとつの手段として利用することも考えられています。いままでの、結果をただ列

挙するような出力に代えて、人が見やすいように情報の整理、整形を行うことが考えられているのです。

　例えばデータベースの検索結果は、一覧として表示されているのが現状だと思います。広く利用されている多くのデータベースでは、データはテーブルで管理されます。住所録のデータベースであれば、このテーブルには、「氏名」、「住所」、「電話番号」、……というようなカラム（Column）があらかじめ定義されます。実際のデータ（レコード）は「氏名はXXX、住所はYYY、電話番号はZZZ……」というように各カラムに対応する情報を関連付けて記録したものになります。

　このようにカラムとレコード（ロー：row）からなるテーブルでデータが管理されているため、データベースを利用すると、「住所か氏名のカラムに『東京』を含むもの」といったような条件での検索ができるようになっています。この検索の結果は、条件に合うレコードが一覧されたものになります。

　しかしこれがいつも見やすいとは限らないのです。実際に日本弁理士会の「弁理士ナビ」で「橘」を含む弁理士を検索すると、本書の著者である橘祐史のほかに多数の弁理士の名前がリスト表示されます。なかには氏名に「橘」を含まないのに、事務所名や、ことによっては経歴（出身した学校の名前）といったカラムに「橘」の文字が含まれているとの理由で検索結果に含まれてしまうものもあります。

　そこでこの出力結果を生成AIに読み込ませたうえで、「氏名に橘が含まれていて、吉祥寺から近い弁理士に頼みたい」と入力してみると、

以下の弁理士が氏名に「橘」を含んでおり、東京都内に事務所を構えています。吉祥寺からの距離は具体的には明記されていませんが、比較的近いと考えられます。

　　・橘祐史(タチバナユウシ): NAV国際特許商標事務所、東京都世田谷区……

といったように検索結果の一覧からさらに情報を抽出して、分かりやすく整理してくれます。

検索結果の情報を利用して、生成AIに分かりやすいテキストを生成させるこうした技術を「拡張検索生成」(Retrieval Augmented Generation：RAG)といいます(ひとつことわっておくと、生成AIがそもそも持っている知識を、外部の知識ソースで補うことが本来のRAGの趣旨になります。この趣旨からすると上記の弁理士検索の例は、弁理士会の検索結果をNotionのAIに入力して得た結果ですので、正確な意味でのRAGではありません。あくまでこうした出力が行われるという参考例になりますのでご承知おきください)。

なお、著作権との関係では、このようなRAGによる著作物の利用(必要な限度で、分量なども考慮したうえで軽微な利用とされるものに限る)は、著作権法第47条の5第1項第1号及び2号の、「情報の所在検索及び結果提供に伴う軽微利用」及び「電子計算機による情報解析及び結果提供に伴う軽微利用」として扱われることになります。

ただし軽微利用であることが求められますから、どのように出力するか／すればよいかについては、未だ議論の余地があります。例えば検索結果の著作物の半分ほどが表示されます、というのではこの規定に適用を受けることはできないでしょう。またその要約を表示します、というような場合も、許されるかどうか。学説も揺れていて、具体的な基準はまだこれから決めるべきところです。

Point
- 生成AIを含むAIは情報の処理が得意。
- 生成AIが生み出せるものは画像のほか音声やテキストなど多岐に渡る。
- 情報の整理や抽出もAIを活用することで効率化できるケースがある。
- AIによる情報の加工についての解釈は未だ定まっていない。

いまのAIにできないこと

できることの次はいまの生成AIではできないことについてもまとめましょう。後々ここで挙げたケースを覆す進化が生まれるかもしれませんし、ひょっとしたらそれは明日かもしれませんが、あくまで本書執筆時点での情報を基に判断して

います。

■ **プロ用途にはまだ足りない**

　生成AIは、一見、人間が書いたのかと見紛うほどの文章や、イラストレータが描いたかのような絵、実際に撮影されたかのように見える写実的な画像を作り出せます。しかし上に書きましたように十分なものでは決してなく、プロフェッショナルが創作する漫画や小説をそのまま代替するには至っていません。

　2023年秋に、生成AIを利用して漫画を描こうという試みで、手塚治虫の「ブラック・ジャック」の新作が発表されました。この企画は、もともと2020年にキオクシア（KIOXIA）社による「TEZUKA2020」（このときには「ぱいどん」というタイトルの漫画が生成されました）の後継にあたるもので、手塚治虫の漫画「ブラック・ジャック」の過去作を機械学習した生成AIが利用されています。

　企画の詳細や実際の漫画（「機械の心臓 – Heartbeat Mark II」）が、ウェブで公開されています（2024年1月時点）。この情報からどのように生成AIを利用したのかを見ていきますと、この例ではまず、生成AI（実際にはGPT4）に多数のプロットを生成させ、その中からプロ目線で1つを選び出したのだそうです。

　しかしそれだけでは完成できず、さらに生成AIに、選んだプロットの「結果をポジティブに」するよう求めるなどして何度も改訂を加えさせたと書かれています。キャラクタの生成にも生成AIが使われたと書かれていますが、その生成AIの出力は「あくまで参考画像」であり、実際の漫画原稿自体は漫画家の手によって生成されたとあります。

　結局、生成AI単体で、プロの仕事を代替できる状態にはまだなく、それどころかプロを補助する能力についてすら未だ相当に限定的だと言えそうです。

　また、2024年1月に芥川賞を受賞した九段理江さんの「東京都同情塔」という小説は、作品の5%程度が生成AIの文章をそのまま掲載したといいます。

　しかしこの例でも、生成AIの出力は「生成AIの出力」として描かれているだけで、生成AIによって小説が生成されたわけではありません。芥川賞の選考委員であった小説家の平野啓一郎氏も、自身のX（旧Twitter）アカウントで、「作中に生成AIが出てきて、その部分の話であって、地の文でどこで使用されたか

わからないような形でまぎれているわけではない」と述べています[4]。

これらの例に見られるように、現在の生成AIは、プロ向きの用途としては、その作業の一部を若干補助することはできても、作業全体を代替するものとしては不十分ですし、補助するにしても限定的と評価されているものと考えられます。

今後、学習用のデータを増やしていけば、あるいは内部で利用するデータ量を増やしていけば、プロを代替することができるようになるのかどうか。いまの仕組みの生成AIがどこまで「成長」できるのかはまだ分かっていません。

■ 顧客対応ができるわけでもない

何度でも繰り返しになりますが、いくら事実を書いた文章を学習させてもGPTはその事実を確実に語るとは言えないものなので、顧客対応を任せられるレベルには達していません。2024年2月にエア・カナダが敗訴した事件がいい例になります。

この事件では、エア・カナダ社がAIを利用したチャットボットに顧客対応を任せていたことが問題になりました。このチャットボットは親族の葬儀に向かうある顧客に対し、「喪中割引（bereavement fares）」は、あとからでも90日以内であれば割引請求ができると案内しましたが、これは誤りでした。

チャットボットの回答には「喪中割引」の説明文へのリンクが設定されており、リンク先の文では、あとからでは割引を請求できないと書いてありましたが、この事件の原告はこの部分を読んでいなかったようです。

エア・カナダ側は、チャットボットであろうと、担当者のひとりが言ったことなど信頼すべきでないなどと主張し、さらにそのうえで、このチャットボットはそもそも他社によるサービスだ、などと主張したようですが、チャットボットはエア・カナダのウェブサイトでアクセスできるものだったので、これらの主張は（当然だとは思いますが）認められませんでした（Moffatt v. Air Canada, 2024 BCCRT 149）。結局、エア・カナダは、チャットボットの正確性について十分な注意を払っていない、という理由で敗訴しています。

GPTの出力は、「ここまでカスタマイズすれば回答が嘘にならない」というような保証ができるものではありません。ルールベースの回答を行うボットとは違

---
[4] https://twitter.com/hiranok/status/1748133113753113064

4章　現状のまとめと未来

います。データベースなどの出力を加工するRAGに使った場合も、その出力の正確さは保証されていません。

そして顧客に対してボットの言うことを必ずしも信用せず、「もとの情報にあたってください」としてダブルチェックを強いるというのでは、チャットボットの意味がありません。こういったわけで、現状では顧客対応をAIに任せることはできないと言わざるを得ません。

■ 説明できない

今度は生成AIに限られないAI一般の話ですが、現在のAI（ディープラーニングを用いたAI）は、「なぜその出力が得られたか」を説明しませんし、できません。

例えば契約書面を生成AIに作らせてみたら、よくわからない、なぜこの条項を入れたのか聞きたい条項があった、という場面を思い浮かべてみてください。既に見てきましたように、GPTのような生成AIでは機械学習した文書の語順に基づいて語を並べて文書を生成しているので、契約書を作成させたとき、どの条項についても法律的判断をしたうえで出力したのではなく、いわば経験則に則った出力をしているに過ぎないわけです。

ですから、なぜその条項を設けたのかについて説明を求めたとしても、過去にそういう文書が多かったから、という程度の説明になるでしょう。それでも生成AIに対して実際に、「この条項を含めた理由は何か」と問い合わせれば、それなりの回答が得られる可能性はありますが、その回答は改めて生成されたもので、「この条項を含めた理由」として機械学習した語順に基づいて新たに文書を生成しただけのものなので、その条項を設けた「真の理由」が語られるわけではありません。

一方人間の弁護士であれば、生成した契約書面のどの条項についても、「なぜその条項が設けられているのか」と聞けば、どういう法律的判断の下に設けたのかという説明が期待できます。現在の生成AIは、こういう「説明ができない」という側面でも、専門家を代替するものとしては不十分といえます。

では、AIに出力の理由を語らせることは、今後も技術的に難しいのでしょうか。AIが、内部でどのような「判断」をしているのかを調べたいというのはよくあ

る要望なので、このような要望に応えるべく、対応する技術も研究されています。例えばデータを分類する分類器というAIに対してであれば、LIME (Local Interpretable Model-agnostic Explanations) という技術 [055] が考えられています。しかしこのLIMEも、いまの段階ではパラメータの設定によって応答（どんな判断をしたかという回答）がコロコロ変ってしまうといい、こうした試みはまだ研究途上で、決定打がありません。

■ 出力が安定しない

多くの生成AIは情報を生成するときにランダムなパラメータを使っているので、同じプロンプトを入力しても、いつも同じ出力が得られるとは限りません。

これは多様性のある出力を大量に得て、キュレーションをするためには必要なものである一方、問い合わせごとに異なる回答が得られるということでもあり、サービスの内容によっては不適切なものになります。

例えば、二人の当事者が対立しているある法的問題の判断について、問い合わせごとに異なる結論が出たのでは困ります。さきほど見ましたように、その判断の根拠を示すことができない状態ではさらに不適切な事態になりかねません。生成AIが人間よりも公正な判断をすると期待する意見もどこかで見ましたが、到底公正な判断をしているとは言えませんし、実際していません。

問い合わせごとに回答が異なるというだけではありません。生成AI自体がバージョンアップしたときに、出力ががらりと変わってしまうこともあります。

GPT3.5とGPT4とについて、2023年3月の時点と2023年6月の時点とで、あるタスクのプロンプトに対してどのように回答したかを調べた論文があります [056]。この論文によると、例えば「17077は素数ですか？順序立てて考えてYesかNoかで答えてください」というような数学の問題に対し、GPT3.5については、2023年3月時点の正解率が49.6％、2023年6月時点の正解率が76.2％で正解率が向上したのに対して、GPT4では、2023年3月時点の正解率が84.0％であったのに、2023年6月時点では正解率が51.1％になってしまった、などといったことが報告されています。

この論文については、調べられているタスクが偏っているといった指摘はあり

ましたが、少なくとも生成AIを使用したい何らかのタスクにおいて、バージョンアップなどで構造を変えたり、機械学習を進めたりしても、必ずしも賢くなるとは限らないことがわかります。

バージョンアップや学習が進むにつれて得意なタスクが変わってしまうというのでは、生成AIを応用したサービス提供をする側にとっては懸念事項になり得るでしょう。提供するサービスのためのタスクが、使用している生成AIのバージョンアップによって「不得意」になってしまったら、サービスを続けられなくなってしまいます。

例えば領収証のテキストを抽出するアプリも、使っている生成AIのバージョンアップで動かなくなってしまうかもしれません。これを「あり得ないこと」と片づけることができない。これも生成AIのひとつの問題点です。

つまり、現在のAIでは学習が進んだときに、どのようなタスクにどのような影響が出るかが理解されていませんし、いつまでも安定した出力が得られるとは限らないのです。ソフトウェアのバグとは違って、意図して修正することも難しいので、必要に応じて古いバージョンのAIを使わないといけないかもしれない、ということになります。

別の見方をすれば、AI自身が他種多様な用途に利用できるとしても、できるだけレベルの高い出力を得ようとすればやはり、タスクごとのファインチューニングなどがどうしても必要だということです。あらゆるタスクに対して高精度なAIを「育成」することはどうやら難しそうだからです。

> **Point**
>
> ・生成AIのレベルはプロユースまで達していない。
> ・会話対応などの精度はまだ低い。
> ・出力や経過についての説明はできない。
> ・出力品質が安定しない。

AIの問題点

　ここまでに見てきましたように、AIの動作は完全に理解されているというものではありません。このため意図しない動作をする可能性は常に否定できません。
　画像認識の処理において「どうしてこの自転車の画像を犬だと思ったんだろう」とか、シミュレーションのときに突然、目的にした方程式からずれている解を出力する、ということもありえるわけです。安全性を重視するならば、この不安定さは問題になります。また生成AIは、一見すると真実かと思ってしまう嘘も、写真のように見える画像も生成できてしまいます。こうして生成AIによって生成された情報が公開されて拡散されると、次のような問題が起きてきます。

・フェイクニュース
・偏見・誹謗中傷
・秘密情報の漏洩
・著作権侵害

　また、生成AIがいろいろな情報を作り出す能力を持っていることから、その出力が拡散されなくても、

・攻撃のための情報を作り出せる
・試験などでの悪用

といった問題点があります。
　さらにAI自体に対する攻撃というものもありえます。学習データとして不適切なものを与えれば、AIは当然に意図しない方向に教育されてしまいます。IBMのWatsonが、Urban Dictionary[5]（オンラインの俗語・慣用句辞書サイト）を学習した結果どうなったかは記憶に新しいところでしょう。またマイクロソフト社のチャットボットtayも同様です。前者は意図しなかった「攻撃」により、後者はユーザが意図して行った「攻撃」により、いずれもサービスが機能不全に陥

---

[5] https://www.urbandictionary.com/

りました。

　こうしたAI特有の攻撃に限らず、AIサービスはネットワークを介して提供されるものですから、単純なDDoS（大量の要求を送りつけてサービスを機能不全にする攻撃）も脅威になります。特にAIモデルがLLMのように大規模なものである場合、サービス提供者が限られますから、サービス持続性の（依存する場合、事業持続性にも）問題点が問題があると言えます。

　これらの問題点は、AIに限ったものではありませんが、順番に確認してみましょう。

■ ディープフェイク

　フェイク（fake）という語は、真正（genuine）の対になる語で、相対的なことばです。つまり、それを言う人の立場によって意味が変わります。例えば今日、ラッキーにも何かお金をもらえることがあったとして、それが課税されるべきものか免税されるものか。税務署の立場からすると課税すべきとなるものの、立場を変えれば免税として扱うことも法的にはありえる、というような場合、「これは課税すべき」という発言は免税説を採る側からすればフェイク（偽）であり、税務署からは真正ということになります。

　そこでMITのSinan Aral教授に倣って、ここでは真実に照らして嘘となる場合を「嘘情報」と呼びましょう。生成AIが創作していることが問題になるのは、生成AIが創作した嘘情報を、あたかも真実であるかのようにユーザが利用した場合です。

　大前提として、生成AIは、一般的には事実に基づく出力をするものではありません。そしてこれは回答が嘘になる場合がある、というだけではありません。生成AIは創作をするものです。ただし、生成AIが「嘘をつく」（創作するものである）としても、ユーザがそのことをわきまえて、AIの生成物の利用に注意を払う、というのであれば問題はないわけです。そもそも創作することが悪いわけでもありませんし、生成AIをフィクション小説執筆の補助に使う場合、生成AIが真実を出力するほうが却って不都合でしょう。

　そしてこのことは生成AIに限った話ではありません。生成AIを利用しなくて

も、製作者に技術があれば、ごく普通のツールを使って創作ができ、嘘情報を作り出せます。例えば前の章で例とした有名歌手の画像の場合、生成AIが利用されたことが話題になりましたが、こういった画像は、生成AI以前にも、アイドルの顔部分の画像とポルノ画像とを合成する、いわゆるアイドルコラージュ（略称アイコラ）画像として数多く出回っていました（もちろん問題のあるものです）。ですから嘘情報の拡散が、すべていわゆるディープフェイクだとか、生成AIの普及が原因だというのは乱暴です。

　嘘情報は、それを生成することよりも、真実であるかのように拡散されることのほうが問題なのです。そう考えると、SNSやYouTubeを始めとするデジタル情報の拡散基盤の普及にともなって問題が大きくなりやすくなったことが、最近のディープフェイクの問題の本質だろうと考えます。

　では生成AIは、この嘘情報の問題に関係がないのか、というと、そうとも言い切れないところがあります。生成AIを利用することで、技術のない製作者でも、品質の高い嘘情報を作れるようになりました。いわゆるディープフェイク画像を生成するだけであれば、ネットでサービス提供されている生成AIで十分です。実際、前の章で挙げた総理大臣の音声動画や、有名歌手の画像は、誰もが無料で利用できるような、身近な生成AIを使って、ごく短時間で作られてしまっています。

　実際に前章の歌手の画像のケースでは、マイクロソフト社が提供するMicrosoft Designerが使われたと報道されています。このMicrosoft Designerは、デザイナー用のサービスで、デザイン提案や画像処理を行うことができるツールですが、これが悪用されたわけです。しかもこのツールは、悪用された時点では無料で使えるものでした（この部分を書いている時点でも無料ですが、その後課金された可能性はあります）。

　つまり、いままでは技術のある人しか作れなかった嘘の画像が、いまでは生成AIを利用して誰でも作れる状態になってしまった、ということです。しかも生成AIは短時間で大量に画像を生成できますから、一点や二点の嘘情報ではなく、大量の嘘情報が、短い時間で、誰にでも、簡単に生成できるようになったと言えるかと思います（もっともあまり大量の嘘情報がでてくると却って胡散臭いよう

にも思いますけれども)。

　そうしてみると生成AIの普及によって、ディープフェイク問題がより深刻なものになる懸念が出てきたとはいえるかと思います。ある日、大量の嘘情報がネット上に現れる、ということがあり得るのです。この場合、それらによって被害を受ける側が発見して対策を講じるより早く、大量の嘘情報が世間に溢れてしまうことが心配されます。

　嘘情報は、拡散されてしまうと、どのような社会的影響を及ぼすかが計りしれません。米国では嘘情報により選挙結果に影響が出たと言われていますし、日本でも道路をライオンが歩いている画像を利用して、大きな地震のあとにあたかもその地震の影響でライオンが動物園から逃走したかのような画像を投稿した事件がありましたが、そのときには動物園の業務が妨害されたとして逮捕者が出ました(元画像はヨハネスブルクでの映画撮影時のものだそうです)。

　嘘情報を不用意に公開することには訴訟リスクがあり、他者の権利を侵害するリスクがあります。生成AIのユーザはこのことを理解しておくべきです。他者の名誉を棄損するような情報や、威力業務妨害になってしまうような情報をポストするべきではありません。さらに、著作権侵害にならないよう配慮も必要です。小説や画像などの創作物(ある意味で嘘情報)は、公開されるのであれば、創作物(フィクション)であることが明記されるべきですし、創作物であることの明記とともに拡散されるべきです(これは著作権の主体を明示する意味でも！)。

　なお、しばしば「事実の指摘なので名誉毀損には該当しない」という発言をする人がいます。しかし名誉毀損罪は、公然と事実を摘示(てきし)して、人の名誉を棄損したときに問われるものです(刑法第230条)。「事実の摘示」とありますが、摘示された事実が真実であるか嘘であるかは問題ではありません。例えば有名歌手の名前を挙げて、「不倫していた」などといったポストをすれば(その有名歌手がほんとうに不倫をしていたかどうかに関わらず)名誉毀損罪にあたる可能性がある、ということです。

　これに対して信用棄損・偽計業務妨害罪(刑法第233条)は「虚偽の風説の流布」であるとか、「偽計を用いる(人を騙したり、人の勘違いや無知に乗じる行為)」ことがその構成要件となっています。上に書いたライオンの画像を悪用した投稿

の事件もそうですし、2022年にはAIで生成した画像を静岡の水害を伝えるもののようにSNSに投稿したユーザが炎上した事件もありました。こういうものが信用棄損・偽計業務妨害罪にあたる可能性がある、ということです。

■ 偏見・誹謗中傷

　生成AIの出力が偏っている（バイアスがかかっている）場合、人種差別的な文が生成AIによって生成されたりすることも懸念されています。

　GPTを始め、生成AIは、過去に人が生成してきた文章や写真などを機械学習して取り込んだものです。そしてその中には、人種差別的な文も少なからず含まれていたはずです。そこでナイーブな（何も加工していない）状況では、生成AIは、そういった文章の特徴をなぞって、同じような差別的文章を生成してしまいます。

　嘘情報の場合と同様、生成AIを創作の補助に使う場合、生成AIが偏見を含む文であるとか、誹謗中傷の発言を生成できないというのは不都合だと思われます。そういう偏見を持った登場人物が登場する作品（映画「十二人の怒れる男」のような）がいっさい生成できないことになりますから。ですからこの場合も、生成AIが「偏見や誹謗中傷を含んだ出力をする」としても、ユーザがその生成物の利用に注意を払うのであれば問題はないわけです。問題になるのは、生成AIが生成した偏見などを含んだ情報を、そのまま公開したり、拡散したりした場合です。例えばチャットボットに利用して人が検閲することなく、その出力が示されると、問題になることがあるわけです。

　世間には人種やジェンダーなどに関わるバイアスに敏感な人たちがいます。必ずしもすべてが正当な評価をしているかはわかりませんが、そのような出力が公開され、一度「炎上」すれば、こちらも訴訟リスクなど、いろいろなリスクが発生するでしょう。

　偏見・誹謗中傷の問題の本質は（確かに生成AIがそういう情報を生成するかもしれないという側面はあっても）、それを創作の中のはなしや、あるいは議論の対象としてではなく、偏見や誹謗中傷そのものとして公開し、拡散してしまうことだろうと考えます。

ではこうした誹謗中傷を含む情報が生成されることについて、AI特有の問題はまったくないのか、というと、そんなことはありません。

まずAIを製造するときに必要な学習データの収集が困難であることが挙げられます。収集できる学習データは、電子化されていてインターネットなどを通じて収集できるものなりますから、どうしても現代のデータに偏っていて、AIは現代的価値観を学習するものになるでしょうし、大量に集める必要があるので雑多な情報が集まってしまいます。現実的な大規模原語モデルの開発の場合、CC[6]（Common Crawl。米国の非営利団体で、ウェブのクロールによるデータの収集を行っている。RedPajamaなど多くのデータセットがCCのデータを利用している）が収集したデータを利用して、学習用データを確保するケースが多いように思いますが、差別的であったり、性的であったりするデータを除去したり、重複しているデータを排除したりといったフィルタリングは、容易ではありません。

しかもこうしたフィルタリングをどれだけ慎重に行ったとしても偏見などの問題が根絶できるというものではなさそうです。AIが生み出す偏見の問題は人種偏見などの、比較的分かりやすいものだけではないかもしれないからです。

これがどういうことかを説明するには、前の章でちょっとご紹介した、英国の大学入試で起きた事件が参考になるかもしれません。

英国において大学進学に必要な試験のひとつにGCSE（General Certificate of Secondary Education）試験があります。英国の子供たちはこの試験を、日本でいえば中学卒業くらいの時期に受験し、そのグレードによって進路を決めるのです。そして大学入学の年にはAレベル試験（A-level exams）を受験し、これで所定の成績を収めると大学入学が許可されることになっています。日本の進学事情とはだいぶ異なりますが、まあ、その話はいいのです。

さて。それで2020年と2021年のことです。英国はCOVID-19のパンデミックを受けて、GCSEやAレベル試験の実施を見合わせました。大学入学審査を行うための組織、Ofqual（Office of Qualifications and Examinations Regulation）は、これらの試験の代わりに、AIモデル（ただしこのAIモデルは、後の注釈のように本書での「ディープラーニングを使うAI」とは異なると見られます）を使用した成績評価を行うことにしたのです。

[6] https://commoncrawl.org/

そうしてAIモデルで成績評価を行った結果、Ofqual、ひいては英国政府は、批判を浴びることになりました。報道は黒人、アジア人、そして少数民族（BAME）を差別した、人種的偏見に満ちた評価だったと批判し、アジア人の学生が受験を諦めたエピソードなどを伝えました。この事件は「AIが暴走」した、などとして日本でも報道されましたから、記憶されている方もいらっしゃるのではないかと思います。

　たしかにこの事件は、AIモデルが出した結論に人種的差別があった、とも評価できます。しかし、本件を批判した論文[057]によると、「BAMEが数多く所属する大規模公立校の生徒の成績を低下させ、少人数教育を行っている私立校の生徒の成績を高く評価した」とあります。この指摘をそのまま読めば、人種的差別があったというよりは、学校の種類での差別が行われたと読むことができます。つまり大規模公立校の生徒は、アジア人だったかどうかに関係なく受験を諦めたかもしれないのです。

　この事例で成績評価に利用された「アルゴリズム」は、生成AIほど複雑なモデルに基づくものではなく、過去のデータに基づいて、各生徒がAレベル試験でどの程度の成績になるかを予測する分類モデルであったようです[058][7]。

　上の論文（Gyorgy）によると、定量的な検証の結果、多くの数学モデルが（Ofqualのものも含めて）、ほとんどの生徒の成績を正しく評価したとしていますが、「（9段階評価で）3ポイント低く評価したり、最大で4ポイント高く評価したりという例」がわずかにあったそうです。Gyorgyらは、数式モデルそれ自体は機能しているなどと書いていますが、その少数の3ポイント低く評価された生徒はどうなるんでしょうか。救済がなければひどいことです。また4ポイント高く評価されてしまった生徒も—おそらくは—あまり嬉しくはないのではないでしょうか。

　それはともかくこの一件は、ある意味では統計処理の悪いところが出てしまった、と言うことができそうです。つまり、このAIモデルは生徒個々人の事情（人種・性別を含む）を考慮しておらず、むしろ学校ごとの集団として統計的に処理したことが問題で、それにより少数精鋭の学校の生徒が大規模な学校の生徒より高く評価されたというわけなので、「黒人、アジア人、そして少数民族（BAME）」

[7] https://doi.org/10.1016/j.caeai.2023.100129

を不当に扱ったというよりも、大規模な学校の生徒全体を不当に扱ったというべきものだと思われます。つまり、人種差別のようなわかりやすいラベリングによる差別があったわけではなく、別の基準での差別があったかと考えられるのです。

　こうした偏りは、AIに限らずAIを含む数学モデルを用いて何らかの推定を行うときに必ず発生する問題です。

　米国の数学者でありデータサイエンティストのCathy O'Neilは、数学モデルというものは、対象を分類して扱うとき―例えば上の例なら生徒を成績という分類に分けるとき―に、ユーザが認識すらしていない基準で分類をしてしまうものだと指摘しています[059]。

　こうした基準の分かりにくい差別が起きるリスクの程度は事案によって大きく違うでしょうけれども、この英国の例のような場合は、個々の生徒の経済リスクにも影響しますし、それによって試験主催者などへの訴訟リスクも発生します。英国のマスコミがしたように、分かりやすい差別と誤認して政府や行政批判が起きれば、その社会的リスクはさらに大きくなりますし、実際にはマスコミのいう差別とは違う差別があったわけなのですから、問題解決にも繋がらない、利のない事態に発展しかねません。

　AIを含む数学モデルを人物評価などに使う場合は、その出力を十分検証し、偏りがないように人間が注意をしないといけませんが、考えたこともない基準で差別が起きていたとしたら、どこで差別が起きているのかを人間が認識するのは簡単なことではないでしょう。

　お話がすこし発散してしまいましたが、結論を言えば、偏見や誹謗中傷の問題は必ずしもAIに固有の問題ではないものの、AI特有の問題点も挙げることができる、ということです。最も大きな問題点は、AIが情報を出力する過程でどういう判断をしたのかを誰にも説明できないことで、AIを利用した判断は、どうしても透明性を欠いてしまうという点を挙げることができるでしょう。数学モデルならば、ある程度、「どうしてそういう計算が出てしまったか」を分析して検証でき、修正することができますが、AIではそれが難しくなります。この点は、人間が思ってもいなかった差別が発生したときにはさらに深刻なものになるでしょう。

■ **情報漏洩**

　生成AIには情報漏洩のリスクもあるのでした。

　現在のところ生成AIのサービスは、一般的にユーザが属している会社外のサービスを利用して—APIなどで呼び出せるものとして—実現されているので、プロンプトとして入力された情報は、どうしても外部に伝達されています。この過程で、あるいはサービス提供者側で、漏洩しないとは限らないのが現状です。

　もっともこの問題点も生成AIに限られたものではありません。一般に他社サービスのAPIを利用する場合や、クラウド環境を用いる場合、さらには電子メールを使う場合も、同じようなリスクがあります。

　生成AI独特の情報漏洩リスクとしては、機械学習のために入力されたデータがそのまま出力される可能性がある、というものがあります。生成AIでは、学習データが入力されたその状態のまま出力されない、という保証がありません。学習の対象が多様になり、多数になればなるほどその確率はどんどん下がるでしょうが、入力されたデータそのものが「再生成」されてしまう確率はゼロにはなりません。特に、特殊な用語が用いられる文書であるとか、独特の表現が使われる文書であればこの確率が上がってしまうこともあり得ると考えられます。

　漏洩してほしくない情報（秘密情報とでもいいましょうか）を学習データとして提供しなければよい、と言うのは簡単ですが、生成AIを本格的に業務に使うのであれば、チューニングしたほうがよかったことを思い出してください。生成AIはモデルをカスタマイズすることで性能を格段に高めることができるのです。例えば自社サービスのためのカスタマイズを目的に、秘密情報を学習データとして提供する場合があり得ることは既に説明したとおりです。生成AIのサービス提供者側の管理が不徹底だったり、何らかの不具合により、誤ってある企業専用のモデルが一般用のモデルにマージされてしまったりと、この学習データが漏えいしないとは限らないでしょう。

　生成AIのユーザは、サービス提供者に学習用のデータを提供するときには、その情報を使ってつくられたモデルの利用範囲を明確にして、つまり誤って一般用の学習データに紛れ込んでしまったり、作られたモデルが広く使われたりしないように、よく注意すべきですし、仮に誤って一般用のモデルの学習に利用され

てしまった場合の対策を、生成AIのサービス提供者が持っているかどうかを確認すべきです。

また生成AIのサービス提供者は、ユーザからカスタマイズなどのために提供された学習データを、どの範囲で利用できるのかを管理し、誤った使用をしないようにしなければいけません。

この点についてさらに問題があるとすれば、現実的には、実際にその学習データが他社の利用する生成AIのモデルの機械学習に使われてしまっても、モデルだけからそのことを立証することは難しいだろうと考えられることです。New York TimesとOpenAIの訴訟（P.131参照）を思い出してください。NYT側は、かなりの回数の試行を重ねて自社の著作物とほとんど同じものが生成されるプロンプトを見つけ出したと見られています。モデルだけを与えられて学習データを見いだすことは相当難しいのです。

■ 著作権侵害

生成AIによる著作権侵害の可能性については（その発生時の対応や主張の方法なども含めて）前章でだいたい説明しましたので、ここでは繰り返しませんが、問題点として標題だけは再度掲げておきます。

Point

- 生成AIは嘘情報、ヘイト情報を拡散するおそれがある。
- 生成、学習に関わらず著作権の面からみたトラブルも多い。
- 意図せず入力した情報が漏洩するケースも。
- 問題への対応コストが発生する点も考慮するべき。

生成物が拡散される以外の問題点

引き続き生成AIの問題点の話題になりますが、生成AIによる生成物の利用方法は、拡散だけではありません。

生成AIが学習したデータを引き出して利用したいこともあるでしょう。この

場合も、次のような懸念があります。

■ 攻撃のための情報生成

　生成AIを使ってフィッシングメールを作成したり、悪意のあるプログラムを書かせたりすることができます。このほかにも暗号解読などの生成AIの応用例が指摘されています[060]。

　これらの例は、最初から他者の権利侵害の意図をもって生成AIを利用しようというのですから、そもそも生成AIのサービス提供者側で、生成AIが犯罪のために利用されないようにプロンプトや回答に制限をするのが妥当でしょう。こちらも制限が技術的に回避される可能性も考慮して、回避策が見つけられてしまったときにはすぐに対応していくことが必要です。

　悪い冗談みたいな話ですが、こうした攻撃からの防御にも、生成AIが利用できます。上のYagmurらの論文では脆弱性の発見や、安全なプログラムの生成を行わせる例が紹介されています。

　また生成AIはいろいろな知識を記述した文書を学習しているはずですから、例えば爆薬の製造方法であるとか、殺傷能力のある銃の作り方を書いた文書を生成できるかもしれません。こういった物理的な攻撃に使える情報も、何らかのかたちで制限していかなければ、こういう情報を生成させて悪用する者も現れないとは限りません。

■ 教育・研究の現場での問題点

　米国スタンフォード大学の学生新聞The Stanford Dailyの2023年1月の記事によると、彼らが行った非公式のアンケートの結果、かなりの数の学生が期末試験でChatGPTを使用したと白状したそうです。

　これを受けてかスタンフォード大学側は、2月にはポリシーガイドを公開して、指導者側は生成AIを利用してよいかどうか自由に決めてよいとして、一方で、学生ははっきりと使ってよいと言われていないのに生成AIを使った場合、他人の助けを得て課題を行ったと見なす、としました[8]。

　自己自身の能力を評価する試験で生成AIを使用するとか、また作品を創作す

---
⑧https://communitystandards.stanford.edu/generative-ai-policy-guidance

ることを学ぶような芸術系の学校で、生成AIの生成物をそのまま（キュレーションの場合は議論があるとしても）提出したというのでは正当な評価が得られるはずがないので、場面によって生成AIの利用が禁止されることがあり得るのは当然のことだろうと考えられます。

一方、日本国内の大学の生成AIに対する態度は現状、大学ごとにさまざまです。

例えば武蔵野美術大学は、生成AIについて、「まずは自分の目で確かめてみよう」としたうえで、「レポートや論文に、生成AIの回答をそのまま用いて提出することを禁止」し、生成AIを引用する場合には出典を明記し、そして生成AIの回答をそのまま自己の作品だとして提出することも禁止するとしています[9]。

また国立音楽大学は、「学生による生成系AIの活用は基本的に妨げない」としながら、「音楽には、生成系AIでは計り知れない感性や複雑な感情など、人間特有の営みが繁栄されている」……「そうした音楽の特性を踏まえ、生成系AIを批判的かつ創造的に活用することが求められる」としています。もちろん論文作成や音楽創作活動において、生成系AIだけでの提出物作成は認めていません[10]。

生成AIを作り出す側にあると考えられる東京工業大学は、「学生の皆さんの主体性を信頼し、良識と倫理観に基づいて生成系AIを道具として使いこなすことを期待」するとし、生成AIの出力を「ほぼそのまま鵜呑みにしたレポートを提出することは、皆さんが生成系AIに隷属することにも等しく、甚だ不適切」だと述べています。東京工業大学では、生成系AIについては授業の方針に委ねるとして、使ってよいかどうかというだけでなく、「利用を推奨する場合も」あり得る、としています。

いずれの大学も、生成AIの出力をそのまま使うことについては否定的ですが、生成AIがあるという現状での創作活動を求め、生成AIをうまく利用することについて学んでほしいという方向性であるようです。

■ その他の問題点

ここまでで、AIを使うことによって起きる（かもしれない）典型的な問題点を主に生成AIに注目していくつか書きまして、それに対する対策例のようなものも考えてみました。もちろん、生成AIを利用するにあたっての問題点は、ここ

[9] https://www.musabi.ac.jp/news/20230511_03_01/
[10] https://www.kunitachi.ac.jp/introduction/data/generative_AI_policy.html

までに書いてきたものだけではありません。

　まずAIの出力が常に正しいわけではないのですから、裁判などに使って「AI裁判官」などというものが現れれば正当な裁判ができる、などというのは安易な考え方に過ぎることはご理解いただけるでしょう。同様に、医療などに使う場合も、AIが生成した診断結果がそのまま正しいものとして受け入れられるものでもないと考えられます。なお、これらのケースではさらに、「説明できない」現在のAIの欠点もあって、解決の可能性も未だないというところだと思います。

　そしてAIのサービス提供者が偏っているために、AIを利用して事業を行うときには、他者がサービスするAIに依存することによる事業継続性の問題が当然に発生します。この危機は現実的でないとは到底言えないと思います。

　2023年11月に突如として起きた、サム・アルトマン（OpenAI CEO）の解任騒動を思い出してください。この問題は、わずか4日ほどで収束してしまいましたが、この間、マイクロソフト社が緊急に対応策（マイクロソフトに迎え入れるというものでしたが）を発表するなど、事態は急転直下の勢いで推移し、何が起きても不思議でない状況でした。ことによると、OpenAIのAPIを利用した、各社のサービスの維持可能性が脅かされていたわけです。こうした問題は、ある特定の企業のサービスに依存して事業を行うときに避けられないもので、事業継続マネジメント（BCM）におけるシステム的課題のひとつとして位置づけ、考えに入れなければならないものです。

　現状、GPTのAPIについては標準化もされているようには考えられず、いくつかのLLM（大規模言語モデル）が公開されているとしても、OpenAIのものに簡単に置き換えられるというものでもないでしょうから、代替性にも疑問があると言えそうです。ならいっそOpenAIに依存しない方法を、としてLLMを自社サーバで管理するというのは、コスト面から現実的でないと言えるでしょう。現状、LLM等、一部のAIモデルはその維持コストの増大も問題になっています。

　こうした事業継続性の問題についても検討すべき課題は多々あると考えてよく、とても指摘しきれませんから、ここではそういう問題があるという指摘だけにとどめたいと思います。

■ AIは人間の職を奪うか

　まだまだ、別の側面の問題もあります。ディープラーニングによるAIが登場した当初、AIが今後、人間の職を奪うのではないかと話題になりました。これもまたAIの社会的問題と言えるでしょう。

　経済協力開発機構（OECD）が2023年5月に公開したレポート[061][11]を見ると、OECD内の企業の事例を研究した結果として、AIに起因する解雇の例は限られていたとの記載があり、一方でAI導入にともなってAI関連の技能を持つ人員が求められているのが現状だとの報告がありました（レポート冒頭のサマリにて）。

　この先も変わらないだろうと言えるかどうかはわかりませんが、AIもアップデートやメンテナンスが必要であることを考えますと、AI技能者へのニーズはこれからも高いレベルで推移するのではないかと考えられます。

　そうとしますと、生成AIが人間の職をすぐに置き換えて奪うとは必ずしも言えず、生成AIのある仕事の環境に適応できるかどうかが問題になりそうです。

　実際にこのOECDのレポートでは、高齢労働者や技能をもたない人材に対して厳しい結果がでていると述べられています。もっともこれは現状、こうした労働者に対してのトレーニング方法が十分確立されていないだけかもしれません。

■ 未来のはなし？

　現代のAIの基礎であるディープラーニングの発展に大きく寄与し「AIの父（Godfather of AI）」とも呼ばれるGeoffrey Hintonは、近未来のAIについて懸念すべきこととして、

AIが「人間を乗っ取る可能性があること」
(They might take over from humanities)

だと指摘しています（CBSニュースのYouTubeチャンネル「60 Minutes」のインタビュー[12]にて）。インタビューによれば、彼のこの指摘は、今後AIがデータを学習していくことによって自身のプログラムを更新する能力を獲得し、人間の制御下から逸脱することを恐れたもののようです。

---
[11] https://doi.org/10.1787/2247ce58-en
[12] https://youtube.com/watch?v=qrvK_KuleJk

生成AI自身が実際にそのような行動を起こすかはまだわかりませんが、生成AIは既にプログラムの作成補助に使われており、しかも―既に書いてきたように―その動作原理は必ずしもはっきり理解されているわけではありませんから、Hinton先生の懸念は強ち杞憂とも言い切れない、かもしれないですね。

　いずれにしましても、AIの問題点を検討したり、その規制を考えたりするとき、問題点が本当にAIの問題点であるのか、その出力を利用するときの問題ではないか。AIだけに限らないのではないかと、解決するべき問題の本質を理解して検討することが必要で、それを抜きに拙速に対応してはいけないと考えます。

> **Point**
> ・生成AIにより悪意のあるユーザが生成物を利用して他社を攻撃する、貶めることができてしまう。
> ・生成AIの特徴は、短時間に大量の嘘情報を生成できること、誰にでも品質の高い嘘情報が生成できること。
> ・そして、安易な規制にはあまり実効性がない。

海外と国内のAIに対する動き

　次に、現状の各国のAIに対する動き（開発支援や規制の動き）を概観しようと思います。各国とも、AIの開発者、サービス提供者、そしてユーザに対して、前の節で書いたような問題を起こすことのないように管理をしつつ、一方で、AIに対して必要以上の規制をかけて国際競争力を殺がないようにしたい、という考えで一致しているようです。全体的には、問題の本質をよく分析しているように思われます。

　まず国際間で合意されたAI原則（principled AI）としては、OECDで2019年に合意されたものがあります。この原則（OECD/LEGAL/0449）では、

1. 包括的成長、持続的発展、幸福・繁栄（well-being）を尊重すべきこと
2. 人間中心の価値と、公平性が考慮されるべきこと

3. 透明性と説明可能性があること
4. 堅牢で、セキュアであり、かつ安全であること
5. 説明責任が果たされるべきこと

を挙げています。そしてこの原則に基づいて、各国に対して、

1. AIの研究開発に資すること（長期的な公的投資を検討するとともに、民間投資を促進すること、そしてそれ通じて技術的、AIに関連する社会的、法的、倫理的な問題に取り組み、信頼できるAIの開発を促進すること）
2. AIのデジタルエコシステムを促進すること（デジタル技術やインフラ、AIに関する知識の共有のための仕組みなどを含むエコシステムを促進して、それへのアクセスを促すこと）
3. AIのための政策環境を整えること（政府は信頼できるAIの創造等のために、政策や規制等を見直し、適合させるなどすべきであること）
4. 労働市場の変化に備え、そのための能力育成を行うこと
5. 信頼できるAIのために国際協力をすること

を求めています。このOECDのAI原則が合意された直後のG20首脳会合では、このOECDのAI原則を首脳宣言の付属文書としたうえで、G20でのAI原則合意に達しました。

　この原則への合意は各国共通の認識であるとしたうえで、具体的な国際的取り組みについては未だ調整が続けられているのが現状です。例えば国際標準であるISO/IEC JTC1/SC42もまだ、いろいろ決まっていないのが現状です。

　一方、各国（各領域）ごとに見ると、具体的取り組みがいろいろ始まっています。いくつかの国について概観してみましょう。

■ 米国

　いまやAI先進国となっている米国は、2023年10月末にAI.govサイト[13]を公開してAIに関する政府の施策などの情報を提供しています。そして同時期に米国AI安全研究所（AISI）を設立して、生成AIについては、人間の創作であることの認証や、AI生成物へのウォーターマーク付与などの開発をするとしています[14]。

　具体的な基準については未だ議論中ではありますが、リスク管理のフレームワーク（RMF）は、NIST（National Institute of Standards and Technology）にて検討されており、AI固有のリスクについての分析が行われています[15]。

　RMFでは、基本的にAIシステムを予測不能なものと考えており、学習データが古くなったらどうなるのかわからない点や、学習によってどのような変化をするかが予測できない点、さらにAIを利用したシステム全体が、どのような副作用をもたらすのかも予測困難だとしています。

　実際の規制は州ごとに異なっていまして、ここで全てを挙げるのは困難なのですが、例をいくつか見てみましょう。

　まずカリフォルニア州。カリフォルニア州は個人情報についての「オプトアウト権」（California Consumer Privacy Act：CCPA）を規定するなど、プライバシー問題に対して積極的な姿勢を示してきましたが、AIに関しても、その開発者に対して学習に用いたデータを文書化して提示するよう求める法を施行しようとしています。

　また必ずしもAIに関わるとは言えませんが、BOT（自動応答）を使って商品の購入を勧めたり、選挙に影響したりするような情報を提供する場合に、通信相手がBOTであることを明示するよう求める法（The Bolstering Online Transparency Act。略称でもBOT法）が2018年に定められています。

　ニューヨーク州では、選挙法を改正し、AIを使って映像を生成した場合にはその旨の表示を義務づけることとなったようです。同種の法案は、ニューメキシコ州や、ユタ州などでも検討され（あるいは成立）しており、いわゆるディープフェイクが選挙に影響することを抑えようとしています（Bloomberg Lawの2024.2.16の記事などより）。

---

[13] https://ai.gov/
[14] https://www.whitehouse.gov/briefing-room/statements-releases/2023/11/01/fact-sheet-vice-president-harris-announces-new-u-s-initiatives-to-advance-the-safe-and-responsible-use-of-artificial-intelligence/
[15] https://airc.nist.gov/AI_RMF_Knowledge_Base/AI_RMF/Appendices/Appendix_B など

ニューヨーク州にはこのほかにも、「人工知能権利章典（New York Artificial Intelligence Bill of Rights）」を定めるとしていて、差別的な扱いの禁止や、「自動的な処理」がいつ行われるのかなどの説明を求めること、さらにはオプトアウト権などを求めることとしていますし、本や新聞を含む、出版物（さらにはゲームなども含むようですが）にAIが使われている場合、それを明示するように求める法案が出されています。

　オハイオ州は、AI生成物にウォーターマークをつけるよう求め、ウォーターマークを除去することを禁止する法案を審理している状況です。AI生成物を区別させることは、このほかペンシルバニア州などでも審理されている模様です。

　このように規制の状況は州ごとに区々になっています。現在、各州でどのような法案が出されてどういう状況にあるのかを定期的に取りまとめるサイト[16]などもあり、現地側でAIのサービスを提供しようとするならば、こうしたサイトを通じて、各州の状況を注視する必要がありそうです。

■ 英国

　米国の動きとほぼ同時期の2023年11月はじめ、英国政府は、AI安全性研究所の設立を発表しました[17]。新たに開発されるAIの安全性のテストを行って、偏見や誤った情報を提供しないよう、また（おそらくはP.236でも紹介したGeoffrey Hintonが心配したように）人間の制御を離れてしまうような、「有害なAIモデル」に対処する、としています[18]。

　英国政府は、このAI安全性研究所が国際協力のハブとして機能するよう考えているようで、設立発表のときに行われていた英国AI安全性サミットのブレッチリー宣言（Bletchley Declaration）において、参加各国からの協力合意を得ています[19]。

　国内向けには多くの処理が2024年に行われる模様で、詳しい情報は、この本を書いている段階では明らかにはなっていません。ただ、法規制（いわゆるハード・ロー）の考え方よりも基準を示す（いわゆるソフト・ロー）の考え方が中心

---

[16] https://www.bclplaw.com/en-US/events-insights-news/2023-state-by-state-artificial-intelligence-legislation-snapshot.html など
[17] https://www.gov.uk/government/news/prime-minister-launches-new-ai-safety-institute
[18] https://www.gov.uk/government/news/prime-minister-launches-new-ai-safety-institute
[19] https://www.gov.uk/government/news/countries-agree-to-safe-and-responsible-development-of-frontier-ai-in-landmark-bletchley-declaration

であるようです。

■ EU

EUでは2023年6月に「AI規則案」が採択され、その後12月には、暫定的な合意に達しています[20]。前の章でも多少の説明をしましたが、AI規則案ではリスク・ベース・アプローチ（リスクの大きさや、発生する機会を評価して、それによって対策や規制を検討しようという方針。ここでいうリスクは、一般的には、広く、意図した結果からの逸脱をいう）が採用されており、AIのリスクが次の4つの段階にわけられています。

1. 許容できないリスク（Unacceptable risk）があるもの
2. リスクが高いもの（High risk）
3. リスクが限定的なもの（Limited risk）
4. リスクが低く、最低限なもの（Low and minimal risk）

この案ではディープフェイクなどを含めて、生成AIに関しては「限定的なリスク」の中に分類されていて、「透明性を高めるべき」（要は生成AIによって生成されたことを明示できるようにすべき）という程度になっています。ただし法の執行に関わる領域で使われるAIについては高リスクに分類されているなど、生成AIが使われる目的によっては規制の程度が変わることはあり得るでしょう。

仮にハイリスクに分類されたとなると、学習データにも一応の基準が設定されますし、バイアスのあるアウトプットに備えて人的監視措置が求められます。さらに、利用者に対する十分な情報提供も求められるほか、想定される「寿命」や、機能確保のための措置についての情報提供も求められることになっています（AI規則8〜16条）。

運用についても、ハイリスクAIの場合には、EUのデータベースへの登録が求められるなど、規制が相当厳しくなります。とくにこのEU案で注目されているところは、違反時に巨額の制裁金が課される可能性があるところで、EU域内からアクセス可能なAIサービスの提供者は、法施行のための規則などの整備状況

---
[20] https://digital-strategy.ec.europa.eu/en/policies/regulatory-framework-ai

に十分注意を払う必要があります。

■ 中国

　実のところ、生成AIに対して最も速く規制を打ち出したのが中国でした。中国が「生成人工知能サービス管理暫定弁法」を打ち出したのが2023年7月。そして8月には早くもこの法が施行されています。

　各所で発表されている仮訳を参考にその内容を調べてみますと、まず差別的表現のほか、ポルノに相当するものや、虚偽情報などを生成しないよう求め、さらに知的財産権を尊重するよう求めているという点では他の多くの国とさほどの相違はないようです。

　サービス提供者に対しては、出所が合理的なモデルを使用せよとあり、他人の知的財産権を侵害しないよう求めています（7条）。また学習データにラベルを付けるときの基準を明確にせよと求めています（8条）。このあたりは生成物の品質（著作権侵害品などが出力されないようにするなど）を保証しようとしているものと解釈できます。また生成された情報にはマークをするよう求める規定がおかれています（12条）。生成物のトレーサビリティのためと考えられますが、具体的な方法についての規定はないようです。

　サービス提供の持続性についても求めがあり（13条）、サービス依存によるリスクにも一応備えているかに見えます。また違法コンテンツがあったら即時の提供中止を求めています（14条）が、生成AIの提供者がコンテンツ提供をしていると言えるかはわかりませんので、この規定は対象がすこし明瞭でないようにも思います（ただしこれを適用した裁判例が既に出ています。P.259参照）。

　そして「透明性」に関連しては、データのソースやアルゴリズムを提示することを求めることがあるとして、その場合説明責任を果たすよう要求する規定があります（19条）。中国はこれまでもリコメンデーション（商品の推薦など）のアルゴリズムを使う場合、それを開示するよう求めていますので、19条はこれと同様の要求をするためのものと考えられます。

■ 日本

　日本では2023年の10月末、G7の関連閣僚がAIに関する広島AIプロセス（実質的にOECDのAI原則と同様のもの）を掲げて首脳声明を出しました。その後の12月、G7において「高度なAIシステムを開発する組織向けの広島プロセス国際指針」などの成果を発表しています。

　この成果のうち「高度なAIシステムを開発する組織向けの広島プロセス国際行動規範」では、リスク・ベースのアプローチを推奨しています。生成AIとの関連でいえば、具体的には、兵器開発などに利用されることや脆弱性の発見などをリスクのひとつとしています。攻撃プログラムを生成させたりすることがないように注意を払うべきだとしているものでしょう。また、偏見や「偽情報」などについても言及があります。

　ここまでは国内で行われた国際的な会議等での日本の動きですが、国内向けの動きでは内閣府、総務省、経済産業省がそれぞれ各種検討を行っているほか、文部科学省の外局である文化庁ももちろん、著作権との関係で検討を続けています。

　内閣府では2023年5月からAI戦略会議が数回にわたって開催され、その第6回では

1. リスク対応
2. 生成AIの利用促進
3. AI開発力の強化

が経済施策として挙げられ、具体的には国産のLLM開発、リスク対応強化、生成AIの透明性の確保に向けた研究開発、AI人材育成などを行うとしています。

　またこの第6回の会議では、「AI学習データの提供促進に向けたアクションプラン」が示され、「政府等保有データ」に関しての学習データの提供のための動きがありました。これは政府等が保有するデータの多くが、作成者などが分かっていて、また著作権の権利処理が要らず、二次利用の承認が得られているといった点に着目したもので、今後の動きによっては有効な取り組みに見えます。

　総務省でも、AI事業者ガイドライン案（2024）がまとめられており、いくつか

の課題に対する具体的な対策案が列挙して記載されています。

さらに著作権に関しても、文化庁が「AIと著作権に関する考え方について」という文書[21]を逐次改訂していて[062]、新しい版になるほど、規制が厳しくなる方向が見えてきています。

例えばこの2024年3月の版では著作権法第112条第2項の規定

<u>著作権法第百十二条二項　著作者、著作権者、出版権者、実演家又は著作隣接権者は、前項の規定による請求をするに際し、侵害の行為を組成した物、侵害の行為によって作成された物又は専ら侵害の行為に供された機械若しくは器具の廃棄その他の侵害の停止又は予防に必要な措置を請求することができる。</u>

を踏まえて、現状では学習済みモデル自体が著作物とはいえないため「侵害の行為を組成したもの」等に当たらないといいながら、「学習済モデルが、学習データである著作物と類似性のある生成物を高確率で生成する状態にある等の場合は、学習データである著作物の創作的表現が当該学習済モデルに残存しているとして、法的には、当該学習済モデルが学習データである著作物の複製物であると評価される場合も考えられ」、廃棄請求を認める場合もあり得るなどとしています。

再三申し上げていますが、学習モデルの中には「著作物の創作的表現が残存」しているわけではなく、モデルの情報を通じて創作的表現が再現されているだけなので、この見解はいささか乱暴ではないかと考えますが、意図としては、現行法をうまく使って、過学習等の方法で著作権侵害を引き起こしやすくしたモデルの差し止めや侵害予防請求ができるようにしたいと考えているのではないでしょうか。そうとすれば趣旨は、理解はできますが、規定ぶりによっては拡大解釈されそうな畏れも感じます。

さて、国の対応はこんなところですが、もうすこし細かく、地域ごとにみると、東京都などは都職員向けの利活用ガイドラインを公開して、利用上の注意を呼びかけており、むしろ活用して業務効率化を図ろうとしているようです。他の地域でも同様に利用のためのガイドラインを公開しており、地方行政では情報漏洩がないように気をつけつつ、生成AIを有効活用しようとする動きがあるようです。

[21] https://www.bunka.go.jp/seisaku/bunkashingikai/chosakuken/hoseido/r05_07/pdf/94024201_01.pdf

■ まとめてみると

このように概観していくと、どの国・領域においてもだいたい、

・モデル（AI開発の段階）
・サービス（AIのサービス提供の段階）
・利用者（AIのサービス利用の段階）

に分けて規制等を考えています。それぞれについての具体的な問題点を状況を簡単にまとめますと次のようになるかと思います。この一覧は今後、どんどん変わっていく可能性があるものですから、その点、ご了承ください。

モデル	学習データがどんなものだったか文書化する
	学習データについて基準の遵守を求める
	オプトアウト可能にする
サービス	生成AIの利用を明示する
	利用のしかたを明示
	人的監視を要請
	サービスの登録を要求
	サービスの維持・寿命について考慮
利用	違法コンテンツ出力があったときのサービス停止を要求
	利用者に対する十分な情報提供を要請

規制に関する問題点（すこしだけ未来のはなし）

ここまででどのような規制が考えられているのか、規制の種類を見てきました。これらの規制の立て方にはおおまかにわけて2つあります。新しく法律をつくって規制する（ハード・ロー）か、またはガイドラインのような強制力の低い基準を提示して自主的な規制（ソフト・ロー）を促すか。

米国では、州ごとに、州法によって規制を行う例が見られました。中国とEU（ただしEUは、リスクの低いものはソフト・ローで規制する考え）も法的規制になっています。日本ではいまのところ、ハード・ローによる規制は考えられていないように見え、ソフト・ローによって規制する方向に舵を取っているように見えますが、今後はわかりません。

ここでは日本での規制について、規制自体妥当なのか、規制に実効性がありそうか、あるべき規制があるとしたらどのようなものなのか、考えてみたいと思います。

■ 学習データについての規制の是非

機械学習のための学習データはAIのモデルを開発するうえで必須のものなので、これを規制することはAI開発の規制に直結します。それでも学習データに関する規制を入れる積極的な理由はあるでしょうか。

規制の根拠のひとつは、特に生成AIにおいて著作権侵害が発生しやすいのではないかという懸念です。既存の著作物の著作権者としては、学習データとして自分の著作物が使われた場合、自分の表現が生成AIに盗用されてしまうのではないかという懸念があるわけです。　もうひとつの規制の根拠は、偏ったデータが収集されることによる懸念です。こちらは収集自体の規制ではなくて、収集の対象を偏らせることの是非が問題になります。

まず、最初の著作権侵害の可能性があるのでは、との議論については、前の章でも書きましたが、学習に使用したからといって、モデルのなかに学習用データになった著作物の「破片」が含まれているとか、その著作物が圧縮されて格納されているわけではなく、学習に使ったデータが復元できるかというとそうではないので、自分の著作権を侵害する物が誰にでも簡単に作られるのではという懸念は直ちには当たらない、と考えられます。

直ちには、と書いたのは、生成AIが使用するモデルには、主たるモデルであるベースモデルと、カスタマイズなどに使われる追加学習のためのモデル（LoRAなど）とがあるからです。ベースモデルは、汎化性能を高めるように学習されているのが普通で、特定の著作物に寄せた出力が得られるようには調整されていな

いため、学習データそのものに近い出力を意図的に得ることは困難になっていると考えられます。

　一方、追加学習モデルは、特定の出力に特化した学習を行います。例えばStable Diffusionに対する追加学習モデルとして、特定のアニメキャラクター―なんだってよく、スタジオジブリのトトロのような人間でないものでもよいのですが―の画像をいくつか学習用データとして用意して、「トトロ」であるとのタグに関連付けて学習させてLoRAを作成したとしましょう。LoRAを作成するときに必要な学習用の画像データの数は、たかだか20点程度で十分とされていますからごく少数の画像データを使うことになります。

　そしてこのLoRAをStable Diffusionが利用するモデルのひとつとして導入し、「トトロ」というプロンプトを指定すると、学習させたデータに基づいてトトロ（っぽい何か）の画像がいくつでも生成されることになります。このケースでは、著作権あるいは著作者人格権を侵害した画像が大量生産可能になります。

　ここで思い出していただきたいのは、機械学習のために著作権のあるデータを学習データとしてよいとする根拠のひとつは、学習データとしての著作物の利用が、「表現された思想又は感情を享受する利用ではないから」というものでした（著作権法第30条の4）。ところが、この例の学習は明らかに、あとで「トトロの画像を生成してその表現された思想・感情を享受する」目的で、その画像が出力されるようにプロンプトを指定して学習しているもので、著作権法第30条の4の趣旨に沿っているとは言えるのかという疑問があります（[063]でも同様の議論があります）。

　そう考えますと、この追加学習モデルのように特定の著作物に類似した出力を得ようとする場合には、そのような学習が「著作物に表現された思想または感情を自ら享受し他人に享受させることを目的としない」とは言えないとして機械学習自体を著作権の侵害行為と構成することはあり得ます（ベースモデルでも意図的に汎化性能を犠牲にして過学習させれば同等の結果が得られますので、追加学習モデルに限った話では必ずしもないのですが、ここではいろいろな場合を書いて話を複雑にしないよう、追加学習モデルの例に限って説明しています）。

　こうしてみると、特定の著作物を狙い撃ちで生成できるようなモデルを生成す

るための学習データの利用は規制してもよいのではないかということにならないでしょうか。

許容性の面から考えてみても、特定の著作物の模倣を行うためのモデルを生成するための利用は、著作権者に限るか、または著作権者から許諾を受けた者だけに限ったところで、利用者の権利や生成AIの利用分野が不当に制限されたとは誰も言えないでしょう。

偏ったデータ収集が規制されるべき理由は、知的財産権侵害への懸念とは別にもあります。前にも書きましたが、データ収集に偏りが発生すると、出力にも偏りが生じる可能性があるので、偏見や誹謗中傷が懸念されるのです。この意味で、特に汎化性能を重視するモデルの生成においてデータ収集方式に何らかの規制を要するかどうか。ただ、こちらについてはこの本の射程外ですのでこれ以上は踏み込まないことにしましょう。

学習データを限定すべきという規制について知的財産権に関わる側面だけに注目すれば、例えば次のようにまとめることができるのではないかと考えます。

主張	賛成する側	反対する側
いかなる場合も学習データは著作権フリーのものに限るべき	著作権侵害物が生成されないとは限らない	汎化学習のための利用は著作権侵害物の生成確率は十分低い。AIの能力担保のためにも規制しないほうがよい
学習データに表現された対象を生成する目的のモデルの学習に利用する場合、学習データは著作権フリーのものに限るべきか	著作権侵害物の大量生成を防止する観点から利用を著作権フリーのものに制限すべき	学習処理自体は表現の享受にあたらないのだから著作権法第30条の4がそのまま適用されるはずで制限すべきでない

■ タグ付けの問題

特定の著作物を狙い撃ちで生成できるようにするためには、追加学習モデルを利用しなくても、例えばベースモデルの学習の段階であっても、機械学習データに付けるラベル（あとでプロンプトで指定できるもの）を特別なものにすればよいのではとも考えられます。

具体的に、一時期流行したマリンアートのイラストレータのお名前（実際のお名前を出すのも何となく憚られるのでLさんとしておきます）をタグとして、このLさんのマリンアートのイラストを機械学習データとして学習処理を行ったとします。このケースでは、この学習処理で得られたモデルに対して、このお名前「Lさん」をプロンプトに入力すれば、この方のマリンアート風の絵が得られるものと期待されます。それは生成AIのモデルが、この名前「Lさん」に対応する特徴として、この方のイラストに共通する画素配列の特徴を再現するからです。

　これはさきほどの追加学習の例とどこが違うのでしょう。ひとつは、学習データとしてはこの方の名前のついていない画像も含めて、大量の画像データを学習に使っているかもしれないという点です。例えば「sea（海）」であるとか「Dorphin（いるか）」などとプロンプトを指定したところで、Lさん風のマリンアートが得られるとは限りません。むしろそうでないケースのほうが多いと思われます。一方、「Lさん」というタグが入ると、こんどはLさん風の画像が得られることになるでしょう。つまり、タグの指定によって特定の著作物を狙い撃ちにしたような模倣物を生成できるようになる、という点では同じですが、モデルとしては汎化しているという点でさきほどのLoRAなどの例とは違っています。

　それでもこの場合、Lさん風の画像が大量生成できることに違いはありませんから、さきほどのモデルを問題だとして、その学習用データに制限をするならば、こちらも学習用データに制限をかけなければ衡平ではありません。

　ではどうすればよいか。1人のイラストレータの画像を学習データに使う場合は何枚まで、と学習データに使う画像の点数を制限する？　それとも人名など、特定の種類の著作物が得られそうなタグを排除する？　どちらでもよいでしょうが、LoRAの例と同様に規制の対応をしておかしくないものだと思われます。

　学習段階ではタグの排除などの対応でよいのですが、いちど「Lさん」タグの入った情報を学習してしまったモデルを使ったサービスができてしまった場合はどうなるのか。「Lさん」タグのデータだけ「忘れさせる」ことができればいいのですけど簡単ではありません（次の「オプトアウト／オプトイン」の項を参照）。「Lさん」タグを使えなければ問題がないというのであれば、生成時のツールでそのタグを無視するようにするのが一案になるでしょう。少なくとも商業サービスで

は、そのような対応が求められることになると考えます。

■ オプトアウト／オプトイン

　著作権者が自分の作品をAIの学習データとして使ってほしくない場合の意思表示（オプトアウト。P.134参照）についてもご説明しました。米国のいくつかの州やEUなどでは、個人情報の収集についてオプトアウトの規定を設けていました。また、イラストの投稿・公開のためのサイトであるDanbooruでは、オプトアウトの意思を示すためのツールを提供しているとして、spawning.aiというサイトが紹介されていました。

　現実的には、汎用化されたモデルを使って特定の絵の複製をつくることは難しいのですが、わずかな危険性であれ、自分の作品を模倣したものが生成できる可能性はなくしておきたいという考えは理解できないものではありません。しかし、そのような「オプトアウト希望」を聞き入れるかどうかは、少なくとも日本では現状、法的義務がなく、単なる自主規制になります。また現在の仕組みですと、さきほどのspawning.aiを含め、オプトアウトをする側は、自主的にオプトアウトの意思を表示しなければならない（つまりデフォルトがオプトインになっている）状況ですし、AI製作者がspawning.aiを参照する義務もないので、ただ主張するだけに留まる可能性もあります。また逆に、自らの創作物をAIの学習データとして利用してよいと許諾する意思表示があるまでは原則としてAIの学習データとしないよう求めるオプトイン方式もあります。この場合はオプトアウトがデフォルトとなりますが、今度はAI製作者がオプトインの意思表示をどのように確認すればよいのかという問題があります。結局のところ、著作者の意思確認が容易でないというのが現状の問題です。

　そうした現状のもとで、今後、オプトアウトの意思の遵守を義務化すべきかどうか。つまり、オプトアウトを無視したAIモデルの法的規制を検討する場合、オプトアウトの意思が表示されていた著作物を機械学習処理に使ったことがわかったとき、どのように対応させれば妥当なのでしょうか。例えばそのモデルは規制されて、利用禁止にされるべきでしょうか。

　既に導入されている個人情報のオプトアウトのケースを見てみましょう。例え

ば米国のカリフォルニア州は、GPC[22]（Global Privacy Control）に対応して処理をするよう、州内の企業に求めています。GPCは、ユーザのウェブブラウザから、そのブラウザを使って入力した個人情報のオプトアウトを求められるようにしたものです。仕組みからしてAIの学習用データ収集をお断りするオプトアウトに使うものとは違うので、単純比較はできませんが、オプトアウトを求めていたにも関わらず個人情報が不正に使用された場合、サービスの差止または罰金が求められることとなっています。

やはりサービスの差し止めが視野に入っていますが、これはサービス継続により、さらに被害が拡大するケースをおそれたのでしょう。情報漏洩対策が可能であれば罰金刑を適用するというわけです。ただこの罰金は、過失で漏洩した場合でも一件あたり2,500ドルとされているので、漏洩規模が大きくなると大変そうです。さらに情報を不正利用された個人も民事的救済措置として損害賠償を求めることができるとされていますから、サービス提供者側の経済的影響はかなり大きくなると予想されます。

仮に漏洩してしまった場合の、サービス提供者側の反論があり得るとすれば、GPC自体の技術仕様がはっきりしないため、各個人がオプトアウトを求めているのかどうかがはっきりしない、という主張は一応あり得るようです。とはいえ、GPCはW3C（The World Wide Web Consortium：インターネット上のウェブ（WWW）の規格や標準化を行うための団体）が策定しているので、技術仕様が明確でないというよりはブラウザが正しく実装していない場合が問題になりそうですけれど。

AIに話を戻して、カリフォルニア州の例をそのままAIのモデルに適用すると、オプトアウトに反して集められたデータで機械学習が行われた場合、モデルを更新して、オプトアウトを求めたデータを除去した状態にできれば罰金でよいが、そうでなければサービス停止を求める、ということになりそうです。

機械学習に使ったデータを、AIモデルからピンポイントで削除することができるのでしょうか。またAIモデルがほんとうにそのデータを「忘れた」かどうかをどうやって評価すればよいのでしょうか。

現状、機械学習に使ったデータを、AIモデルからピンポイントで削除する確

---

[22] https://privacycg.github.io/gpc-spec/

実な方法は、削除したいデータだけを学習用データセットから除いて、最初からAIモデルを再構築する方法です。ただしこの方法はコストと時間がかかるという意味で採用困難な方法になります。そこで現在、再構築をすることなく忘却 (Machine Unlearning：MU) を行わせる方法が研究されています。その一例がブルトゥール (Licas Bourtoule) らの論文「Machine Unlearning」です[064]。

ここではSISA (Sharded, Isolated, Sliced, and Aggregated) 学習法というものが提案されています。この学習法は「D1、D2、D3……という学習データを使ってできあがったモデルM」から「D2というデータを学習していない状態にする」というよりも、D1を使ったモデルM1と、D2を使ったモデルM2と、D3を使ったモデルM3と……というようにいくつもモデルを作ったうえで、それを合成 (Aggregate) して最終モデルMを得ておきましょう、という考え方になります。仮にD2を学習データに使ってはいけない、ということになったなら、M1とM3と……を合成してモデルを更新します。

SISAモデル[064]より

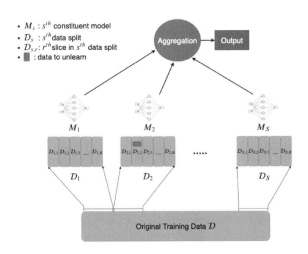

わかりやすいかと考えて、ここではデータDiごとにモデルMiができると書きましたが、SISA学習法では、学習データはいくつかの個数 (上の図ではR個) ず

つシャード（Shard：断片くらいの意味）に分割されて、シャードごとにモデルMができます。そして例えば2番目のシャードにあるデータ$D_{2,2}$がダメでしたとなったら、このシャードに対応するモデルM2だけ再学習してモデルM2'を作ります。そうしてモデルM1、M2'、M3……を合成して最終モデルMとして使いましょう、というわけです。

なるほど「$D_{2,2}$がダメだったから」といって全部を再学習するよりも再学習効率は高いと考えられますが、それでもやはりモデルから忘却させるというよりは、もう一回育て直す、という形に近いものになります。そのうえシャードの構成法によって最終結果に影響がでる懸念もあり、モデルからデータを「忘却」させることは簡単そうではありません。

ただ、このように「忘却」法の開発も進んでいるということです。

以上をまとめてみると、オプトアウトについては、次のような論点があると考えます。

主張	オプトアウトされたデータが利用されていたらそのモデルの利用は制限すべき
賛成する側	著作権侵害物が生成されないとは限らない、著作権者のオプトアウトの意思は尊重されるべき。
反対する側	そのデータが現実に学習データに使用されたか立証困難。仮に使われていても対応する著作物の複製が生成されることは確率的に十分小さい。オプトアウトの基準が整備されていないのであれば、参照を義務づけること自体問題がある。

また今後、オプトアウト、またはオプトインの規制を行うのであれば、オプトアウトやオプトインの意思を確実に確認できるようにする手段が必要です。一例としてspawning.aiを挙げましたが、これに拘る必要はなくて、既に広く受け入れられている仕組み、例えばCC[23]（Creative Commons。著作物の再利用の許否の意思を、著作権者が簡便に表示できるようにすることを目的として作られた団体。著作者名の表示の有無や、商用利用の可否、翻案などの可否の表示が可能になっている）のライセンス表示を拡張することなどを検討してもよいのではない

---

[23] https://creativecommons.org/

かと思います（それにしても略称CCが多すぎるんですが）。

　しかし仮に意思表示・意思確認についてある程度の仕組みが整ったとしても、時間経過的な事情についても検討が必要でしょう。例えばある著作者が自分の描いた絵について、当初はオプトアウトの意思表示をしていなかったのに、ある日（この日を例えば2025年1月1日とする）オプトアウトすることとして、この日にオプトアウトの意思表示をしたとします。さて一方で、AI製作者側は、まず学習データの収集を行い、その後、収集した学習データでAIモデルを訓練します。

　このとき、学習データの収集時点T1と、AIモデルの訓練時点T2とが

2025/01/01 ＜ 収集日T1（例えば2025/02/01）

であれば、意思表示の確認誤りとしてAI製作者に帰責できそうですが、

収集日T1（例えば2024/12/01）＜ 2025/01/01 ＜ 訓練日T2（例えば2025/02/01）

であったらどうでしょう。この場合も、訓練の時点でオプトアウトの意思表示がなされていたから製作したAIモデルは破棄せよと言えるのかどうか。さらに

訓練日T2 ＜ 2025/01/01

だったらどうか。オプトアウト／オプトインについて何らかの規制を考えるならば、検討するべきことは多々ありそうです。

　ただ、仮に「忘却」技術がある程度確立されれば、オプトアウトの問題を実質的に解消できる可能性はあると思います。

■ 絵柄・作風の保護はなされるべきか

　絵柄や作風を保護すべきだという意見もあります。この議論の問題点は、まず絵柄であるとか作風であるとかの言葉からして曖昧であることで、何をもって似

ているとするかが分かりにくい以上、それに対して著作権のような強力な権利（差し止めまで認められるような権利）を与えるのは難しいということがあると思います。

　また創作においては、誰でも少なからず過去の創作に影響されているもので、絵柄や作風というものがある程度似てくることは避けられないうえ、そうした作風の継承の積み重ねで新たな創作が生まれているのであれば、絵柄や作風の似たものの創作を禁じることは、却って文化の発展を損ねる結果になるのではないでしょうか。

　創作をする人の側に寄り添った見解として、画像投稿サイト「pixiv」の「ピクシブ百科事典」[24]で「絵柄パク」という記事があります。比較的まとまった記事となっており、この問題をよく捉えているので、興味があれば一見の価値はあるかと思います。この記事の書き手は、この記事のなかで、イラストレータのさいとうなおき氏の意見として「絵柄の剽窃は真似られた作家側の感情の問題」だとする考え方を挙げたうえで、画風の習得にコストがかかっている以上、一見して作者を取り違えるほど似ている場合、真似られた作者の努力等を否定することになるという考え方を紹介しています。さらにこの記事では、真似た側に利益が発生している場合や「なりすまし」を目的にしている場合に問題が大きくなると指摘しています。

　この最後の指摘は、絵柄・作風の保護の問題を考えるときのポイントになるのではないかと思います。絵柄剽窃が問題になる淵源は、絵柄を真似たということに留まらずに、似た絵柄を執拗に大量生産する場合や、もとの作者になりすます行為やなり代わりが発生することから起きると考えられるからです。

　そうであるとすれば、著作権による保護が妥当であるかはやはり疑問があります。どちらかといえば業務妨害罪に近いもの、あるいは知的財産権であっても不正競争的な問題となるのではないでしょうか（当事者が競争関係にあるべきかどうかは議論があると考えるので「不正競争的な」としています）。

　生成AIにはランダム性があるので、汎化したモデルを使うだけでは絵柄や作風を統一した創作を続けることはありませんが、特定の作家の作品を追加学習する場合や、学習時に特定の作家の作品にだけ付与されたタグがある場合には、特

---
[24] https://dic.pixiv.net/

定の作家の作品を狙い撃ちした画像や文章を大量生成できます。こういった生成物が公開される場合や、生成AI利用者がその特定の作家の名声にフリーライドしようとした場合に問題が発生することになります。

　こう考えると、生成AIの利用の局面で絵柄等の剽窃を抑制するのであれば、作家固有のタグの利用を抑制するか、絵柄の真似を目的に作られたLoRA等の追加学習モデルの流出を押さえることになるでしょう。これらについては、特定の作家の作品の複製権侵害のおそれが根拠となるので、実際には絵柄剽窃に対応しているわけではありませんが、効果としては同じになると思われます。

　ただ、念のため付け加えますが、特定の作家固有の画像を生成するLoRAなどのモデルの作成が必ずしも悪ではないのです。例えばハロルド・コーエン（Harold Cohen）といった芸術家は、自分の絵の描き方を模倣させる訓練をしたAIを、自分自身の分身として育てていました。このコーエンの創作の方法は（奇異ではあるかもしれませんが）、まったく正当なものですし、むしろ創造性のあるAIの使い方として評価されるべきものだと思います（[065]なども参照）。問題になるのは著作権侵害品を生成する目的で作られるモデルです。

　なお、このAIは、アーロン（Aaron）と名付けられており、本書でいうAIではなく、どちらかというとルールベースのAIだそうで、コーエン自身が開発に関わった独自のものですので、コーエンが亡くなってからは開発は止まっているようです（アーロンについて詳しくは動画[066]などをご参照ください。この動画はAIと創造性というテーマで観ても興味深いと思います）。

　話を戻しましょう。つまり、LoRAやコントロールネット（ControlNet）などの技術そのものは、権利侵害の原因にはなっておらず、問題になるのはそうした技術を利用するモデルのうち、著作権侵害品の生成を目的としたモデルだということです。

　結局、絵柄剽窃創作を大量に生成・公開したり（あるいは公開しなくても剽窃対象に送り付けるなどしたり）、なりすましたりする迷惑行為がある場合に、その迷惑行為自体を抑えることができるわけですから、こういったケースを規制して著作権侵害を問うとともに、業務妨害罪や不正競争を検討することが適当が適当ではないかと思われるのです。

そして例外的に、エンドユーザに著作権侵害品を生成させることを目的にしたモデルを頒布するといった行為（エンドユーザによる現実の侵害行為に寄与する行為）があったときに、モデルの頒布の規制という、いわば上流側での規制が妥当するのではないでしょうか。

■ **生成AIの利用の明示**

　　AIについてその利用を明示すべきだという見解もありました。特に生成AIについては、生成AIによって生成されたものとそうでないものを区別できるようにしておくべき、という考え方です。

　日曜日の朝に放送されている女児向けの番組（ターゲットとしては年齢層高めの男性も入っているそうですが）「プリキュア」シリーズが放送開始から20周年を迎え、記念商品が販売されるという告知があったのは2024年3月のことでした。

　この告知に使用されている画像が、どうもAIで生成したものではないか、という疑惑がどこからか発生して炎上することになります。いったい疑惑を抱いた人というのはどこに注目したのでしょう。X（旧Twitter）でのポストのひとつは、色の塗り方や影の付け方がおかしいなどと言っていたようです。この騒ぎは、やがて公式が生成AI利用を否定したことで沈静化したように見えます。

　そもそもそこまで生成AIの利用を貶める意味がわからないというところもありますが、ここで問題にしたいのは、生成AIが描いたものと、人が描いたものとがそれほど区別がつかなくなってきているということ、そして生成AI利用ではないと創作者が主張しても、それを信用しない人たちがいる、ということです。

　そうだとするとこの「生成AIで作りました」という宣言は、生成AIのサービス提供者側が強制的にその出力に付け加えるべきもので、創作者の自己申告では意味がない、というべきことになります。

　そこで生成AIが生成したものに、ウォーターマーク（人の目には一見、それと見えないけれども機械で判別させると見えるようになる、紙幣の偽造防止マークみたいなもの）を付与するということが考えられているわけです。このウォーターマーク、画像であれば比較的簡単に付け加えることができますが、文章でできるのか、というと、一応研究開発はされています。試みにGoogle Patentsなどで、

「text watermark」などのキーワードで検索してみてください。かなりの数の文献がヒットするはずです（最近はほぼ中国企業のものですが）。

話が逸れましたが、さらに、ウォーターマークが意味のあるものであるために、生成AIの利用者は、これを「剥がす」行為を禁じられることになります。剥がしてよければ、生成AIで生成したものでも「自分が描いた」と主張することができてしまいますから。

と、いうことは加工はどうなるのか。生成物に対してあとから加工することは許されないのか。どうなるのでしょう。加工の程度が問題？　ウォーターマークは、画像とは別につけて画像が加工されても剥がれないようにする？　そもそも加工したものも「生成AIで作りました」でよいのか？　疑問は尽きません。

ただ、既に見てきましたように、ウォーターマークを始めとする、「生成AIで作りました」ラベルは、嘘情報の検出、拡散の抑制など、いろいろなところで役に立ってくれる可能性があるものです。このウォーターマークなどのラベルは、出力物に透しのように含める場合、最終生成物の品質がわずかに低下するということ以外には反対意見があるとは考えにくく、許容性も十分なはずで、検討には値するものだと考えます。

またAIサービス提供者は、AI利用者の指示に基づく処理のログを記録しておくべきで、このログが後の生成物の特定に役立つことがあるかもしれません。

■ 利用のしかたの明示等

経済産業省や総務省がまとめつつある「AI事業者ガイドライン案」でも（「適正利用に資する提供」）、「AIを利用している」という事実などを伝えたうえで、さらに適切な使用方法を伝えるように求めています。

この「AI事業者ガイドライン案」では、このほかにもバイアスの問題の解決策のひとつとして「人間の判断の介在」を挙げているなど、その内容を徐々に充実させてきています。これら利用方法やバイアス問題、サービスの寿命などといった問題は、本書の主題ではないので、ここでは踏み込まないこととします。

■ 違法コンテンツ出力があったときにサービス停止を要求することの是非

　ユーザが生成AIを使った結果、著作権侵害品などの「違法コンテンツ」が出力された場合、そのサービスを停止するよう求める規制は是か非か。

　この規制は中国などが定めているもので、他に正常な出力ができるというのに、ユーザの操作によって違法なコンテンツが生成されるとサービスを停止せよと言われるといういささか厳しく感じられる規定ですが、早速発動しています。

　2024年2月、中国の広州インターネット裁判所は生成AIサービスを提供している事業者に対して、侵害行為の即時停止と、損害賠償を命じる判決を下しました（（2024）粤0192民初113号）。この事案は、中国の生成AIサービス提供者（判決文でも仮名となっています）のサイトで、ユーザがウルトラマンの画像（著作権侵害物）を生成したというもので、原告側が求めた裁判は、著作権侵害の画像の生成を停止することと損害賠償の請求、それに、ウルトラマンの画像データを学習用データから削除せよ、というものでした。

　実際にプロンプトとして「ウルトラマン」と（中国語で）入力すると、ウルトラマンの画像が生成できたそうです。まさに先ほど書いた「Lさん」の絵のような話です。判決文には、著作権侵害として判断された（創作的表現が共通すると判断された）ウルトラマンの画像がいくつか挙げられています。

　具体的に裁判所は

・頭頂から口まで伸びる線分、線分の左右に対称に配された楕円形の目
・胸部のランプ
・肩と胸部とを結ぶU字の横縞
・身体各部の配色

などを比較して、創作的表現の共通性（中国の用語では表現がすこし違いますが概念としては同様ですので日本で慣用されている語を使います）を認めており、創作的表現についての判断方法は日本における判断と大差ありません。

　被告AIサービス提供者は、訴状を受けてプロンプトに「ウルトラマン」が入力された場合にエラーとなるようにしたものの、特定のウルトラマンを示唆する言

葉、例えば「ティガ」を入力すると、こちらは受け入れられてウルトラマンティガ (1996年ごろ放送されていたウルトラマンシリーズの登場キャラクタ) に似た画像が生成されることがわかったそうです。

　判決文が中文で、翻訳から判断するしかないのですが、広州インターネット裁判所が認めた事実は、

・被告が「ウルトラマン」の画像にアクセス可能であったこと（アクセス可能性）
・被告が提供するサービスで生成される画像が、原告の著作権を侵害するものであること（原告著作物の複製であること）
・被告の創作的表現が「依拠している」こと
・被告の行為は「改変」に相当すること

であり、一方、公衆送信可能化に対応する権利については判断しないとしています。したがってこの裁判例において中国の裁判所が判断した方法は、日本の裁判所が従来（生成AIとは関わりなく）用いてきた判断方式に拠っていると考えます。
　本件、すこし不思議に思えるのですが、裁判例の翻訳文を見ていると、どうも原告が被告サイトで「ウルトラマン」というプロンプトを入力したところウルトラマンの画像が生成された、だから著作権侵害だ、としているようなのです。
　何が不思議かというと、原告が被告のサービスを使って生成したということは、直接侵害が成立していないように見えるからです（著作権者が自己の著作物を創作したことになるため）。それでも裁判所は、被告側の原告著作物へのアクセス可能性と、「被告側の」複製物の生成行為が原告の権利侵害に該当すると判断していて、部分的には日本の裁判例と類似しているところもありますが、判断の構成はカラオケ法理とも違っていて、全体的には日本の既存の裁判例などと対比できるようなものではないと思います。
　この中国の裁判例では、生成人工知能サービス管理暫定弁法がさっそく適用され、裁判所は、違法コンテンツが発見されたのだから、サービス提供者は、ウルトラマンの著作権侵害画像が生成できなくなるように技術的措置を講じるべきとしています。ただし学習データからの排除については、このサービス提供者が利

用しているAIモデルが、サービス提供者自身で作成したものではなかったので、裁判所は訴えを退けています。

　この事案における中国の裁判所の判断は、比較的理性的なものに思われます。まず、この裁判所はサービスの停止の要求をするにあたって、モデルの廃棄などを求めることはしませんでした。裁判例の翻訳文によると、この裁判所は、生成AIがまだ発展途上にあって、私権と産業発展のバランスを考慮すべきだとしているようですから、この判断は、外的な措置、つまりインタフェースの改善などによって事態を解決できるのであれば、サービスの再開可能性を潰すべきでないとの考えからきているのではないかと思います。

　翻って日本において検討されているのは、既に書いたように、著作権法第112条第2項（P.244参照）の適用範囲の拡大です。著作権侵害の蓋然性が高いといえる場合に、学習用データのセットから著作物を除去することを求めるか、あるいは、学習済モデルの破棄を命令することを考えているようです[062]。

　汎化性能を重視して作成されたベースモデルの破棄ということも視野にいれるのであれば、特殊なプロンプトを駆使すれば高確率で著作権侵害品を生成できるが、通常の使い方ではそんな特殊なプロンプトは入力しない、というような場合に、「侵害の蓋然性が高いから破棄せよ」と言えるのかどうか。法制化するというならば十分検討をしないといけません。拙速に法律だけを作れば訴えた者勝ちになる可能性もあり、その場合は日本での生成AIサービス提供は危険、ということになってしまうでしょう。

　一方で、LoRA等のチューニングを施すモデルや過学習させたモデルのように、特定の著作物を狙い撃ちして生成できるように調整したモデルについては、大量の侵害品が出回る前に、公開や頒布から防止するべきではないかと考えられます。そこでこうした、特定の著作物を狙い撃ちして生成できるように調整したモデルを効果的に差し止めできるよう、著作権侵害物の生成を目的として作成されたことなどを要件としてそのようなモデルの差し止めを認める、いわば特許法と同様の間接侵害規定（できれば直接侵害がなくてもこうしたモデルは押さえられたほうがよいので、解釈は状況によって直接侵害を要件とするような、折衷説相当のものによるのがよいだろうと思います）を置くことも一案ではあろうかと思いま

す。ただしこのようなモデルが個人的に作成されて利用される場合までは差し止めにくいでしょうが、個人的な利用であれば著作者の利益を害するほどの影響はないだろうという考えです。

また今後、著作権者が自らLoRA等のモデルを提供して自己の著作に登場するキャラクタの絵柄の画像を生成させたいと考えることがあるかもしれません。このケースでは、その提供されたモデルを使って著作物の複製と見えるものを生成したとき、その生成物に関する著作権はどう考えるのか。これまでのファンアートの作成などとは違うのかどうか。

さらにこの例で生成AIが生成したものについて、著作権者としてはその内容として許容できるものとそうでないものがあると考えられます。例えばキャラクタを使ったわいせつな画像を生成してはならない、とか、他のキャラクタと一緒に出力しないように、とか、一定以上の大きさの画像にならないように……などというような主張です。提供者側はどのような場合に著作権の侵害の主張をしないのかをはっきりさせておくほうがよさそうです。

モデルは、AIの心臓部ですから、それについての規制は、AIそのものや、AIを利用した新たなサービスを萎縮させることなく、文化・経済の発展に寄与するものであるべきでしょう。

なお繰り返しになるようですが、例えばLoRA技術が必ず著作権侵害に使われるというものではありません。著作権侵害を目的に作られたLoRAモデル等を規制してはどうかと書いています。刃物を規制するのではなく、殺人に特化した刃物などというものがあるなら規制したらどうか、ということです。

■ 実効性と妥当性

さて、こうして各種規制の例を概観して参りましたが、AIにはもうひとつの特徴があります。Stable Diffusionや、tiny llamaなどの比較的小型のモデルは家庭用のPCで利用でき（それどころか最近はLLM等の大規模なモデルですら家庭用のPCで利用できるようになっていて）、文章や画像の生成に利用できます。

そしてこれらのモデルや、AIのプログラムは、ネット上で公開され、共有されています。さらにAIのプログラムはpythonのような、ユーザ側のコンピュー

タで特別な操作などが必要でない（ローカルでコンパイル等が必要でない）言語で書かれていて、プログラム実行までのインストールが比較的簡単なものになっています。

　つまり、すこし情報があれば、かなり多くのPCユーザが、自宅のパーソナルコンピュータにAIのプログラムとモデルをインストールして、文章や画像を生成させることができる、ということです。

　そこで、仮にAIのサービス提供者に対して規制をかけたとしても、モデルが入手できた場合には、あとはプロンプト等のパラメーターを共有するだけで、各人のPCで同じ文章や画像の生成ができることになってしまいます。生成したものを個人的に使うだけであれば（つまり公開等によって私的使用の範囲を超えなければ）、私的使用のための複製は（若干の例外はあるとはいえ）著作権が制限される行為に該当していますから（著作権法第30条第1項）、著作権侵害になるというものでもありません。

　この意味で事業者に対するサービスの停止やモデルの廃棄の要求は、よほど大規模な計算機資源が必要なモデルを使うAIでもない限り、その実効性に疑問があります。さらにサービス提供者が、普通に使っていれば著作権侵害物が生成できないよう合理的な技術的手段を設定しているとしても、特殊なプロンプトを用いたり、プロンプトを工夫したりして、偶々著作権侵害物が生成できる場合があるかもしれません。対応する著作物が学習用データに含まれていなくてもプロンプト次第で類似のものが生成できないとは限らないのが現状です。

　その現状で、偶々著作権侵害物が生成できたとしてサービスの停止やモデルの廃棄まで要求することが果たして妥当かどうか。著作権侵害物を生成したユーザにその責任を問うだけでは足りないのか。どのようにAIを規制するかを策定するとき、実効性と妥当性を考慮に入れないと徒に技術発展を阻害するだけの規制ができてしまいます。

> **Point**
> ・モデルごと、タグごとの規制がかかることは考えられる。
> ・学習だけでなく「忘却」の研究も進んでいる。
> ・絵柄や作風の模倣については著作権より不正競争などの争いとなる。
> ・ウォーターマークなど「利用の明示」が必要になるかも。
> ・私権と産業発展のバランスを考慮した判断が求められる。
> ・規制をするとしても内容によっては効力が薄い可能性がある。

■ あるべき未来

　ここまでAIの問題について、特に知的財産の問題に着目して、とりとめなくいろいろなことを書いてきました。

　AIの問題として喧伝されているもののいくつかはAI固有の問題とは言えませんでした。またAI固有の問題には、モデルを配付することで問題が拡大するもの、利用者がその機能を使うことで問題が生じるもの、そもそもAIの内部がブラックボックスであることから来る問題など、さまざまなものがありました。

　そしてそうした問題に対処するため、いろいろな国や機関がアイディアを出し合って、例えばAIを使用して作られたものについては「AIを使用したことを明示させる」などといったことが考えられていました。

　現段階で考えられている規制は、比較的理性的で合理的に見えましたが、今後の動きは不透明です。この本では、規制を設けてはどうかと考えられるものと、一律の規制はせずに事案ごとに争うべきではと考えるものとがあるとしてきました（特に前者については具体的にLoRAなどの追加モデルのうち悪質なものについては特許法の間接侵害に似た規定を考えてはどうかと述べました）。

　いずれにしても、AI技術をどのように扱うのかという長期的な観点を持たないで、安易な規制を設けることは妥当ではないでしょう。AI技術の利点と欠点とを明らかにして、必要なぶんだけ規制をかける。また規制の評価を継続して、効果のない規制や妥当でない規制は早期に撤廃する。それが、規制の望ましい姿ではないでしょうか。

おわりに

　ここまでAI（特にそのうち生成AI）について、主に知的財産との関係を軸にお話ししてきました。

　生成AIをめぐる問題は、必ずしも生成AIに独特なものばかりではないにせよ、生成AIが登場したことでより深刻になったものがあったりします。

　特に生成物が著作権侵害物となりそうな場合、その生成AIのユーザはどのように考えればよいのか、逆の視点から自分の著作物に類似しているものが、生成AIによって作られていたらどう考えるべきか、現在の著作権法の下でのことですが、かいつまんで書いてきました。

　例えば途中の章では訴える側と訴えられる側とのどちらがどのような主張ができるのかを両面併記して説明してきました。最後の章でも規制などについて是非を両論併記してきたつもりです。

　知的財産権は、保護と利用（使用）とのバランスが大事です。保護一辺倒では知的財産権は十分な利益を生み出さないので、保護の意味がありません。創作のインセンティブにもならないでしょう。

　一方、利用を促進するだけでも同じ結果になります。これらのバランスをとることが大事なので、そのバランスが取りやすい制度設計が望まれます。

　最後にもうひとつだけ付け加えますと、現代の生成AIが必ずしも最終的な形態ではないということにも注意が必要だと考えます。どんな技術も常に発展途上にあります。これからさらに別のタイプの生成AIがでてくる可能性はまったく否定できません。設けられる規制が、そのような生成AIの研究まで萎縮させることのないように配慮し、また、一度規制ができたとしても、実効性や妥当性を繰り返し検討して柔軟に対応されることを求めたいところです。

■索引

▶アルファベット

AIの分類	72
AIモデルの著作権	193
AIモデルの特許権	194
BL同人誌著作権侵害事件	161
ChatGPT	11, 93, 116, 123, 124, 211
CNN	88, 206
Common Crawl	228
ControlNet	108
Creative Commons	119, 253
Danbooru	133
EUの取り組み	241
FTO調査	136, 201
GCSE試験の事件	228
GPT-4chan	125
LAION	185
LLM	210, 235
LoRA	107, 128, 155, 169, 246, 256, 262
Midjourney	102, 119
NDA	187
NFT	135
NLP	210
NovelAI	119, 133, 198
NTTタウンページ事件	121
NYTの事件	131, 232
RNN	88
SISA	252
spawning.ai	134, 185, 250
Stable Diffusion	93, 104, 118, 191
TRIPP TRAPP事件	61
Winny事件	175
YOLO	207

▶あ行

悪意	127
悪妻物語事件	68
アスカチャレンジ	198
アテンション	91
意匠権	40, 61, 136
ウォーターマーク	257
埋め込み	86
英国の取り組み	240
絵柄や作風の保護	254
オプトアウト	117, 134, 239, 245, 250, 253
オプトイン	134, 250

▶か行

拡散モデル	93
カスタマイズ	107, 121, 171
間接侵害	39, 196
規制	192, 237, 245, 259
キュレーション	113, 206
強行規定	130
教師データ	107, 121, 127, 130, 186
クラブキャッツアイ事件	173
けろけろけろっぴ事件	153
限定提供データ	198
権利侵害	62
権利濫用の法理	163
公開公報	201
公告広報	19

▶さ行

サービス停止	245, 259, 263
産業財産権	14, 33, 136
三国志III事件	45
自然言語処理	210

自然人	129
しょうざん事件	66
商標権	40, 64, 137
情報漏洩	119, 231
スイカ事件	112
成績評価の事件	100
善意	127
創作意図	111, 143, 170
創作的寄与	111, 143, 170

▶た行

第一回作品	160
大規模言語モデル	178, 210
脱ゴーマニズム宣言事件	165
脱獄	179
誰かの著作物かの判断	144, 169
知的財産権	10, 136
中国の取り組み	242
著作権	16, 27, 42, 47, 66, 129, 138, 181
著作権侵害に関する考慮事項	168
著作権の保護期間	146, 160, 169, 185
著作権法14条	145
著作権法27条	156
著作権法30条の4	130, 182
著作権問題の検討	139
著作者人格権	43, 165
著作物性	110, 139, 140, 169
通則法第20条	184
釣りゲータウン事件	150
ディープフェイク	177, 224
データセット	75, 84, 134, 185
ときめきメモリアルアダルトアニメ映画化事件	151, 152
ときめきメモリアル事件	44
特許権	12, 23, 35, 37, 62, 136, 194, 200
特許公報	201
特許出願	35
特許要件	23

▶な行

二次創作	29, 60, 157
二次創作ガイドライン	157, 167
二次的著作物	29, 113, 156
日本の取り組み	243
ニューラルネットワーク	81, 88
ネガティブプロンプト	102

▶は行

パブリシティ権	179
秘密保持契約	187
ピンク・レディー事件	180
フェア・ユース	184, 188
複合	87
不正競争防止法第2条第6項	186
プロンプト	55, 101, 170, 259
米国の取り組み	239
忘却	252
報酬モデル	93
ポパイ・アンダーシャツ事件	137
ポパイ事件	137, 151
ポパイネクタイ事件	151, 159
翻案	60, 156

▶ま行・ら行・わ行

毎日がすぷらった事件	165
万年カレンダー事件	141
モデル化	72
ロクラクⅡ事件	173
ワンレイニーナイトイントーキョー事件	149

■参考／引用文献

[001] 田村善之,「新規性要件の機能」,パテント Vol.75, No.7(2022),日本弁理士会
[002] Hotchkiss v. Greenwood, 52, U.S. (11 How.) 24(1851)
[003] 石橋邦俊 ,「太宰治「走れメロス」とシラー「人質」」,九州工業大学大学院情報工学研究院紀要,人間科学篇(27),p.55-77(2014)
[004] 久松健一,「原稿の下に隠されしもの"引用・模倣・盗用・盗作"を通じて文芸の創造のなんたるかを考える1例示」,明治大学教養論集,Vol.437(2008.9),pp.19-46
[005] 大谷卓史,「科学の不正行為と盗作の文学史」,情報管理,Vol.55, No.9,pp.688-690,(2012)
[006] 山口真一,「ゲーム産業におけるインターネット上の著作権侵害と経済効果―ゲームプレイ動画とゲームソフト販売本数に関する実証分析―」,総務省 情報通信政策レビュー,第9号,2014.11,P.178-
[007] 松田治躬,「氷山の一角『氷山事件』は怒っている」,パテント Vol.58, No.9
[008] Willi Richert, Luis Pedro Coelho著,斎藤康毅訳「実践 機械学習システム」,オライリージャパン,2014
[009] Nitish Srivastava, et al.,「Dropout A Simple Way to Prevent NeuralNetworks from Overfitting」, Journal of Machine Learning Research 15(2014), 1929-1958
[010] F. Rosenblatt,「The Perceptron A Probabilistic Model for Information Storage And Organization In TheBrain」, Psychological Review, Vol.65, No.6, 1958
[011] 斎藤康毅,「ゼロから作る Deep Learning」,オライリージャパン,2016
[012] D.E. Rumelhart, et al.,「Learning representations by back-propagating errors」, Nature323 (6088) 533-536 (1986). (doi10.1038/323533a0)
[013] T. Mikolov, et al.,「Efficient Estimation of Word Representations in Vector Space」, arXiv1301.3781
[014] Ryan Kiros, et al.,「Unifying Visual-Semantic Embeddings with Multimodal Neural Language Models」, arXiv1411.2539 など
[015] Ashish Vaswani, et al.,「Attention Is All You Need」, arXiv1716.03762
[016] Stephan Wolfram,「What is ChatGPT Doing… and Why Does It Work?」
[017] モーテン・クリスチャンセンほか,「言語はこうして生まれる」,新潮社,2022.11
[018] Long Ouyang, et al.,「Training language models to follow instructions with human feedback」, arXiv2203.02155v1
[019] Jonathan Ho, et al.,「Denoising Diffusion Probabilistic Models」,arXiv2006.11239v2
[020] Alec Radford, et al.,「Learning Transferable Visual Models From Natural Language Supervision」, arXiv2013.00020v1
[021] Robin Rombach, et al.,「High-Resolution Image Synthesis with Latent Diffusion Models」, arXiv2112.10752v2
[022] Diederik P. Kingma,「Max Welling, Auto-Encoding Variational Bayes」, arXiv1312.6114v11
[023] Ian J. Goodfellow, et al.,「Generative Adversarial Networks」, arXiv1406.2661
[024] Scott Reed, et al.,「Generative Adversarial Text to Image Synthesis」, arXiv1605.05396v2

[025] Phillip Isola, et al.,「Image-to-Image Translation with Conditional Adversarial Networks」

[026] Jun-Yan Zhu, et al.,「Unpaired Image-to-Image Translation using Cycle-Consistent Adversarial Networks」, arXiv1703.10593v7

[027] Sandra Wachter, et al.,「Bias Preservation in Machine Learning The Legality of Fairness Metrics Under EU Non-Discrimination Law, West Virginia Law Review」, Vol.123, No.3, 2021

[028] Takeshi Kojima, et al.,「Large Language Models are Zero-Shot Reasoners」, arXiv2205.11916v4

[029] Tom B. Brown, et al.,「Language Models are Few-Shot Learners」, arXiv2005.14165v4

[030] Xun Huang, Serge Belongie,「Arbitrary Style Transfer in Real-time with Adaptive Instance Normalization」, arXiv1703.06868v2

[031] E.J.Hu, et al.,「LoRA Low-Rank Adaptation of Large Language Models」,arXiv2106.09685

[032] Lvmin Zhang, et al.,「Adding Conditional Control to Text-to-ImageDiffusion Models」, arXiv2302.05543

[033] European Commission , Directorate-General for Communications Networks, Content and Technology,「Study on copyright and new technologies – Copyright data management and artificial intelligence」, Publications Office of the European Union, 2022

[034] Feist Publications, Inc. V. Rural Telephone Service 499 U.S. 340 (1991)

[035] 麻生典,「AI生成物と知的財産法」,特許研究 No.74, 2022/9, p.45-

[036] Generative Artificial Intelligence and Copyright Law, LSB19022, updated Sep. 29,2023

[037] 末吉亙,「データベースの著作権」,情報管理 Vol.55, No.2,p.125(2012)

[038] Roverto mata v. Avianca, Inc., 22-cv-1461(PKC)

[039] Matthew Gault,「AI Trained on 4Chan Becomes 'Hate Speech Machine'」

[040] 愛知靖之,「AI生成物・機械学習と著作権法」,パテント2020,73(8),p.131-146

[041] 麻生典,「AI生成物と知的財産法」,特許研究No.74(2022)

[042] 赤松耕治,「著作権侵害における「本質的特徴の直接感得性」の意義に関する一考察」,慶應法学No.38,p51-80

[043] 澤ります悠紀,「司法におけるわいせつ作品の扱い---BL同人誌著作権侵害事件を契機として---」(コピライト,No.720,vol.61(2021.4),pp33-42)

[044] 大友信秀,「日本における著作権侵害の民事救済方法と刑事罰の関係」,金沢法学56巻1号(2013), pp.35-

[045] Andy Zou, et al.,「Universal and Transferable Adversarial Attacks on Aligned Language Models」, arXiv2307.15043v1

[046] Andersen et al v.Stability AI Ltd et al, Docket No. 323-cv-00201(N.D.Cal.Jan 13, 2023)

[047] 経済産業省,「外国為替及び外国貿易法第25条第1項及び外国為替令第17条第2項の規定に基づき許可を要する技術を提供する取引又は行為について」,4貿局第492号平成4年12月21日貿易局の別紙1-2

[048] 特許庁,「特許・実用新案審査基準」第III部第 1 章2.2

[049] 高石秀樹,「発明のカテゴリーと、「物を生産する方法の発明」のアドバンテージ」,パテント Vol.73, No.12(2020)

[050] 本間友孝ほか,「AI関連発明の審査に関する最新状況」,Japio YEAR BOOK 2022,p.20-27

[051] 岡村久道,「平成30年改正不正競争防止法によるデータ保護」,ジュリスト,1525号,p.16-

[052] 水野吉規,「畳み込みニューラルネットワークとその気象観測への応用例」,測候時報,Vol.87, pp.19-31,2020

[053] Joseph Redmon, et al.,「You Only Look Once Unified, Real-Time Object Detection」,arXiv1506.02640v5

[054] Maziar Raissi, et al.,「PhysicsInformed Deep Learning (Part I)Data-driven Solution of Nonlinear Partial DifferentialEquations」, arXiv1711.10561 [046] Marco T. Ribeiro, et al.,「"why should I trust you ?" explaining the predictions of any classifier」, In Proc of the 22nd ACM SIGKDD international conference on knowledge discovery and data mining, pp. 1135-1144, 2016

[055] Marco T. Ribeiro, et al.,「"why should I trust you ?" explaining the predictions of any classifier」, In Proc of the 22nd ACM SIGKDD international conference on knowledge discovery and data mining, pp. 1135-1144, 2016

[056] Lingjiao Chen, et al.,「How Is ChatGPT's behavior changing over Time?」, arXiv2307.09009v2, 2023.8.1

[057] Sandra Wachter, et al.,「Bias Preservation in Machine Learning The Legality of Fairness Metrics Under EU Non-Discrimination Law」, West Virginia Law Review, April 2021, Vol 123, Issue 3, p.735-

[058] Gyorgy Denes,「A case study of using AI for General Certificate of Secondary Education(GCSE) grade prediction in a selective independent school in England」, Computers and Education Artificial Intelligence 4 (2023)

[059] Cathy O'Neil,「Weapons of Math Destruction How Big Data Increases Inequality and Threatens Democracy」, Crown Publishing Group, 2017

[060] Yagmur Yigit, et al.,「Review of Generative AI Methods in Cybersecurity」, arXiv2403.08701v1, 2024.3

[061] Anna Milanez,「The impact of AI on the workplace Evidence from OECD case studies of AI implementation」

[062] 文化審議会著作権分科会法制度小委員会,「AIと著作権に関する考え方について」,2024/3/15

[063] 上野達弘ほか編,「AIと著作権」,勁草書房,2024

[064] Lucas Bourtoule, et al.,「Machine Unlearning」, In 42nd IEEE Symposium of Security and Privacy, arXiv1912.03817v3 , Dec. 2020

[065]「AIが問う人間の知性と「小さなAI」の可能性」,美術手帳 Vol.76, No. 1103,2024

[066]「Harold Cohen/AARON - Discussing the Earliest Artificial Intelligence Program for Artmaking」, Whitney Museum of American Art, 2024

［著者プロフィール］

竹居信利
（たけい のぶとし）

すざく国際特許事務所パートナー　弁理士

国際基督教大学教養学部卒、国際基督教大学大学院（基礎理学専攻）修了。修士（理学）。弁理士（2002年－）。国内特許事務所にて、電気・電子・ソフトウエア系を中心に、特許，商標出願の業務を行い、2007年に現在の事務所を設立。弁理士会会務として、特許委員会（進歩性検討会）、中央知的財産研究所副所長。また国内の大学で知的財産権に関する非常勤講師活動などを行っている。
主な著作：「知的財産戦略教本」（共著）、「特許制度のあり方の調査研究」（共著）、「進歩性の判断は如何にあるべきか」（共著）など。

橘祐史
（たちばな ゆうし）

株式会社知財ビジネスリンク代表取締役社長
NAV国際特許商標事務所所長　弁理士

東京大学法学部卒、筑波大学大学院経営システム工学専攻修士課程修了（経営学修士（MBA））、筑波大学大学院法学研究科修士課程修了（知的財産法、法学修士）、同博士課程単位取得満期退学。旭化成株式会社経営企画部において、繊維事業及び石油化学樹脂事業の事業企画立案（中長期計画の編成、設備投資計画の編成業務を担当）を担当したほか、新規インターネット事業の立ち上げ、海外JVの立ち上げプロジェクト、グループ関連会社のCI活動や海外事業の立ち上げ等に従事。旭化成株式会社を退社後、特許商標事務所を設立、代表弁理士に就任。さらに、知的財産をベースにした経営戦略構築のためのコンサルティングを行う株式会社知財ビジネスリンクを設立、代表取締役に就任、現在に至る。

STAFF

カバーデザイン	金井久幸 [TwoThree]
本文デザイン・組版	TwoThree
編集	落合祥太朗

AIの作品は誰のもの?
弁理士と考えるAI×著作権

2025年1月23日　初版　第1刷発行

著　者	竹居信利、橘祐史
発行者	片岡　巌
発行所	株式会社技術評論社
	東京都新宿区市谷左内町 21-13
	電話　03-3513-6150（販売促進部）
	03-3513-6185（書籍編集部）
印刷／製本	港北メディアサービス株式会社

定価はカバーに表示してあります。

本書の一部または全部を著作権法の定める範囲を超え、無断で複写、複製、転載、テープ化、ファイルに落とすことを禁じます。

©2025 竹居信利、橘祐史

造本には細心の注意を払っております。万一、乱丁（ページの乱れ）や落丁（ページの抜け）がございましたら、小社販売促進部までお送り下さい。送料小社負担にてお取替えいたします。

ISBN978-4-297-14614-6　C3032
Printed in Japan

■お問い合わせについて

●本書に関するご質問は、FAXか書面でお願いいたします。電話での直接のお問い合わせにはお答えできませんので、あらかじめご了承ください。また、下記のWebサイトでも質問用フォームを用意しておりますので、ご利用ください。ご質問の際に記載いただいた個人情報は質問への返答以外に使用いたしません。

■お問い合わせ先

〒162-0846
東京都新宿区市谷左内町21-13
株式会社技術評論社 書籍編集部
『AIの作品は誰のもの?
弁理士と考えるAI×著作権』
読者質問係
FAX:03-3513-6181
https://book.gihyo.jp/116